동계 올림픽 백과

**궁금해요!
동계 올림픽의 모든 것**

동계 올림픽 백과

초판 1쇄 발행 2018년 1월 15일 | **초판 3쇄 발행** 2022년 2월 28일
글 정인수 | **사진** 셔터스톡, 위키미디어 공용, 코리아넷
펴낸이 홍성우 | **책임 편집** 이정은 | **표지 디자인** 신영미 | **내지 디자인** 박두레, 송태규
제조국 대한민국 | **사용 연령** 8세 이상 | **펴낸곳** 기린미디어
등록 2016년 4월 26일 제 2016-000009호 | **주소** 경기도 김포시 모담공원로 17
전화 0505-302-2381 | **팩스** 0505-300-2381 | **전자우편** girinmedia@daum.net
ISBN 979-11-962625-0-1 73690

ⓒ 기린미디어 2018

이 도서의 국립중앙도서관 출판예정도서목록(CIP)은 서지정보유통지원시스템 홈페이지(http://seoji.nl.go.kr)와
국가자료종합목록 구축시스템(http://kolis-net.nl.go.kr)에서 이용하실 수 있습니다.
(CIP제어번호 : CIP2017035245)

*책값은 뒤표지에 표시되어 있습니다.
*파본이나 잘못된 책은 구입하신 곳에서 바꿔드립니다.
*종이에 베이거나 긁히지 않도록 조심하세요. 책 모서리가 날카로우니 던지거나 떨어뜨리지 마세요.

차례

1장 역대 동계 올림픽의 모든 것 6

1회 샤모니 동계 올림픽 8
2회 생모리츠 동계 올림픽 13
3회 레이크플래시드 동계 올림픽 17
4회 가르미슈파르텐키르헨 동계 올림픽 21
5회 생모리츠 동계 올림픽 25
6회 오슬로 동계 올림픽 30
7회 코르티나담페초 동계 올림픽 35
8회 스쿼밸리 동계 올림픽 40
9회 인스브루크 동계 올림픽 45
10회 그르노블 동계 올림픽 50
11회 삿포로 동계 올림픽 55
12회 인스브루크 동계 올림픽 60
13회 레이크플래시드 동계 올림픽 66
14회 사라예보 동계 올림픽 72
15회 캘거리 동계 올림픽 77
16회 알베르빌 동계 올림픽 83
17회 릴레함메르 동계 올림픽 90
18회 나가노 동계 올림픽 96
19회 솔트레이크시티 동계 올림픽 102
20회 토리노 동계 올림픽 108
21회 밴쿠버 동계 올림픽 115
22회 소치 동계 올림픽 123
23회 평창 동계 올림픽 129
24회 베이징 동계 올림픽 135

2장 동계 올림픽 경기 종목의 모든 것 138

빙상 경기
피겨 스케이팅 140 | 쇼트 트랙 스피드 스케이팅 148
스피드 스케이팅 154 | 아이스하키 161 | 컬링 168

설상 경기
스노보드 빅에어 174 | 스노보드 슬로프스타일 178
스노보드 크로스 182 | 스노보드 평행 대회전 186
스노보드 하프파이프 190 | 크로스컨트리 스키 194
스키 점프 201 | 노르딕 복합 207
바이애슬론 212 | 알파인 스키 스피드 219
알파인 스키 테크니컬 225 | 프리스타일 스키 모글 231
프리스타일 스키 크로스 236
프리스타일 스키 슬로프스타일 241
프리스타일 스키 에어리얼 245
프리스타일 스키 하프파이프 250

슬라이딩 경기
봅슬레이 255 | 스켈레톤 261 | 루지 266

사진 출처 272

1장 역대 동계 올림픽의 모든 것

겨울 스포츠의 축제인 동계 올림픽은 하계 올림픽보다 늦게 시작되었어요. 처음에는 하계 올림픽에서 겨울 스포츠 종목을 함께 치렀지만, 이후 동계 올림픽을 별도로 치르게 되었지요.

프랑스 샤모니에서 처음 시작된 동계 올림픽에서는 지금까지 많은 일들이 있었어요. 스키 경기를 치를 산이 없어서 개최지가 바뀐 적도 있고, 눈이 오지 않아 옆 나라에서 눈을 빌려 경기를 치른 적도 있어요. 정치적으로 이용된 대회도 있고, 세계 대전 때문에 열리지 못한 대회도 있지요.

그동안 동계 올림픽에서는 어떤 일들이 일어났고 어떤 선수들이 대회를 빛냈을까요?

1회 샤모니 동계 올림픽 (1924년)

❄ **개최지** : 프랑스 샤모니
❄ **대회 기간** : 1924년 1월 25일~2월 5일
❄ **대회 규모** : 16개국, 258명
❄ **경기 종목** : 9개 종목, 14개 세부 종목(노르딕 복합, 밀리터리 패트롤, 봅슬레이, 스키 점프, 스피드 스케이팅, 아이스하키, 컬링, 크로스컨트리 스키, 피겨 스케이팅 등)
❄ **최다 메달리스트** : 클라스 툰베리(핀란드, 금 3, 은 1, 동 1)
❄ **한국 순위** : 불참

　하계 올림픽에서 함께 치르던 겨울 스포츠 종목을 별도의 대회로 묶어 개최하게 된 것이 동계 올림픽이에요. 그리고 첫 번째 동계 올림픽은 프랑스 샤모니에서 열렸어요.

　1회 동계 올림픽에서는 1920년까지 하계 올림픽 정식 종목이었던 아이스하키와 피겨 스케이팅, 그리고 크로스컨트리 스키, 노르딕 복합, 스키 점프, 스피드 스케이팅, 컬링 등 9개 종목이 치러졌어요.

　동계 올림픽은 1992년까지 하계 올림픽과 같은 해에 열리다가 이후에는 1994년에 대회를 열어 하계 올림픽과 2년의 간격을 두고 열리고 있어요.

🏅 겨울 스포츠 제전의 시작

겨울 스포츠 종목 중에서 처음으로 올림픽에 등장한 것은 피겨 스케이팅이에요. 1908년 4회 런던 올림픽에서 처음 치러졌는데, 스웨덴의 올리크 살쇼브와 영국의 매지 사이어스가 각각 남녀 개인 우승을 차지했어요. 이후 1912년에 국제 올림픽 위원회(IOC) 위원 우제니오 브루네타 디세아우가 1912년 스톡홀름 하계 올림픽 대회 때 동계 스포츠 대회도 한 주 동안 개최할 것을 제안하였으나 무산되었고, 1916년 독일 베를린 올림픽에 스피드 스케이팅과 피겨 스케이팅, 아이스하키, 노르딕 스키가 정식 종목으로 채택되었지만 1차 세계 대전으로 올림픽이 열리지 못하는 바람에 취소되었어요. 1920년 벨기에 앤트워프 올림픽에서 피겨 스케이팅과 아이스하키가 정식 종목이 되었고, 1921년 IOC 회의에서 1924년부터 동계 스포츠 대회를 열기로 결정하면서 드디어 동계 올림픽이 탄생했어요.

프랑스 샤모니에서 열린 1회 동계 올림픽은 16개국 258명의 선수가 참가하여 성공적으로 치러졌어요. 노르웨이와 핀란드가 종합 1, 2위를 차지하였지요. 캐나다 아이스하키 팀은 압도적인 실력으로 예선을 통과하여 결승에서 미국을 6대 1로 제압해 우승을 차지, 1920년 하계 올림픽에 이어 2연패를 달성했어요 이후로도 캐나

핀란드의 클라스 툰베리는 대회 3관왕이 되었어요.

다 아이스하키 팀은 동계 올림픽에서 아이스하키 최강으로 군림하였답니다.

　미국의 찰스 주트로는 스피드 스케이팅 남자 500m에서 우승하여 동계 올림픽 최초의 금메달리스트가 되었어요. 핀란드 스피드 스케이팅 선수 클라스 툰베리와 노르웨이 스키 선수 톨레이프 헤우는 각각 3관왕에 올라 대회 최고의 선수로 떠올랐지요. 노르웨이의 소냐 헤니는 11세의 어린 나이로 출전하여 비록 꼴찌를 하였지만 관중들의 큰 박수를 받았어요. 소냐 헤니는 이후 올림픽에서 3연패를 이루는 등 최고의 피겨 스케이팅 선수로 성장했어요.

　노르웨이와 핀란드, 스웨덴 등 북유럽의 독무대가 되긴 하였으나 대회를 성공적으로 마무리하면서 새로운 겨울 스포츠 제전이 탄생하였음을 세계에 널리 알리게 되었어요.

🏅 올림픽 이모저모

하계, 동계 두 올림픽 동시 석권

　캐나다는 아이스하키에서 1920년 하계 올림픽에 이어 1924년 샤모니 동계 올림픽까지 우승하며 하계 올림픽과 동계 올림픽을 동시에 석권한 최초의 아이스하키 팀이 되었어요. 또한 피겨 스케이팅 남자 싱글에 출전한 스웨덴의 일리스 그라프스트룀 역시 하계 올림픽에 이어 동계 올림픽에서도 우승하여 양 올림픽을 제패한 선수가 되었어요.

50년 만에 받은 메달

　스키 점프에서 4위로 기록된 앤더스 하우겐은 뒤늦게 3위로 판명이 나서 50년이 지난 1974년에 동메달을 받았어요. 그 전까지는 톨레이프 헤우가 3위를 한 선수로 알려져 있었어요. 한편 2006년에는 샤모니 동계 올림픽 당시 컬링이 정식 종목이었다고 결정하였어요. 글래스고 헤럴드 지에서 한 가족이 1회 샤모니 동계 올림픽 컬링 경기에 영국 대표로 출전했다고 밝혔는데, 이를 IOC가 받아들여 메달을 수여하고 컬링이 1회 동계 올림픽 때 정식 종목이었다고 결정한 거예요.

11세의 소녀 헤니, 꼴찌를 기록했지만

노르웨이의 소냐 헤니는 11세의 소녀로 피겨 스케이팅 싱글 경기에 참가하여 꼴찌를 하였으나 팬들의 사랑을 듬뿍 받았어요. 소냐 헤니는 이후 열린 3번의 올림픽에서 모두 금메달을 차지하였으며, 세계 선수권 대회에서는 1936년까지 10회 연속 우승하여 역사상 최고의 여자 피겨 스케이팅 선수가 되었어요. 은퇴 후에는 프로 선수로 전향하였고, 미국으로 건너가 영화배우로도 활약했어요.

올림픽 영웅들

초대 동계 올림픽 영웅 클라스 툰베리(핀란드, 1893. 4. 5~1973. 4. 28)

초기 동계 올림픽 최고의 영웅으로, 샤모니 동계 올림픽 스피드 스케이팅에서 금메달 3개, 은메달 1개, 동메달 1개를 따며 최다 메달리스트에 올랐어요. 1928년 2회 생모리츠 동계 올림픽에서는 스피드 스케이팅 500m와 1500m에서 우승하여 2관왕에 올랐어요.

스키 3관왕 톨레이프 헤우(노르웨이, 1894. 9. 28~1934. 12. 12)

노르웨이의 스키 선수로 남자 노르딕 복합 경기와 크로스컨트리 스키 18km 및 50km에서 우승하여 동계 올림픽 3관왕에 올랐어요. 1926년 핀란드의 라티에서 펼쳐진 세계 선수권 대회에서는 노르딕 복합 경기 부문에서 은메달을 차지하였어요.

동·하계 올림픽 동시 제패 일리스 그라프스트룀(스웨덴, 1893. 6. 7~1938. 4. 14)

동계 올림픽과 하계 올림픽을 모두 제패한 피겨 스케이팅 선수예요. 1920년 하계 올림픽 피겨 스케이팅 남자 싱글 부문에서 우승한 뒤 1924년 동계 올림픽에서도 같은 종목을 제패하였지요. 또한 1928년 동계 올림픽에서도 금메달을 차지하여 올림픽 3연패를 이루었으며, 1932년 동계 올림픽에서는 은메달을 차지하여 피겨 스케이팅 역사상 가장 많은 올림픽 메달 수상자가 되었어요. 1976년 세계 피겨 스케이팅 명예의 전당에 이름을 올렸어요.

🏅 올림픽 메달 순위

순위	나라명	금메달	은메달	동메달	합계
1	노르웨이	4	7	6	17
2	핀란드	4	4	3	11
3	오스트리아	2	1	0	3
4	스위스	2	0	1	3
5	미국	1	2	1	4
6	영국	1	1	2	4
7	스웨덴	1	1	0	2
8	캐나다	1	0	0	1
9	프랑스	0	0	3	3
10	벨기에	0	0	1	1

2회 생모리츠 동계 올림픽 (1928년)

❄ **개최지** : 스위스 생모리츠
❄ **대회 기간** : 1928년 2월 11일~2월 19일
❄ **대회 규모** : 25개국, 464명
❄ **경기 종목** : 8개 종목, 14개 세부 종목(썰매, 크로스컨트리 스키, 노르딕 복합, 스키 점프, 스피드 스케이팅, 아이스하키, 봅슬레이, 피겨 스케이팅 등)
❄ **최다 메달리스트** : 요한 그뢰툼스브라텐(노르웨이, 금 2), 클라스 툰베리(핀란드, 금 2)
❄ **한국 순위** : 불참

원래 2회 동계 올림픽은 네덜란드 암스테르담에서 열기로 되어 있었어요. 그런데 암스테르담에는 스키 경기를 치를 만한 산이 없어서 개최권을 반납하였어요. 대신 스위스 생모리츠에서 치르게 되었지요.

2회 생모리츠 동계 올림픽에는 25개국 464명이 참가하여 대회 규모는 컸지만 날씨가 변덕스러워 경기 진행에 많은 문제가 생겼어요. 14개의 금메달 중 노르웨이가 6개를 차지하여 종합 1위에 올랐고, 미국과 스웨덴이 그 뒤를 이었어요. 핀란드의 툰베리는 스피드 스케이팅에서 2관왕에 올라 1회 동계 올림픽에 이어 대회 최고의 스타가 되었어요.

✦ 최악의 날씨와 싸운 선수들

1928년 스위스 생모리츠에서 열린 2회 동계 올림픽은 2월 11일부터 19일까지 25개국 464명의 선수가 참가하여 동계 올림픽이 점차 자리를 잡아가는 밑바탕이 되었어요.

네덜란드 암스테르담으로부터 동계 올림픽 개최권을 넘겨 받은 생모리츠는 개최 준비를 착실하게 하였으나 날씨가 문제였어요. 개회식부터 눈보라가 심하여 50분이나 늦게 시작하였으며, 스피드 스케이팅 10000m 경기는 도중에 얼음이 녹는 바람에 경기가 무효 처리되기도 했어요. 또 크로스컨트리 50km 경기 때는 날씨가 갑자기 따뜻해져 눈이 녹는 바람에 전 대회보다 기록이 1시간 이상 늦는 일이 발생하기도 했어요.

대회 2관왕에 오른 요한 그뢰툼스브라텐은 올림픽에서 모두 6개의 메달을 땄어요.

2회 동계 올림픽에서 엎드린 자세로 썰매를 타는 스켈레톤 경기가 처음으로 치러졌고, 국제 올림픽 위원회(IOC)는 다음 3회 대회부터 알파인 스키를 정식 종목으로 채택하기로 결정하였어요. 그러나 스켈레톤 경기는 매우 위험하여 이 대회를 끝으로 중지되었다가 11회 생모리츠 동계 올림픽에 다시 부활하였지만 그 후로 또 다시 중지되어 2002년 솔트레이크시티 대회에서야 겨우 채택되었어요.

8개 종목에서 14개 세부 종목을 치른 결과 노르웨이가 금메달 6개로 종합 1위에 올랐고, 미국과 스웨덴이 2, 3위를 차지하였어요. 핀란드의 클라스 툰베리는 스피드 스케이팅 2관왕에 올라 1회 대회의 3관왕을 더해 금메달 개수를 5개로 늘렸어요. 15세의 소냐 헤니는 여자 피겨 스케이팅 싱글에서 우승하여 최연소 금메달리스트가 되었고, 아이스하키는 캐나다가 금메달을 획득했어요.

올림픽 이모저모

산이 없어 양보한 대회

본래 2회 동계 올림픽 개최지는 네덜란드 암스테르담이었어요. 9회 하계 올림픽과 함께 진행하기로 하였지만 네덜란드에는 산이 없어 스키 종목을 치르기에 적당하지 않다는 이유로 스위스의 생모리츠에 개최권을 넘겨 주었어요. 생모리츠는 그 덕에 세계적인 동계 스포츠의 명소로 부각되는 행운을 잡았지요.

크로스컨트리 스키 기록이 왜 이래?

남자 크로스컨트리 스키 50km 우승자는 스웨덴의 페르 에릭 헤드룬드인데, 기록이 무려 4시간 52분 03초나 됐어요. 이는 1회 샤모니 동계 올림픽 우승자인 노르웨이 톨레이프 헤우의 3시간 44분 32초에 비하여 1시간 12분 이상 늦은 기록이에요. 이렇게 기록이 나쁜 이유는 갑자기 날씨가 따뜻해지는 바람에 스키를 제대로 탈 수 없었기 때문이에요. 크로스컨트리는 '설원의 마라톤'이라는 별명이 붙을 만큼 가뜩이나 힘겨운 경기인데, 날씨까지 도와주지 않았으니 선수들은 최악의 경기를 치러야만 했답니다.

올림픽 영웅들

스키 2관왕 요한 그뢰툼스브라텐(노르웨이, 1899. 2. 12~1983. 1. 24)

스키 노르딕 복합과 크로스컨트리 18km에서 우승하여 대회 2관왕에 올랐어요.

1924년 1회 샤모니 동계 올림픽에서는 은메달 1개, 동메달 2개를 땄고, 1932년에 열린 3회 레이크플래시드 대회에서는 노르딕 복합에서 또 다시 금메달을 차지하면서, 올림픽에서만 금 3, 은 1, 동 2개 등 6개의 메달을 딴 선수예요. 세계 선수권 대회에서도 3회나 우승했어요.

스케이팅의 전설 클라스 툰베리(핀란드, 1894. 4. 5~1973. 4. 28)

1회 동계 올림픽 스피드 스케이팅 남자 1500m와 5000m, 종합에서 금메달 3개를 획득하여 동계 올림픽 최초의 3관왕에 올랐어요. 금메달 말고도 은메달 1개, 동메달 1개도 따냈어요. 2회 생모리츠 동계 올림픽에서도 남자 500m와 1500m에서 우승하여 올림픽에서만 금메달 5개, 은메달 1개, 동메달 1개를 땄어요.

올림픽 메달 순위

순위	나라명	금메달	은메달	동메달	합계
1	노르웨이	6	4	5	15
2	미국	2	2	2	6
3	스웨덴	2	2	1	5
4	핀란드	2	1	1	4
5	캐나다	1	0	0	1
5	프랑스	1	0	0	1
7	오스트리아	0	3	1	4
8	벨기에	0	0	1	1
8	독일	0	0	1	1
8	체코슬로바키아	0	0	1	1
8	영국	0	0	1	1
8	스위스	0	0	1	1

3회 레이크플래시드 동계 올림픽
(1932년)

❄ **개최지** : 미국 레이크플래시드
❄ **대회 기간** : 1932년 2월 4일~2월 15일
❄ **대회 규모** : 17개국, 252명
❄ **경기 종목** : 7개 종목, 14개 세부 종목(크로스컨트리, 노르딕 복합, 스키 점프, 스피드 스케이팅, 아이스하키, 봅슬레이, 피겨 스케이팅 등)
❄ **최다 메달리스트** : 어빙 재피(미국, 금 2), 잭 시어(미국, 금 2)
❄ **한국 순위** : 불참

  3회 동계 올림픽 대회를 개최하게 된 미국은 플래시드 호수 남쪽의 작은 마을 레이크플래시드에 여러 경기장을 건설하고 적극적인 홍보를 했어요. 그러나 유럽에서 거리가 너무 떨어져 있는 탓에 17개국 252명의 선수만 참가했어요.

  또한 스피드 스케이팅 경기 방식을 미국식으로 바꾸는 바람에 유럽 선수들이 경기를 치르지 않고 퇴장하기도 했고, 봅슬레이에서도 V자 형태의 철제 날을 사용하여 메달을 독차지해 논란이 되기도 했어요. 미국이 금메달 6개로 종합 우승을, 노르웨이가 3개로 2위에 올랐어요.

🏅 거리가 너무 멀어 참가국 대폭 줄어

　1932년 미국 레이크플래시드에서 개최된 3회 동계 올림픽에는 17개국 252명의 선수가 참가했어요. 이는 2회 생모리츠 대회 때의 25개국 464명의 선수에 비해 대폭 줄어든 것인데, 유럽에서 미국까지 거리가 너무 멀어 불참한 국가가 많았기 때문이었어요.

　개최지인 레이크플래시드는 플래시드 호수 남쪽에 위치한 작은 마을이었으나 동계 올림픽을 유치하면서 여러 경기장을 새로 지었고, 선수단을 위한 편의 시설도 마련하여 올림픽이 끝난 후에는 미국의 겨울 스포츠 대표 지역으로 거듭났어요.

　경기를 앞두고 날씨가 따뜻하여 눈이 오지 않는 바람에 캐나다에서 눈을 실어 오기도 했고, 아예 경기를 80km나 떨어진 곳으로 옮겨서 진행하기도 하는 등 어려움이 잇따랐어요. 7개 종목 14개 세부 종목을 치른 결과 개최국 미국이 금메달 6개로 종합 순위 1위에 올랐으며, 노르웨이가 금메달 3개로 2위를 차지하였어요.

　미국의 잭 시어와 어빙 재피는 남자 스피드 스케이팅에서 각각 2관왕에 올라 미국의 종합 우승에 디딤돌을 놓았는데, 경기 방식을 기존의 유럽식이 아닌 미국식으로 치른 것 때문에 유럽의 많은 선수들이 퇴장한 탓도 커요. 또한 봅슬레이에서도 미국이 V자 철제 날을 사용하여 2인승과 4인승 메달을 독차지했는데, 이후 대회에서는 V자 철제 날 사용이 금지되었어요. 캐나다의 아이스하키 팀은 3연패를 이루었

소냐 헤니는 2회부터 4회까지 올림픽 3연패를 차지했어요.
ⓒBundesarchiv, Bild 102-11310 / CC-BY-SA 3.0

고, 노르웨이의 소냐 헤니는 여자 피겨 스케이팅에서 2연패에 성공하였어요.

올림픽 이모저모

캐나다에서 가져온 눈

미국은 여러 개의 경기장을 건설하고 선수들의 편의 시설도 마련하는 등 의욕을 가지고 동계 올림픽을 준비하였지만 막상 대회를 앞두고 눈이 내리지 않아 문제가 되었어요. 부족한 눈은 캐나다에서 실어 와 사용하기도 했지만, 여러 종목의 경기가 지연되거나 80km나 떨어진 곳으로 이동하여 치러지기도 했어요.

미국 종합 우승의 원동력은?

미국은 개최국의 이점을 십분 발휘하여 금메달 6개를 획득하며 종합 순위 1위를 차지했어요. 여기에 큰 영향을 미친 종목이 남자 스피드 스케이팅이었는데, 참가 선수들 모두가 함께 뛰는 미국식으로 진행하여 두 명이 레이스를 펼치는 유럽식에 익숙한 유럽의 선수들이 항의하며 퇴장한 덕분에 미국이 전 종목 4개의 금메달을 휩쓴 거예요. 게다가 봅슬레이에서는 V자 철제 날을 달아 2개의 금메달을 가져갔어요. V자 철제 날은 다음 대회부터 금지시키기로 결정되었어요.

올림픽 영웅들

스피드 스케이팅 단거리 2관왕 잭 시어 (미국, 1910. 9. 7~2002. 1. 22)

스피드 스케이팅 남자 500m와 1500m에서 금메달을 획득하여 2관왕에 올랐어요. 개막식에서는 선수 대표 선서를 했지요. 잭 시어의 아들 짐 시어는 1964년과 1968년 동계 올림픽에 크로스컨트리 스키 선수로 참가했고, 손자 짐 시어 주니어는 2002년 동계 올림픽에 참가하여 스켈레톤 남자 경기에서 금메달을 획득했어요.

3대에 걸쳐 올림픽에 참가한 동계 스포츠 집안이에요.

스피드 스케이트 장거리 2관왕 어빙 재피(미국, 1898. 4. 26~1981. 3. 20)

1929년 스피드 스케이팅 세계 선수권 대회에서 남자 5000m와 10000m에서 우승하며 장거리 세계 챔피언이 된 어빙 재피는 1932년 레이크플래시드 동계 올림픽에서도 스피드 스케이팅 남자 5000m와 10000m를 석권하며 2관왕에 올라 잭 시어와 함께 미국의 종합 우승을 이끌었어요. 1928년 1회 생모리츠 동계 올림픽에서는 5000m에서 4위에 오른 것이 최고 성적이었어요.

동·하계 올림픽 모두 금메달 에드워드 이건(미국, 1906. 9. 15~1967. 6. 14)

1920년 벨기에 앤트워프 하계 올림픽 복싱 라이트 헤비급에서 금메달을 딴 후 1932년 레이크플래시드 동계 올림픽에서는 4인승 봅슬레이에서 금메달을 획득하며 동계 올림픽과 하계 올림픽의 서로 다른 종목으로 금메달을 따내는 기록을 세웠어요. 두 올림픽에서 금메달을 따낸 선수는 에드워드 이건이 유일해요.

🏅 올림픽 메달 순위

순위	나라명	금메달	은메달	동메달	합계
1	미국	6	4	2	12
2	노르웨이	3	4	3	10
3	스웨덴	1	2	0	3
4	캐나다	1	1	5	7
5	핀란드	1	1	1	3
6	오스트리아	1	1	0	2
7	프랑스	1	0	0	1
8	스위스	0	1	0	1
9	독일	0	0	2	2
10	헝가리	0	0	1	1

4회 가르미슈파르텐키르헨 동계 올림픽 (1936년)

❄ **개최지** : 독일 가르미슈파르텐키르헨
❄ **대회 기간** : 1936년 2월 6일~2월 16일
❄ **대회 규모** : 28개국, 646명
❄ **경기 종목** : 8개 종목, 17개 세부 종목(크로스컨트리, 노르딕 복합, 스키 점프, 스피드 스케이팅, 아이스하키, 봅슬레이, 알파인 스키, 피겨 스케이팅 등)
❄ **최다 메달리스트** : 이바르 발랑그루드(노르웨이, 금 3, 은 1)
❄ **한국 순위** : 불참

　독일에서 치러진 4회 동계 올림픽은 나치의 선전 무대로 활용된 최악의 동계 올림픽 대회로 평가받고 있어요. 독일은 막대한 시설 투자를 하고 선수단을 극진히 환대하였으나 곳곳에서 나치 선전에 열을 올렸고 독일 아리안 민족의 우수함을 자랑하기 바빴어요. 한편에서는 유태인에 대한 공공연한 박해가 이루어졌지요.
　8개 종목 17개 세부 종목이 열려 노르웨이가 금메달 7개로 우승을 차지했어요. 노르웨이의 이바르 발랑그루드는 스피드 스케이팅 3관왕이 되었고, 소냐 헤니는 피겨 스케이팅 여자 싱글 부문 3연패를 이루었어요.

🏅 나치의 선전 무대가 된 최악의 대회

 독일의 가르미슈파르텐키르헨에서 열린 4회 동계 올림픽은 1931년 바르셀로나 IOC 총회에서 11회 하계 올림픽의 베를린과 함께 개최지로 선정되었어요. 히틀러가 집권한 지 2년 만에 동계 및 하계 올림픽을 유치하여 나치를 선전하는 무대로 활용되었지요. 이 때문에 이 대회를 역대 최악의 대회 중 하나로 손꼽아요.

 히틀러는 독일 남부의 관광 휴양 도시인 가르미슈파르텐키르헨에 막대한 시설 투자를 하였고, 그 결과 무려 50만 명이나 되는 관람객이 몰렸어요. 그러나 나치의 정치 선전과 특히 유태인에 대한 박해로 대회가 무산될 뻔하기도 하였으며, 기온이 적합하지 않아서 대회를 운영하는 데에 큰 어려움을 겪었지요.

 28개국에서 646명의 선수가 8개 종목 17개 세부 종목을 치른 결과 노르웨이가 금메달 7개로 종합 순위 1위에 올랐고, 독일, 스웨덴, 핀란드가 그 뒤를 이었어요. 노르웨이의 이바르 발랑그루드는 스피드 스케이팅 남자 500m와 5000m, 10000m를 휩쓸며 3관왕에 올라 빙상의 마술사라는 별명을 얻었어요. 또 노르웨이의 소냐 헤니는 여자 피겨 스케이팅 싱글에서 올림픽 3연패를 이루는 업적을 쌓았고, 프로로 전향하여 미국에서 활동하며 '은반의 여왕'으로 불렸어요. 아이스하

대회 3관왕을 차지한 이바르 발랑그루드.

키에서는 영국이 4연패에 도전 중인 캐나다를 물리치는 이변을 연출하였어요.

우리나라는 일제 강점기 하에서 동계 올림픽 최초로 스피드 스케이팅에 세 명의 선수가 출전하였으나 메달은 따지 못했어요.

올림픽 이모저모

최악의 정치적인 동계 올림픽

나치의 히틀러는 동계 및 하계 올림픽을 나치의 확산 기회로 삼았어요. 그래서 곳곳에서 독일 아리안 혈통의 우월성을 알렸으며, 주경기장 등을 나치 깃발과 상징으로 뒤덮었어요. 이러한 나치의 차별주의는 미리 예상되었던 것이어서, 올림픽 참여 여부에 대한 국제적인 논쟁이 심화되기도 했지요. 그러자 독일은 참가 선수단을 극진히 환대하여 호감을 사려고 노력했어요.

알파인 스키 정식 종목으로 채택

알파인 스키가 사상 처음으로 정식 종목으로 채택된 대회예요. 남자 복합과 여자 복합이 열렸으며, 독일이 남녀부 모두 금메달과 은메달을 휩쓸었어요.

올림픽 영웅들

빙상의 마술사 이바르 발랑그루드 (노르웨이, 1904. 3. 7~1969. 6. 1)

스피드 스케이팅 남자 500m와 5000m, 10000m를 휩쓸며 3관왕에 올라 '빙상의 마술사'라는 별명을 얻었어요. 또한 1500m에서는 은메달을 획득했지요. 이바르는 1928년 대회에서는 5000m에서 금메달을, 1500m에서 동메달을 땄고, 1932년 레이크플래시드 대회에서는 10000m에서 은메달을 땄기 때문에 3번의 올림픽에서 금메달 4개, 은메달 2개, 동메달 1개 등 총 7개의 메달을 획득한 선수가 되었어요.

스키 점프 2연패 비르게르 루드(노르웨이, 1911. 8. 23~1998. 6. 13)

당대 최고의 스키 점프 선수로, 1932년 2회 레이크플래시드 대회에 이어 2연패를 이룩했어요. 스키 알파인 복합 종목에도 도전하였지만 4위에 그쳤지요. 이후 2차 세계 대전으로 올림픽이 열리지 않아 참가하지 못하다 1948년 생모리츠 대회 때 출전하여 은메달을 획득했어요.

올림픽 3연패 소냐 헤니(노르웨이, 1912. 4. 8~1969. 10. 12)

최초이자 유일하게 동계 올림픽 피겨 스케이팅 여자 싱글 3연패를 이룬 선수예요. 1928년, 1932년, 1936년 대회에서 우승하였지요. 세계 선수권 대회 10연패라는 대 기록을 세웠고, 올림픽 3연패를 끝으로 은퇴하여 프로로 전향해 '은반의 요정'으로 불렸어요.

올림픽 메달 순위

순위	나라명	금메달	은메달	동메달	합계
1	노르웨이	7	5	3	15
2	독일	3	3	0	6
3	스웨덴	2	2	3	7
4	핀란드	1	2	3	6
5	스위스	1	2	0	3
6	오스트리아	1	1	2	4
7	영국	1	1	1	3
8	미국	1	0	3	4
9	캐나다	0	1	0	1
10	헝가리	0	0	1	1
10	프랑스	0	0	1	1

5회 생모리츠 동계 올림픽 (1948년)

❄ **개최지** : 스위스 생모리츠
❄ **대회 기간** : 1948년 1월 30일~2월 8일
❄ **대회 규모** : 28개국, 669명
❄ **경기 종목** : 9개 종목 22개 세부 종목(크로스컨트리, 노르딕 복합, 스키 점프, 스피드 스케이팅, 아이스하키, 봅슬레이, 스켈레톤, 알파인 스키, 피겨 스케이팅 등)
❄ **최다 메달리스트** : 앙리 오레이에(프랑스, 금 2, 동 1)
❄ **한국 선수단 규모** : 선수 3명, 임원 2명
❄ **한국 참가 종목** : 스피드 스케이팅
❄ **한국 순위** : 메달 없음

   1936년 대회 이후로 2차 세계 대전의 여파로 열리지 못하다가 전쟁이 마무리되자 중립국인 스위스의 생모리츠에서 열린 동계 올림픽이에요. 28개국 669명의 선수들이 9개 종목에서 22개의 금메달을 놓고 실력을 겨루었는데, 노르웨이와 스웨덴이 각각 금메달 4개씩 획득하여 종합 순위 공동 1위에 올랐어요. 우리나라는 스피드 스케이팅에 3명의 선수를 참가시켰으나 메달 획득에는 실패했어요.

⭐ 세계 대전이 끝나고 치러진 '부활 게임'

2차 세계 대전으로 중단되었다가 12년 만에 개최되었기 때문에 '부활 게임'이라 불러요. 1945년 8월 런던 IOC 총회에서 전쟁 후 처음 치르는 동계 올림픽을 중립국인 스위스 생모리츠에서 개최하기로 결정했어요. 이로써 생모리츠는 1928년 2회 동계 올림픽을 개최한 후 20년 만에 다시 개최한 도시가 되었지요.

28개국 669명의 선수가 참가하여 1948년 1월 30일부터 2월 8일까지 9개 종목 22개 세부 종목의 경기를 치렀어요. 2차 세계 대전을 일으킨 전범 국가 독일과 일본은 참가하지 않았고, 우리나라는 독립 후 처음으로 참가했어요. 날씨 때문에 경기를 연기하기도 하고 중지하기도 하는 등 진행에 어려움을 겪었어요. 노르웨이와 스웨덴이 금메달 4개, 은메달 3개, 동메달 3개로 공동 1위에 올랐으며, 스위스가 금메달 3개로 3위를 차지했어요.

스웨덴은 크로스컨트리 부문을 석권하였으며, 프랑스의 앙리 오레이에는 알파인 스키 활강과 복합에서 금메달을, 회전에서는 동메달을 획득하여 대회 최다 메달리스트에 올랐어요. 스웨덴의 마르틴 룬드스트룀은 크로스컨트리에서 2관왕에 올랐지요. 남자 피겨 스케이팅 싱글에서는 미국의 리처드 버튼이, 여자 싱글에서는 캐나다의 앤 스콧이 각각 금메달을 획득하였어요. 2관왕이 두 명 나왔으나 메달은 고르게 나뉘었어요. 우리나라는 스피드 스케이팅에 3명의 선수를 파견하였으나 메달을 따지는 못했어요.

아이스하키 금메달을 딴 캐나다의 오타와 RCAF 아이스하키 팀.

🏅 올림픽 이모저모

전범 국가는 제외하다

1948년 동계 올림픽은 2차 세계 대전이 끝나고 여러 나라가 국가 재건에 노력하던 시기에 열렸어요. 그래서 참가 준비도 부족했고, 올림픽을 열 필요성에 대해서도 논란이 많았지요. 2차 세계 대전을 일으킨 전범 국가 독일과 일본은 초청받지 못하였고, 소련 역시 불참했어요. 그러나 헝가리와 유고, 폴란드가 처음으로 참가하여 절반의 성공은 거두었지요. 또한 전쟁으로 억눌린 세계인의 마음에 동계 올림픽이 작은 위안도 되었답니다.

위험한 종목 스켈레톤의 운명

1928년 2회 동계 올림픽 때 정식 종목으로 채택되었다가 위험한 종목으로 분류되어 다음 대회부터 빠졌던 스켈레톤이 다시 정식 종목으로 치러졌어요. 그러나 이 대회를 끝으로 다시 동계 올림픽 종목에서 빠졌으며, 54년이 지난 2002년 19회 솔트레이크시티 동계 올림픽에서 다시 정식 종목으로 채택되었어요.

동계 5종과 밀리터리 패트롤은 무엇?

이 대회에서는 동계 5종과 밀리터리 패트롤이 시범 종목으로 열렸어요. 동계 5종은 하계 올림픽 종목인 근대 5종을 모방하여 생긴 종목이에요. 크로스컨트리 스키와 사격, 알파인 스키 활강, 펜싱, 승마 등 다섯 가지를 한 선수가 치러 종합 점수로 순위를 가리는데, 스웨덴 선수들이 메달을 휩쓸었어요. 밀리터리 패트롤은 크로스컨트리 스키, 스키 등산, 소총 사격 등을 겨루는 종목으로, 지금의 바이애슬론 종목의 전신이에요. 본래 스키가 북유럽의 군대에서 발전했는데, 군인들이 자주 스키를 타고 사격 실력을 겨루었던 것에서 밀리터리 패트롤 종목이 비롯되었답니다. 1회 샤모니 동계 올림픽에서도 정식 종목으로 채택된 바 있어요.

🏅 올림픽 영웅들

메달 3개 획득, 앙리 오레이에(프랑스, 1925. 12. 5~1962. 10. 7)

알파인 스키 활강과 복합에서 금메달을, 회전에서는 동메달을 따내며 모두 3개의 메달로 대회 최다 메달리스트가 되었어요. 1952년 은퇴한 후에는 자동차 경주 레이서로 활동하였지요. 그러나 겨우 10년 뒤 안타깝게도 자동차 사고로 사망하였어요.

크로스컨트리 2관왕 마르틴 룬드스트룀(스웨덴, 1918. 5. 30~2016. 6. 30)

크로스컨트리 18km와 팀 계주에서 금메달을 획득하여 대회 2관왕에 올랐어요. 1950년 레이크플래시드에서 열린 세계 선수권 대회에서는 4×10km 계주에서 우승하였고, 1952년 오슬로 동계 올림픽 대회에도 출전하여 계주에서 동메달을 땄어요.

🏅 우리나라 선수단 성적

우리나라 선수단은 해방 후 처음으로 동계 올림픽에 3명의 스피드 스케이팅 선수가 참가했으나 좋은 성적을 거두지는 못하였어요.

🏅 올림픽 메달 순위

순위	나라명	금메달	은메달	동메달	합계
1	노르웨이	4	3	3	10
	스웨덴	4	3	3	10
3	스위스	3	4	3	10
4	미국	3	4	2	9
5	프랑스	2	1	2	5
6	캐나다	2	0	1	3

7	오스트리아	1	3	4	8
8	핀란드	1	3	2	6
9	벨기에	1	1	0	2
10	이탈리아	1	0	0	1
11	헝가리	0	1	0	1
11	체코슬로바키아	0	1	0	1
13	영국	0	0	2	2

6회 오슬로 동계 올림픽 (1952년)

❄ **개최지** : 노르웨이 오슬로
❄ **대회 기간** : 1952년 2월 14일~2월 25일
❄ **대회 규모** : 30개국, 694명
❄ **경기 종목** : 8개 종목 22개 세부 종목(크로스컨트리, 노르딕 복합, 봅슬레이, 스피드 스케이팅, 스키 점프, 봅슬레이, 알파인 스키, 피겨 스케이팅 등)
❄ **최다 메달리스트** : 얄마르 안데르센(노르웨이, 금 3)
❄ **한국 순위** : 불참

 스키의 발상지 노르웨이 수도 오슬로에서 개최된 대회로 30개국에서 694명의 선수가 참가하여 8개 종목 22개 세부 종목에서 실력을 겨루었어요. 주최국의 열정이 돋보였고 동계 올림픽에서 처음으로 시도된 이벤트가 많았지만 기온이 따뜻하여 경기에는 지장이 많았어요.
 노르웨이가 금메달 7개로 종합 1위를 차지하였으며, 노르웨이의 얄마르 안데르센은 스피드 스케이팅에서 3관왕에 올라 대회 최고의 스타가 되었어요.

🏅 열정과 새로움으로 가득 찬 대회

스키의 발상지이자 동계 스포츠의 발상지라고 할 수 있는 노르웨이 오슬로에서 6회 동계 올림픽이 열렸어요. 1949년 로마에서 열린 IOC 총회에서 개최지로 결정되었지요. 노르웨이는 올림픽을 위하여 홀멘콜렌 스키 점프 경기장 시설을 업그레이드시켰어요. 레스토랑과 쇼핑 상점이 들어섰고 무려 13만 명이 관람할 수 있도록 외부 관람 시설이 세워졌지요. 또한 실내 아이스하키 링크가 건설되어 동계 올림픽 최초로 실내에서 경기가 치러졌고, 선수촌이 마련되어 선수들에게 편의를 제공했어요.

1922년 노벨 평화상을 수상한 노르웨이의 탐험가 프리쵸프 난센의 손자 에이길 난센이 모르게달에서 태양열로 채화된 성화를 개막식 때 점화했어요. 대회 준비를 철저히 하였으나 기온이 높고 눈이 만족할 만큼 내리지 않아 경기 일정을 바꾸기도 했고, 다른 곳에서 눈을 옮겨오기도 했어요.

이 대회에서는 알파인 스키 복합 경기가 폐지되었으며, 크로스컨트리 남녀 대회전과 여자 10km 경기가 추가되었어요. 스웨덴은 노르딕 스키 종목에서, 이탈리아

스피드 스케이팅 3관왕에 오른 얄마르 안데르센.
ⓒUnknown/Oslo Museum

와 오스트리아는 알파인 스키 종목에서 두각을 나타냈어요. 독일은 봅슬레이 2인승과 4인승에서 우승을 차지하였는데, 몸무게가 많이 나가는 선수들로 팀을 꾸렸기 때문이에요. 그래서 이후 대회부터는 선수 몸무게를 제한하기로 결정하였어요. 노르웨이의 얄마르 안데르센은 스피드 스케이팅에서 3관왕에 올라 대회 최고의 선수가 되었어요.

30개국 694명의 선수가 참가하여 8개 종목 22개 세부 종목을 치렀는데, 주최국 노르웨이가 금메달 7개로 종합 순위 1위를 차지했어요. 그 다음으로는 미국이 금메달 4개로 2위, 핀란드가 3개로 3위에 올랐어요. 우리나라는 6·25 전쟁 중이었기 때문에 참가하지 못했어요.

🏅 올림픽 이모저모

이색적인 올림픽 성화 점화

이 대회 개막식에서 성화를 점화한 건 에이길 난센이에요. 노르웨이의 모르게달에서 태양열로 채화된 성화를 스키 선수들이 봉송했어요. 성화를 점화한 에이길 난센은 탐험가이자 평화주의자인 프리쵸프 난센의 손자예요. 프리쵸프 난센은 세계 최초로 그린란드를 횡단하는 등 북극 탐험에 열정을 쏟았고, 후에는 국제 연맹 노르웨이 대표로 활동하면서 1차 세계 대전 후 포로 본국 송환, 난민 구제 등에 힘써 1922년 노벨 평화상을 수상한 사람이에요. 모험과 평화는 올림픽 정신에 부합되므로 프리쵸프 난센의 업적을 기리기 위하여 후손에게 성화 점화를 하게 했던 거예요.

독일 봅슬레이 싹쓸이, 알고 보니 몸무게 때문

독일은 봅슬레이 2인승과 4인승 두 종목을 싹쓸이하였는데, 몸무게가 많이 나가는 선수들로 팀을 꾸렸기 때문이었어요. 그래서 국제 봅슬레이 연맹은 이후 대회부터는 봅슬레이 팀의 몸무게를 제한하기로 규칙을 변경하였어요.

올림픽 영웅들

대회 유일한 3관왕 얄마르 안데르센(노르웨이, 1923. 3. 12~2013. 3. 27)

스피드 스케이팅 500m, 5000m, 10000m에서 우승하며 대회 3관왕에 올랐어요. 세계 선수권 대회에서는 1950년부터 1952년까지 3연속 종합 우승의 위업을 이루었으며, 같은 해 유럽 선수권 대회도 3연패를 했어요.

알파인 스키 여제 안드레아 미드 로렌스(미국, 1932. 4. 30~2009 3. 19)

여자 알파인 스키 회전과 대회전에서 우승하며 2관왕에 올랐어요. 1958년 미국 스키 명예의 전당에 이름을 올렸고, 은퇴 후에는 환경 운동가로 활동했어요.

썰매의 달인 로렌츠 니에베를(독일, 1919. 7. 7~1968. 4. 12)**과**

안데를 오스틀러(독일, 1921. 1. 21~1988. 11. 24)

동계 올림픽 사상 최초로 봅슬레이 2인승과 4인승에서 우승하며 2관왕에 올랐어요. 1951년 세계 선수권 대회에서도 함께 호흡을 맞춰 2인승과 4인승에서 우승했어요.

우리나라 선수단 성적

우리나라는 6·25 전쟁 중이었기 때문에 참가하지 않았어요.

🏅 올림픽 메달 순위

순위	나라명	금메달	은메달	동메달	합계
1	노르웨이	7	3	6	16
2	미국	4	6	1	11
3	핀란드	3	4	2	9
4	독일	3	2	2	7
5	오스트리아	2	4	2	8
6	캐나다	1	0	1	2
6	이탈리아	1	0	1	2
8	영국	1	0	0	1
9	네덜란드	0	3	0	3
10	스웨덴	0	0	4	4
11	스위스	0	0	2	2
12	프랑스	0	0	1	1
12	헝가리	0	0	1	1

7회 코르티나담페초 동계 올림픽
(1956년)

❄ **개최지** : 이탈리아 코르티나담페초
❄ **대회 기간** : 1956년 1월 26일~2월 5일
❄ **대회 규모** : 32개국, 821명
❄ **경기 종목** : 8개 종목 24개 세부 종목(크로스컨트리, 스피드 스케이팅, 아이스하키, 스키 점프, 봅슬레이, 알파인 스키, 피겨 스케이팅 등)
❄ **최다 메달리스트** : 토니 자일러(오스트리아, 금 3)
❄ **한국 선수단 규모** : 선수 4명, 임원 1명
❄ **한국 참가 종목** : 스피드 스케이팅
❄ **한국 순위** : 메달 없음

　이탈리아 코르티나담페초에서 열린 동계 올림픽으로 32개국 821명의 선수가 참가했어요. 특히 소련이 처음으로 참가했고, 독일은 동독과 서독 연합 팀으로 참가했어요.
　소련은 첫 참가임에도 금메달 7개로 종합 1위를 차지하였고, 오스트리아는 알파인 스키 3관왕 토니 자일러의 공으로 2위에 올랐어요. 일본은 아시아 최초로 메달(은메달)을 땄고, 4명이 출전한 우리나라는 입상권에 들지 못했어요.

동계 스포츠 강국 소련의 첫 등장

 1949년 이탈리아 로마에서 열린 IOC 총회에서 코르티나담페초가 7회 동계 올림픽 개최지로 선정되었어요. 본래 코르티나담페초는 1944년 동계 올림픽 대회를 개최할 예정이었지만 2차 세계 대전으로 대회가 열리지 못했어요. 그때 경기장을 지어 놓았던 코르티나담페초는 이미 지어 놓은 경기장 이외에도 새로운 주경기장을 건설하였는데, 경기장 시설이 좋아서인지 선수들의 기록도 좋았어요.

 사상 최초로 여자 선수인 줄리아나 미누초가 선수 대표 선서를 했어요. 소련이 처음으로 출전했고, 서독과 동독은 독일 연합 팀으로 참가했지요. 8개 종목 24개 세부 종목을 펼친 결과 소련이 금메달 7개로 종합 순위 1위에 올랐으며, 오스트리아가 4개로 2위를, 핀란드가 3위를 차지하였어요.

 오스트리아의 토니 자일러는 알파인 스키에서 사상 최초로 3관왕에 올랐으며, 스웨덴의 식스텐 예른베리는 크로스컨트리에서 금 1개, 은 2개, 동 1개 등 4개의 메달을 차지했어요. 이 밖에도 소련의 예브게니 그리신은 스피드 스케이팅 500m와 1500m에서 각각 세계 신기록을 세우며 우승하여 대회 2관왕에 올랐어요.

 일본의 이가야 치하루는 알파인 스키에서 은메달을 따며 유럽과 북미를 제외한 최초의 동계 올림픽 메달리스트가 되었어요. 우리나라는 스피드 스케이팅에 장용

식스텐 예른베리는 대회 2관왕에 오르고
3번의 올림픽에서 모두 9개의 메달을 땄어요.

등 4명의 선수가 출전했지만 메달을 따지는 못했어요.

주경기장인 스타디오 올림피코 델 기아씨오는 1954년 완공된 경기장으로, 피겨 스케이팅 경기장으로 사용되다가 동계 올림픽 때 개폐회식 장소로 쓰였어요. 피겨 스케이팅 경기와 아이스하키 경기도 이곳에서 치렀지요. 1981년 이후에 지붕을 얹었는데, 제임스 본드가 등장하는 007 시리즈 영화 촬영장으로도 유명해요.

🏅 올림픽 이모저모

보상으로 따낸 개최권

이탈리아의 코르티나담페초가 7회 동계 올림픽을 유치하게 된 것은 1944년 대회를 개최하기로 결정되고도 2차 세계 대전으로 무산된 데 대한 보상의 성격이 짙었어요. 1949년 파리 IOC 총회에서 7회 동계 올림픽 개최지로 함께 경쟁한 도시는 캐나다 몬트리올과 미국의 콜로라도 스프링스, 레이크플래시드였어요. 미국의 두 도시는 2표와 1표, 몬트리올은 7표를 얻은 반면 코르티나담페초는 31표를 얻어 압도적인 차이로 개최권을 따냈지요.

7회 만에 유럽과 북미 이외의 국가에서 메달 나와

동계 올림픽이 시작된 지 7회가 되어서야 유럽과 북미가 아닌 다른 나라 선수가 메달을 따냈어요. 바로 일본의 이가야 치하루가 주인공이에요. 이가야 치하루는 알파인 스키 남자 회전 경기에서 2위에 올라 아시아 선수 최초로 동계 올림픽 메달을 차지했어요. 그럼에도 불구하고 메달이 유럽과 북미에 치우쳤기 때문에 동계 올림픽이 불필요하다는 말들은 여전하였답니다.

🏅 올림픽 영웅들

알파인 스키 3관왕 토니 자일러(오스트리아, 1935. 12. 17~2009. 8. 23)

알파인 스키 회전과 활강, 대회전에서 모두 금메달을 획득한 토니 자일러는 올림픽 사상 최초로 스키 3관왕에 올랐어요. 올림픽 이후에는 프로로 전향하였으며, 영화배우로도 활동하였어요.

스타 탄생 예브게니 그리신(소련. 1941. 3. 23~2005. 6. 9)

스피드 스케이팅 500m와 1500m에서 세계 신기록을 세우며 우승하여 2관왕에 올랐어요. 이후 1960년 스쿼밸리 대회에서도 두 종목에서 우승을 차지하여 더블더블 2연패의 신화를 이루어 냈지요. 1964년 인스브루크 대회에도 참가하여 500m에서 은메달을 차지, 올림픽에서만 금메달 4개, 은메달 1개를 따냈답니다.

대회 최다 메달리스트 식스텐 예른베리(스웨덴. 1929. 2. 6~2012. 7. 14)

크로스컨트리 50km에서 금메달을 획득하였으며 15km와 30km에서는 은메달을, 40km 계주에서는 동메달을 획득하여 총 4개의 메달로 대회 최다 메달리스트에 올랐어요. 1960년 스쿼밸리 대회에서는 금 1개, 은 1개를 땄고, 1964년 인스브루크 대회에서는 금 2개, 동 1개를 추가하여 3번의 올림픽에서 금 4개, 은 3개, 동 2개 등 9개의 메달을 따냈어요.

🏅 우리나라 선수단 성적

우리나라 선수단은 스피드 스케이팅에 장영, 편창남, 김종식, 조윤식 선수가 참가했으나 메달을 획득하지는 못했어요.

🏅 올림픽 메달 순위

순위	나라명	금메달	은메달	동메달	합계
1	소련	7	3	6	16
2	오스트리아	4	3	4	11
3	핀란드	3	3	1	7
4	스위스	3	2	1	6
5	스웨덴	2	4	4	10
6	미국	2	3	2	7
7	노르웨이	2	1	1	4
8	이탈리아	1	2	0	3
9	독일	1	0	1	2
10	캐나다	0	1	2	3
11	일본	0	1	0	1
12	폴란드	0	0	1	1
12	헝가리	0	0	1	1

8회 스쿼밸리 동계 올림픽 (1960년)

❄ **개최지** : 미국 스쿼밸리
❄ **대회 기간** : 1960년 2월 18일~2월 28일
❄ **대회 규모** : 30개국, 665명
❄ **경기 종목** : 8개 종목 27개 세부 종목(크로스컨트리, 스피드 스케이팅, 아이스하키, 스키 점프, 알파인 스키, 피겨 스케이팅 등)
❄ **최다 메달리스트** : 베이코 하쿨리넨(핀란드, 금 1, 은 1, 동 1)
❄ **한국 선수단 규모** : 선수 7명, 임원 3명
❄ **한국 참가 종목** : 크로스컨트리, 알파인 스키, 스피드 스케이팅
❄ **한국 순위** : 메달 없음

　미국 스쿼밸리에서 열린 동계 올림픽으로 화려한 개폐회식과 텔레비전 중계방송 등이 돋보인 대회예요. 피겨 스케이팅 전 경기와 아이스하키 일부 경기가 실내 링크에서 열렸으며, 스키에서 철제 스키가 처음 사용되었어요.
　30개국 665명의 선수가 8개 종목 27개 세부 종목을 겨룬 결과 소련이 금메달 7개로 종합 1위에 올랐고, 독일과 미국이 각각 2, 3위를 차지하였어요.

🏅 화려하고 볼거리 많았던 대회

  1955년 프랑스 파리에서 열린 IOC 총회에서 미국의 스쿼밸리가 개최지로 결정되었어요. 개최지를 놓고 스쿼밸리와 오스트리아 인스브루크, 독일 가르미슈파르텐키르헨, 스위스 생모리츠가 경합하였지요. 1차 투표에서 스쿼밸리와 인스브루크가 각각 30표, 24표를 얻어 결선 투표를 치른 결과 32대 30으로 스쿼밸리가 개최지로 선정되었어요.

  스쿼밸리는 해발 1900m에 위치하여 흔히 '죽음의 골짜기'로 일컬어지는 곳이라서 위험하다는 의견도 있었으나 투표 결과대로 개최지로 결정되었어요. 미국은 이에 시설 확충에 노력하여 아이스 링크 4개와 스키 코스를 건설하였으며, 각국 선수단과 기자단, 관광객을 위하여 기숙사와 선수촌, 호텔 등을 대거 신축하여 대회 준비에 만전을 기했어요.

  30개국에서 665명의 선수가 참가했는데, 분단 국가인 우리나라와 중국, 독일은 대회 전부터 참가 문제로 논란이 되었어요. 우리나라는 북한을 제외한 남한만, 독일은 동독과 서독이 연합된 독일 연합으로 참가가 결정되었으나 중국은 중화민국이 IOC 회원국이어서 참가하지 못했어요. 중화민국은 동계 스포츠 저변이 취약하여 불참하였지요.

베이코 하쿨리넨은 대회 최다 메달리스트예요.

월트 디즈니가 개회식과 폐회식 연출을 맡아 화려하게 진행하였고, 미국의 여자 피겨 스케이팅 스타 캐롤 헤이스가 선수 선서를, 그리고 리처드 닉슨 미국 부통령이 개회 선언을 했어요. 동계 올림픽 사상 처음으로 텔레비전으로 중계가 되기도 했어요.

이 대회에서 바이애슬론이 처음으로 정식 종목으로 채택되었으며, 스피드 스케이팅에 여자 경기가 추가되었어요. 또 동계 올림픽 사상 처음으로 철제 스키가 등장하였지요. 피겨 스케이팅 전 경기와 아이스하키 일부 경기가 동계 올림픽 사상 처음으로 실내 링크에서 열리기도 했어요. 그러나 봅슬레이는 비용 문제로 경기장을 짓지 못하여 열리지 않았어요.

8개 종목 27개 세부 종목이 펼쳐진 가운데 소련은 금메달 7개로 종합 순위 1위에 올랐으며, 독일은 4개로 2위, 미국은 3개로 3위를 차지했어요. 알파인 스키는 오스트리아가 우세하였고, 여자 크로스컨트리는 소련이 석권했어요. 아이스하키에서는 미국이 소련과 캐나다를 물리치고 우승을 차지했지요. 우리나라는 장영 등 7명의 선수가 스키와 스피드 스케이팅 종목에 출전했지만 입상권에는 들지 못했어요. 한혜자와 김경회가 각각 20위에 오른 것이 최고 기록이에요.

🏅 올림픽 이모저모

스쿼밸리는 지명이 아니라 스키 리조트

동계 올림픽 개최지로 스쿼밸리가 결정되었지만 사실 스쿼밸리는 지명이 아니라 캘리포니아주 동북부의 유명 관광지인 타호 호수 근처의 스키 리조트 이름이었어요. 본래 이 지역은 올림픽밸리라 불렸지만 스쿼밸리라는 이름으로 올림픽이 열려 스쿼밸리가 지명처럼 불리게 된 거예요. 그런데 실제로 이곳에서 남서쪽으로 400km 떨어진 곳에 스쿼밸리라는 마을이 있다고 해요.

봅슬레이는 NO!

이전부터 위험한 종목이라는 평을 얻어 온 종목이 썰매 종목인데, 그 불똥이 봅슬레이로 튀었어요. 이 대회에서 9개국만이 출전을 신청한 데다가 주최측이 봅슬레이 경기장을 아예 건설하지 않아 올림픽 종목에서 제외되고 말았어요. 그로 인해 스쿼밸리 대회는 봅슬레이 종목을 치르지 않은 유일한 동계 올림픽이 되었어요.

우여곡절 아프리카 국가가 참여는 하였으나

아프리카 국가로는 최초로 남아프리카연방이 대회에 참가했어요. 남아프리카연방은 이듬해에 공화제를 실시하며 남아프리카공화국으로 국호를 변경하였지요. 그러나 남아프리카공화국은 인종 차별 정책인 아파르트헤이트 문제로 IOC에서 퇴출되어 1994년 릴레함메르 동계 올림픽까지 참가하지 못했어요.

🏅 올림픽 영웅들

대회 최다 메달리스트 베이코 하쿨리넨(핀란드, 1925. 1. 4~2003. 10. 24)

크로스컨트리 계주에서 금메달을 획득하였고, 50km에서는 은메달, 15km에서는 동메달을 획득하여 총 3개의 메달로 대회 최다 메달리스트가 되었어요. 1952년 오슬로 대회에서는 50km 금메달을, 1956년 코르티나담페초 대회에서는 금메달 1개, 은메달 2개를 획득하여 올림픽에서만 금 3, 은 3, 동 1 등 7개의 메달을 획득하였어요.

금메달만 4개 예브게니 그리신(소련, 1941. 3. 23~2005. 6. 9)

1960년대 최고의 스피드 스케이팅 선수로, 500m와 1500m에서 우승하며 2관왕에 올랐어요. 1956년 코르티나담페초 대회에서도 두 종목에서 세계 신기록을 세우며 우승을 차지하여 더블더블 2연패의 신화를 이루어 냈지요. 1964년 인스브루크 대회에도 참가하여 500m에서 은메달을 차지하며 올림픽에서만 금메달 4개, 은메달 1개를 획득하였어요.

🏅 우리나라 선수단 성적

　우리나라 선수단은 알파인 스키, 크로스컨트리, 스피드 스케이팅 등 3개 종목에 7명의 선수가 참가했으나 좋은 성적을 거두지는 못했어요.

🏅 올림픽 메달 순위

순위	나라명	금메달	은메달	동메달	합계
1	소련	7	5	9	21
2	독일	4	3	1	8
3	미국	3	4	3	10
4	노르웨이	3	3	0	6
5	스웨덴	3	2	2	7
6	핀란드	2	3	3	8
7	캐나다	2	1	1	4
8	스위스	2	0	0	2
9	오스트리아	1	2	3	6
10	프랑스	1	0	2	3
11	네덜란드	0	1	1	2
11	폴란드	0	1	1	2
13	체코슬로바키아	0	1	0	1
14	이탈리아	0	0	1	1

9회 인스브루크 동계 올림픽
(1964년)

❄ **개최지** : 오스트리아 인스브루크
❄ **대회 기간** : 1964년 1월 29일~2월 9일
❄ **대회 규모** : 36개국, 1,091명
❄ **경기 종목** : 10개 종목 34개 세부 종목(크로스컨트리, 스피드 스케이팅, 아이스하키, 봅슬레이, 루지, 알파인 스키, 피겨 스케이팅 등)
❄ **최다 메달리스트** : 리디야 스코블리코바(소련, 금 4)
❄ **한국 선수단 규모** : 선수 7명, 임원 4명
❄ **한국 참가 종목** : 크로스컨트리, 알파인 스키, 스피드 스케이팅
❄ **한국 순위** : 메달 없음

　오스트리아 인스브루크에서 열린 동계 올림픽으로, 그리스 올림피아로부터의 성화 봉송, 컴퓨터 사용, 전 세계 텔레비전 중계 등 처음 시도된 것이 많았던 대회예요. 눈이 내리지 않아 군인들이 2만 5천 톤의 눈을 옮겨오기도 했어요.

　소련이 금메달 11개로 종합 1위에 올랐고, 오스트리아는 4개로 2위를 차지했는데, 북한의 한필화는 여자 스피드 스케이팅에서 은메달을 획득하며 유일한 아시아 국가 메달을 기록했어요.

천 명 이상의 선수가 참가한 첫 대회

9회 동계 올림픽은 오스트리아에서 처음 개최된 동계 올림픽으로 36개국 1,091명의 선수가 참가했어요. 사상 처음으로 참가 선수가 천 명을 넘긴 대회예요. 1955년 독일 뮌헨에서 열린 IOC 총회에서 캐나다의 캘거리와 표 대결을 펼친 끝에 48대 12라는 압도적인 차이로 이기며 개최지로 선정되었어요. 동계 올림픽에서 처음으로 그리스 올림피아로부터 채화된 성화가 봉송되었으며, 전 세계 10억 명 이상이 텔레비전을 통하여 경기를 지켜볼 수 있게 되었어요. 또한 처음으로 컴퓨터를 사용하여 점수를 정확하게 산정, 대회 진행이 원활해졌지요.

스키 점프 라지힐이 처음으로 경기 종목에 포함되었고, 봅슬레이도 다시 경기를 치르게 되었어요. 그러나 60년 만에 처음으로 인스브루크의 2월 날씨가 따뜻하여 눈이 내리지 않아 큰 고민이 생겼는데, 주최측은 군인들을 동원하여 2만 5천 톤이 넘는 눈을 옮겨 경기를 치르게 하였어요.

10개 종목 34개의 금메달을 놓고 경기를 펼친 결과 소련이 금메달 11개로 종합 순위 1위에 올랐고, 개최국 오스트리아가 금 4개로 2위에 올랐어요. 소련의 리디야 스코블리코바는 스피드 스케이팅 여자 4관왕에 오르며 대회 최고의 스타가 되

대회 4관왕에 오른 리디야 스코블리코바는 올림픽에서 모두 6개의 금메달을 땄어요.
ⓒKoch, Eric/Anefo

었고, 클라브디야 보야르스키흐는 크로스컨트리 여자 3관왕에 올랐어요. 프랑스의 구아첼 자매는 알파인 스키에서 금 2, 은 2개를 따냈지요.

사상 처음 참가한 북한은 한필화가 스피드 스케이팅 여자 3000m에서 은메달을 땄는데, 아시아 선수로는 유일하게 딴 메달이에요. 우리나라는 7명의 선수가 크로스컨트리, 스피드 스케이팅, 알파인 활강 및 회전 종목에 출전하였지만 입상권에는 들지 못하였어요.

🏅 올림픽 이모저모

위험천만한 종목들

대회가 열리기 2주 전 영국의 루지 선수가 훈련 중 사망하는 사고가 발생했어요. 그로 인해 루지를 올림픽 종목에 넣어야 하는지 논란이 벌어졌어요. 시속 100km가 넘는 속도로 달리는 썰매에 맨몸으로 올라타는 것이 목숨을 거는 일이나 마찬가지라는 주장이었지요. 한편, 스키도 위험하기는 마찬가지라서 오스트레일리아의 스키 선수가 알파인 활강을 연습하다 사망했어요.

북한 영웅과 분단의 비극

동계 올림픽에 처음 참가한 북한은 여자 스피드 스케이팅 3000m에서 한필화가 은메달을 따내며 아시아인으로서는 유일한 메달리스트로 큰 화제가 되었어요. 한필화가 널리 알려지자 6·25 전쟁 때 월남한 오빠 한필성이 동생임을 알아보고 만날 날을 손꼽아 기다렸어요. 그래서 1971년 일본 아사히 신문 주선으로 만나려 했지만 북한의 거부로 만나지 못하고 말았지요. 이후 1990년 삿포로 동계 아시안 게임에 한필화가 북한의 임원으로 참석하자 한필성이 일본으로 찾아가 극적인 상봉을 하게 되었어요.

🏅 올림픽 영웅들

4관왕 신화 리디야 스코블리코바(소련, 1939. 3. 8~)

스피드 스케이팅 여자 4관왕에 오르며 대회 최고의 스타가 되었어요. 1500m와 3000m는 1960년 스쿼밸리 대회에 이어 2연속으로 제패하여 두 번의 올림픽에서 금메달만 6개를 땄어요. 이 기록은 아직도 깨지지 않고 있어요. 세계 선수권 대회에서는 1963년과 1964년 종합 우승했어요. 1964년 동계 올림픽 후에 은퇴하였으나 1967년에 복귀하여 3000m에서 세계 신기록을 세우기도 했어요.

스키 3관왕 클라브디야 보야르스키흐(소련, 1939. 11. 11~)

처음 경기 종목으로 포함된 여자 5km를 포함하여 크로스컨트리 여자 3관왕에 올랐어요. 1966년 오슬로 세계 선수권 대회에서는 10km와 15km 계주에서 우승하여 2관왕을 차지했어요. 1970년부터 예카테린부르크에서 이 선수의 이름을 딴 클라브디야 보야르스키흐컵 대회가 열리고 있답니다.

알파인 스키를 휩쓴 구아첼 자매(프랑스, 1945. 9. 28~/1944. 6. 9~)

언니 크리스틴은 알파인 스키 회전에서 금메달과 대회전에서 은메달을, 동생 마리엘은 반대로 대회전에서 금메달과 회전에서 은메달을 획득하여 둘이 합쳐 금 2, 은 2개를 따낸 자매예요. 마리엘은 1968년 그르노블 대회 여자 회전에서도 금메달을 땄어요.

스키 2관왕 에로 만티란타(핀란드, 1937. 11. 20~2013. 12. 29)

크로스컨트리 남자 15km와 30km에서 우승하여 2관왕에 올랐으며, 4×10 km 계주에서 은메달을 땄어요. 이전 대회인 1960년 스쿼밸리 대회에서 금 1개, 1968년 그르노블 대회에서는 은 1개, 동 2개를 따며 올림픽에서 금 3개, 은 2개, 동 2개 등 모두 7개의 메달을 차지했어요. 세계 선수권 대회에서는 2회 우승하였어요.

우리나라 선수단 성적

우리나라 선수단은 알파인 스키, 크로스컨트리, 스피드 스케이팅 등 3개 종목에 7명의 선수가 참가했으나 좋은 성적을 거두지는 못하였어요.

올림픽 메달 순위

순위	나라명	금메달	은메달	동메달	합계
1	소련	11	8	6	25
2	오스트리아	4	5	3	12
3	노르웨이	3	6	6	15
4	핀란드	3	4	3	10
5	프랑스	3	4	0	7
6	독일	3	3	3	9
7	스웨덴	3	3	1	7
8	미국	1	2	4	7
9	캐나다	1	1	1	3
10	네덜란드	1	1	0	2
11	영국	1	0	0	1
12	이탈리아	0	1	3	4
13	북한	0	1	0	1
14	체코슬로바키아	0	0	1	1

10회 그르노블 동계 올림픽
(1968년)

❄ **개최지** : 프랑스 그르노블
❄ **대회 기간** : 1968년 2월 6일~2월 18일
❄ **대회 규모** : 37개국, 1,158명
❄ **경기 종목** : 10개 종목 35개 세부 종목(크로스컨트리, 스피드 스케이팅, 아이스하키, 봅슬레이, 알파인 스키, 피겨 스케이팅 등)
❄ **최다 메달리스트** : 장 클로드 킬리(프랑스, 금 3)
❄ **한국 선수단 규모** : 선수 8명, 임원 7명
❄ **한국 참가 종목** : 크로스컨트리, 알파인 스키, 스피드 스케이팅, 피겨 스케이팅
❄ **한국 순위** : 메달 없음

 1924년 1회 샤모니 동계 올림픽 이후 44년 만에 프랑스에서 열린 동계 올림픽으로 상업성 논란이 크게 부각된 대회예요. 동독의 참가와 여성 선수에 대한 성별 검사, 비공식적이지만 최초의 마스코트 등장 등은 앞으로 올림픽의 변화를 예고하였지요.
 노르웨이가 금메달 6개로 종합 순위 1위에 복귀하였고, 프랑스의 장 클로드 킬리는 알파인 스키에서 3관왕에 올라 대회 최고의 스타가 되었어요.

🏅 순수 아마추어 정신과 상업성 논란

　프랑스 동남부 이제르주에 있는 공업 도시 그르노블에서 열린 10회 동계 올림픽은 프랑스에서는 하계 올림픽을 포함해 네 번째로 열린 올림픽이에요. 샤를 드골 프랑스 대통령이 진두지휘를 하며 준비를 했지만 경기장이 주변 여러 지역에 흩어져 있어 교통과 통신이 불편했고, 날씨도 변덕스러워 참가자들은 물론 관중들도 큰 어려움을 겪어야 했어요.

　올림픽 대회 최초로 스키 선수를 형상화한 마스코트 '슈스'가 등장하였으며, 동독이 올림픽 무대에 처음으로 참가했어요. 또 여성 선수에 대한 성별 검사를 처음으로 실시하였고 컬러 TV 중계 방송이 시작되었지요. 스키 선수들이 상표를 부착한 복장을 하여 순수한 올림픽 정신에 어긋난다는 논란도 일어났어요. 그래서 올림픽 대회의 아마추어 정신이 중요한 화제로 떠올랐어요.

　35개국 1,158명의 선수가 10개 종목에 35개의 금메달을 놓고 경기를 벌인 결과 노르웨이가 금메달 6개로 종합 1위를 차지하였고, 소련은 5개로 2위, 개최국 프랑스는 4개로 이탈리아와 동률을 이루었지만 은메달에서 앞서 3위를 차지하였어요.

　알파인 스키에 출전한 프랑스의 장 클로드 킬리는 3관왕에 오르며 대회 최고의

크로스컨트리에서 금메달 2개와
은메달 1개를 딴 토이니 구스타프슨.

스타로 떠올랐고, 스웨덴의 토이니 구스타프슨은 여자 크로스컨트리 스키에서 2관왕에 오르고 은메달 1개를 추가하여 3개의 메달을 땄어요. 이탈리아의 유제니오 몬티는 40세의 나이에도 불구하고 봅슬레이 2인승과 4인승에서 2관왕을 차지하여 큰 박수를 받았지요. 피겨 스케이팅 페어 경기에서는 소련의 류드밀라 벨로우소바와 올레크 프로토포포프는 지난 대회에 이어 금메달을 차지하며 페어 종목을 2연패했어요.

우리나라는 크로스컨트리와 알파인 스키, 피겨 스케이팅, 스피드 스케이팅 등 4개 종목에 8명의 선수가 참가했지만 입상권에는 들지 못했어요.

올림픽 이모저모

광고가 새겨진 옷은 입지 맙시다

IOC는 상업적인 복장을 하고 경기에 임하는 선수들이 많아지자 옷과 장비에 광고 문구를 새기는 것을 금지한다고 발표했어요. 그러나 선수들은 단체로 경기에 참가하지 않을 수도 있다고 버텼지요. 결국 사진 촬영이나 인터뷰에서는 광고가 붙은 옷을 입지 않기로 합의했어요.

처음 등장한 마스코트의 굴욕

비공식적이지만 올림픽 마스코트가 처음으로 등장했어요. 스키 선수를 이미지화한 '슈스'인데, 2008년 미국 MSNBC 방송에서 역대 올림픽 마스코트를 평가할 때 최악의 마스코트 5위에 오르는 굴욕을 맛보았어요. 올림픽 최초의 공식 마스코트는 1972년 뮌헨 올림픽에 등장했어요.

썰매의 날에 열을 가하다니!

0.001초까지 다투는 썰매 경기는 복장이나 중량 등에 규정이 엄격한 편이에요.

그런데 루지 종목에 출전한 동독의 여자 선수들이 썰매의 날에 열을 가한 것이 밝혀져 실격되는 일이 발생했어요. 동독 남자 선수들도 실격시켜야 한다는 주장이 있었지만 직접 목격된 바가 없어서 실격시킬 수는 없었지요.

🏅 올림픽 영웅들

스키 3관왕 장 클로드 킬리(프랑스, 1943. 8.30~)

알파인 스키 남자 회전과 대회전, 활강에서 각각 금메달을 획득하며 대회 3관왕에 올랐어요. 1992년 알베르빌 동계 올림픽 조직 위원회 부위원장을 역임하였고, 1995년부터 IOC 위원으로 활동했어요.

불혹에 이룬 올림픽 제패 유제니오 몬티(이탈리아, 1928. 1. 28~)

이탈리아 봅슬레이 선수 유제니오 몬티는 원래 '나는 붉은 머리'로 불렸던 스키 선수였지만 1951년에 무릎 부상을 당하자 봅슬레이 선수로 전향했어요. 첫 올림픽인 1956년 코르티나담페초 대회 때에는 은메달 2개, 1964년 인스브루크 대회에서는 동메달 2개를 땄지요. 그러다가 나이 40세가 된 1968년 그르노블 대회에서는 봅슬레이 2인조와 4인조에서 모두 금메달을 따며 올림픽 2관왕이 되었어요. 세계 선수권 대회에서는 9회나 우승하는 업적을 세웠답니다.

크로스컨트리에서 3개의 메달을 딴 토이니 구스타프슨(스웨덴, 1938. 1. 17~)

크로스컨트리 여자 10km와 5km에서 우승했고, 15km 여자 계주에서 은메달을 땄어요. 앞서 열린 1964년 인스브루크 동계 올림픽 15km 여자 계주에서 딴 은메달을 합치면 올림픽에서만 금메달 2개, 은메달 2개를 따낸 것이지요. 홀멘콜렌 스키 페스티벌에서는 1960년, 1967년, 1968년 세 차례 10km에서 우승을 차지했고, 1967년 홀멘콜렌 메달을 수상했어요.

🎖 우리나라 선수단 성적

우리나라 선수단은 알파인 스키, 크로스컨트리, 피겨 스케이팅, 스피드 스케이팅 등 4개 종목에 8명의 선수가 참가했으나 좋은 성적을 거두지는 못했어요. 그러나 알파인 스키 남자 대회전에 출전한 어재식은 경기 도중에 넘어졌음에도 불구하고 마지막까지 완주하여 관중들의 큰 박수를 받았어요.

🎖 올림픽 메달 순위

순위	나라명	금메달	은메달	동메달	합계
1	노르웨이	6	5	3	14
2	소련	5	5	3	13
3	프랑스	4	3	2	9
4	이탈리아	4	0	0	4
5	오스트리아	3	4	4	11
6	네덜란드	3	3	3	9
7	스웨덴	3	2	3	8
8	서독	2	2	3	7
9	미국	1	5	1	7
10	동독	1	2	2	5
10	핀란드	1	2	2	5
12	체코슬로바키아	1	2	1	4
13	캐나다	1	1	1	3
14	스위스	0	2	4	6
15	루마니아	0	0	1	1

11회 삿포로 동계 올림픽 (1972년)

❄ **개최지** : 일본 삿포로
❄ **대회 기간** : 1972년 2월 3일~2월 13일
❄ **대회 규모** : 35개국, 1,006명
❄ **경기 종목** : 10개 종목 35개 세부 종목(크로스컨트리, 노르딕 복합, 루지, 바이애슬론, 봅슬레이, 스키 점프, 스피드 스케이팅, 아이스하키, 알파인 스키, 피겨 스케이팅 등)
❄ **최다 메달리스트** : 아르트 쉔크(네덜란드, 금 3), 갈리나 쿨라코바(소련, 금 3)
❄ **한국 선수단 규모** : 선수 5명, 임원 2명
❄ **한국 참가 종목** : 스피드 스케이팅, 피겨 스케이팅
❄ **한국 순위** : 메달 없음

　아시아 최초로 일본에서 1972년 2월 3일부터 13일까지 치러진 동계 올림픽이에요. 경제 부흥을 이룬 일본이 막대한 자본을 투자해 제반 시설을 준비한 덕분에 최고의 대회가 되었지요.
　네덜란드의 아르트 쉔크와 소련의 갈리나 쿨라코바가 각각 남녀 3관왕에 올랐고, 일본은 스키 점프에서 금, 은, 동메달을 싹쓸이하는 이변을 연출하였어요. 소련이 금메달 8개로 종합 우승을 차지하였고, 그 뒤를 동독, 스위스, 네덜란드, 미국이 이었어요.
　이 대회를 치른 후 일본의 지방 도시에 불과하던 삿포로는 겨울 스포츠의 천국으로 바뀌었답니다.

🏅 아시아 최초 개최 동계 올림픽

　11회 동계 올림픽은 사상 처음으로 아시아에서 열렸어요. 일본 홋카이도 삿포로에서 개최되었지요. 본래 일본은 1940년 동계 올림픽을 삿포로에서 개최하기로 하였지만 중일 전쟁이 일어나 개최권을 반납했다가 32년 만에 다시 개최하게 된 거예요. 그런 만큼 준비를 철저히 하여 고속도로와 전철 등 교통을 확충하였으며, 대규모 아파트 단지를 건설하였어요. 개막식에는 히로히토 일왕이 참석하여 개막 선언을 하였지요.

　1972년 2월 3일부터 13일까지 35개국 1,006명의 선수가 참가해 10개 종목 35개 세부 종목에서 실력을 겨루었어요. 네덜란드의 아르트 쉔크는 남자 스피드 스케이팅에서 3관왕에 올라 대회 최고 스타가 되었으며, 소련의 갈리나 쿨라코바도 여자 크로스컨트리에서 3관왕에 올랐어요.

　이 대회에서 가장 화제가 되었던 것은 개최국 일본인데, 스키 점프에서 금, 은, 동메달을 싹쓸이하는 이변을 일으켰기 때문이에요. 그런데 이건 스키의 길이를 길게 하여 공중에 떠 있는 시간을 늘어나게 한 결과예요. 그래서 이후 스키의 길이를 선수 키의 146% 이내로 제한하는 조치가 내려졌어요. 스위스는 스키에서 두각

스피드 스케이팅 3관왕에 오른 아르트 쉔크.
ⓒEric Koch/Anefo

을 나타냈고, 미국의 앤 헤닝은 여자 스피드 스케이팅 500m에서 우승하여 미국에 스피드 스케이팅 사상 첫 금메달을 선사하였어요.

이 대회에서 소련은 금메달 8개로 종합 우승을 차지했고, 동독은 4개로 2위를 했어요. 스위스와 네덜란드, 미국이 각각 3~5위를 차지하했지요. 전 대회 우승국인 노르웨이는 금메달 2개로 7위를 차지하는 부진을 겪었어요. 우리나라는 5명의 선수가 참가했지만 메달을 따지는 못했어요.

🏅 올림픽 이모저모

1940년 동계 올림픽은 왜 열리지 않았나?

일본 삿포로는 원래 1940년 동계 올림픽 개최지였어요. 그러나 1938년 중일 전쟁이 일어나자 개최권을 박탈당하였으며, 대회 유치는 스위스를 거쳐 독일로 넘어갔지요. 그러나 1940년 동계 올림픽을 몇 달 앞두고 이번엔 독일이 폴란드를 침공하며 1차 세계 대전이 일어나자 아예 대회를 취소하기에 이르렀어요. 1966년 일본은 아시아에서 동계 올림픽을 유치해야 한다고 IOC를 설득하여 결국 1972년에 삿포로 동계 올림픽이 열리게 된 거예요.

돈을 받았다고요, 그럼 참가할 수 없습니다

당시 올림픽 대회는 순수 아마추어 정신을 지향하고 있었어요. 그런데 오스트리아와 미국, 캐나다의 몇몇 선수들이 장비업체로부터 자사 상품을 이용하는 대가로 금품을 받은 것이 밝혀져 출전이 금지되었지요. 그러나 공산권 국가의 아이스하키 선수들은 아무런 제재를 받지 않자 캐나다는 아이스하키 팀을 파견하지 않으며 항의하는 일도 벌어졌어요.

🏅 올림픽 영웅들

스케이팅 최강 아르트 쉔크(네덜란드, 1944. 9. 16 ~)

 1968년 그르노블 대회에서는 남자 스피드 스케이팅 1500m에서 은메달 1개에 그쳤으나 이번 대회에서는 1500m와 5000m, 10000m에서 우승하며 3관왕에 올랐어요. 1970년부터 1972년까지 세계 선수권 대회에서 3연패하였으며, 유럽 선수권 대회도 3회 종합 우승을 이루어 냈어요.

크로스컨트리 스키 3관왕 갈리나 쿨라코바(소련, 1942. 4. 29~)

 1968년 그르노블 대회에서 은메달 1개와 동메달 1개를 딴 데 이어 이번 대회에서는 5km, 10km, 15km 계주에서 각각 금메달을 획득하여 대회 3관왕에 올랐어요. 1976년 인스브루크 대회에도 참가하여 계주에서 금메달을, 10km에서는 동메달을 획득하였으며, 1980년 레이크플래시드 대회에서는 20km 계주에서 은메달 1개를 추가하였어요. 4번의 올림픽에 참가해 금메달 4개, 은메달 2개, 동메달 2개 등 총 8개의 메달을 딴 거예요. 세계 선수권 대회에서는 5번 우승했어요.

아시아 첫 금메달리스트 가사야 유키오(일본, 1943. 8. 17~)

 동계 올림픽 스키 점프 사상 최초로 금메달을 수상한 아시아 선수예요. 스키 점프 노멀힐에서 금메달을 차지했어요. 일본은 가사야 유키오 외에도 곤노 아키츠구, 아오치 세이지가 각각 은메달과 동메달을 획득하여 스키 점프 노멀힐 개인전을 휩쓸었어요. 가사야는 1964년과 1968년, 1976년 대회에도 출전하였으나 오로지 삿포로 대회에서만 메달을 땄답니다.

🏅 우리나라 선수단 성적

　스피드 스케이팅과 피겨 스케이팅에 모두 5명의 선수를 출전시켰지만 입상권에는 들지 못했어요. 정중구가 남자 스피드 스케이팅 500m에서 22위, 1500m에서 35위를 차지하였고, 여자 500m에서 최정희가 22위, 이경희가 26위를 기록했어요. 최정의는 1500m에서도 22위를 기록했지요. 한편, 메달 획득 기대를 모았던 북한의 한필화는 3000m에서 9위에 그치고 말았어요.

🏅 올림픽 메달 순위

순위	나라명	금메달	은메달	동메달	합계
1	소련	8	5	3	16
2	동독	4	3	7	14
3	스위스	4	3	3	10
4	네덜란드	4	3	2	9
5	미국	3	2	3	8
6	서독	3	1	1	5
7	노르웨이	2	5	5	12
8	이탈리아	2	2	1	5
9	오스트리아	1	2	2	5
10	스웨덴	1	1	2	4
11	일본	1	1	1	3
12	체코슬로바키아	1	0	2	3
13	스페인	1	0	0	1
13	폴란드	1	0	0	1
15	핀란드	0	4	1	5
16	프랑스	0	1	2	3
17	캐나다	0	1	0	1

12회 인스브루크 동계 올림픽
(1976년)

- **개최지** : 오스트리아 인스브루크
- **대회 기간** : 1976년 2월 4일~2월 15일
- **대회 규모** : 37개국, 1,123명
- **경기 종목** : 10개 종목 37개 세부 종목(노르딕 복합, 스피드 스케이팅, 아이스하키, 알파인 스키, 피겨 스케이팅 등)
- **최다 메달리스트** : 타티아나 아베리나(소련, 금 2, 동 2)
- **한국 선수단 규모** : 선수 3명, 임원 4명
- **한국 참가 종목** : 스피드 스케이팅, 피겨 스케이팅
- **한국 순위** : 메달 없음

1964년 9회 대회에 이어 두 번째로 인스브루크에서 열린 동계 올림픽이에요. 본래 미국의 덴버가 개최지였지만 환경 문제와 석유 파동으로 인한 경제적 문제 때문에 개최가 어려워지자 인스브루크가 우여곡절 끝에 새 개최지로 선정되었지요.

37개국 1,123명의 선수가 6개 종목 37개 세부 종목을 겨룬 결과 소련이 금메달 13개로 종합 1위를 차지했어요. 메달은 대부분 유럽과 북미 국가가 차지하였고, 아프리카는 어느 국가도 출전하지 않았으며, 중화민국은 중국의 간섭으로 앞으로 올림픽에서 국호와 국기를 사용할 수 없게 되자 동계 올림픽을 계속 열어야 하느냐는 문제가 제기되기도 했어요.

갑자기 치른 올림픽, 소련의 압승

　1976년 2월 4일부터 15일까지 오스트리아 인스브루크에서 열린 12회 동계 올림픽에는 37개국 1,123명이 참가했어요. 본래 1970년 IOC 총회에서 12회 동계 올림픽 개최지로 결정된 곳은 미국의 덴버였지요. 덴버는 스위스 시옹, 핀란드의 탐페레 등과 경합한 끝에 3차 투표까지 벌여 39표를 차지하면서 30표를 얻은 스위스 시옹을 제치고 개최지로 선정되었어요. 그러나 환경 훼손을 우려하는 주민들의 반대와 석유 파동으로 인해 경기장 시설을 지을 돈이 부족해지자 개최권을 반납했어요.

　긴급 상황이 발생하자 IOC는 새로운 개최지를 찾았는데, 미국의 솔트레이크시티와 레이크플래시드, 프랑스 샤모니 등이 개최를 희망했지요. 그러나 경기장 건설 기간을 고려한 결과 1964년 동계 올림픽을 개최한 인스브루크로 결정되었어요. 이로써 유치 신청도 하지 않은 도시가 개최지로 선정되는 일이 발생하였고, 인스브루크는 단시간 내에 두 번의 동계 올림픽을 개최하여 동계 스포츠의 중심지로 거듭났지요.

금메달 2개를 포함하여 총 4개의 메달을 딴 타티아나 아베리나.
ⓒPeters, Hans / Anefo

날씨가 추웠던 탓에 많은 참가 선수들이 감기에 걸렸어요. 그래서 약물 검사를 까다롭게 했는데, 소련의 동메달리스트가 금지 약물 복용 사실이 드러나 메달을 박탈당했어요. 또 체코의 아이스하키 팀은 팀원 전체가 약을 복용한 것이 밝혀져 몰수패를 당하기도 했지요.

그럼에도 대회는 무난하게 치러져 10개 종목 37개 세부 종목을 펼친 결과 소련이 금메달 13개를 차지하며 종합 우승을 했고, 동독이 7개로 2위를 차지했어요. 소련의 타티아나 아베리나는 여자 스피드 스케이팅에서 금메달 2개, 동메달 2개를 따며 대회 최다 메달리스트에 올랐고, 서독의 로지 미터마이어는 여자 알파인 스키에서 금메달 2개와 은메달 1개를 땄어요. 처음 채택된 피겨 스케이팅 아이스 댄싱 금메달은 소련 팀이 차지하였고, 쇼트 프로그램과 프리 스케이팅으로 나뉘어 진행된 피겨 스케이팅 싱글 종목에서는 영국의 존 커리와 미국의 도로시 해밀이 각각 남녀 우승을 차지했어요.

우리나라는 스피드 스케이팅의 기대주 이영하 등 3명의 선수를 출전시켰지만 메달을 따지 못하며 세계의 높은 벽을 실감해야 했어요.

올림픽 이모저모

높아지는 중국의 위상

개최권을 변경한 것도 시끄러웠는데, 중국의 참여가 문제점으로 나타나기 시작했어요. 1972년 미국의 닉슨 대통령이 중국을 방문하자 중국은 급속하게 국제적인 위상이 올라갔고 자연스럽게 중국의 올림픽 참가가 이슈가 되었어요. 문제는 당시까지 중국을 대표하는 국가는 타이완에 있는 중화민국이었다는 거예요. 결국 1979년 미국이 중화민국과 단교하고 중국과 수교함에 따라 이후 올림픽에서 중화민국이라는 국호를 쓸 수 없게 되었어요.

동계 올림픽을 왜 하는 거야?

중국의 위상이 올라가 중화민국이 난처해졌고 아프리카에서는 단 한 국가도 참가하지 않았으며 유럽과 북미 국가들이 모든 메달을 휩쓸자 동계 올림픽을 왜 하느냐는 무용론이 제기되었어요. 올림픽은 세계 모든 대륙, 모든 국가들의 잔치여야 함에도 정작 유럽과 북미 국가들만의 대회로 전락하였기 때문이에요. 그래서 앞으로 동계 올림픽의 저변 확대가 시급한 과제로 떠올랐어요.

리히텐슈타인은 도대체 어디에 있는 나라야?

알파인 스키에서 동메달 2개를 획득한 리히텐슈타인에 대한 관심이 부쩍 늘어난 대회예요. 알프스 산악의 작은 나라로 인구는 고작 3만 명뿐인데도 올림픽에서 메달을 따냈으니 놀라운 일이 아닐 수 없었지요. 그러나 이는 시작에 불과했어요. 다음 대회인 1980년 레이크플래시드 동계 올림픽에서는 금메달 2개, 은메달 2개를 획득하며 당당히 종합 6위를 차지하였답니다.

🏅 올림픽 영웅들

대회 최다 메달 획득 타티아나 아베리나(소련, 여, 1950. 6. 25~2001. 8. 22)

여자 스피드 스케이팅 1000m와 3000m에서 금메달을 따며 2관왕에 올랐으며, 500m와 1500m에서는 동메달을 따서 총 4개의 메달로 대회 최다 메달리스트에 올랐어요.

활강의 여왕, 로지 미터마이어(서독, 여, 1950. 8. 5~)

알파인 스키 여자 활강과 회전에서 금메달을 획득하여 2관왕에 올랐으며, 대회전에서는 은메달을 차지했어요. 1968년 그르노블 대회와 1972년 삿포로 대회에도 참가했지만 메달을 따지는 못했지요.

올림픽 메달만 10개 라이자 스메타니나(소련, 1952. 2. 29~)

크로스컨트리 여자 개인과 계주에서 우승하며 2관왕에 올랐고, 5km에서는 은메달을 땄어요. 1980년 레이크플래시드 대회에서는 5km에서 우승하여 2연패에 성공했고, 계주에서 은메달을 추가했어요. 1984년 사라예보 대회에서 은메달 2개, 1988년 캘거리 대회에서는 은메달 1개와 동메달 1개를 땄고, 1992년 알베르빌 대회에도 독립국가연합 소속으로 출전하여 팀 계주에서 금메달을 땄어요. 총 5회 올림픽에 출전해 금메달 4개, 은메달 5개, 동메달 1개 등 총 10개의 메달을 차지했어요.

환상의 봅슬레이어 베른하르트 게르메사우센(동독, 1951. 8. 21~)

동료 마인하르트 네흐머와 함께 봅슬레이 2인승과 4인승에서 우승하여 2관왕에 올랐고, 1980년 레이크플래시드 대회에서도 4인승 금메달, 2인승 은메달을 추가하여 올림픽에서만 금메달 3개, 은메달 1개를 땄어요.

🏅 우리나라 선수단 성적

3명의 선수를 파견한 우리나라는 내심 스피드 스케이팅의 이영하에게 좋은 성적을 기대했어요. 세계 주니어 선수권 대회에서 우승한 경력이 있는 선수였기 때문이에요. 그러나 남자 5000m에서 11위에 그쳐 아쉬움을 주었어요.

🏅 올림픽 메달 순위

순위	나라명	금메달	은메달	동메달	합계
1	소련	13	6	8	27
2	동독	7	5	7	19
3	미국	3	3	4	10
4	노르웨이	3	3	1	7

5	서독	2	5	3	10
6	핀란드	2	4	1	7
7	오스트리아	2	2	2	6
8	스위스	1	3	1	5
9	네덜란드	1	2	3	6
10	이탈리아	1	2	1	4
11	캐나다	1	1	1	3
12	영국	1	0	0	1
13	체코슬로바키아	0	1	0	1
14	리히텐슈타인	0	0	2	2
	스웨덴	0	0	2	2
16	프랑스	0	0	1	1

13회 레이크플래시드 동계 올림픽
(1980년)

❄ **개최지** : 미국 레이크플래시드
❄ **대회 기간** : 1980년 2월 13일~2월 24일
❄ **대회 규모** : 37개국, 1,072명
❄ **경기 종목** : 10개 종목 38개 세부 종목(노르딕 복합, 스피드 스케이팅, 아이스하키, 봅슬레이, 알파인 스키, 피겨 스케이팅 등)
❄ **최다 메달리스트** : 에릭 하이든(미국, 금 5)
❄ **한국 선수단 규모** : 선수 10명, 임원 10명
❄ **한국 참가 종목** : 크로스컨트리, 알파인 스키, 스피드 스케이팅, 피겨 스케이팅 등
❄ **한국 순위** : 메달 없음

 20년 만에 미국에서 다시 열린 미국의 5번째 올림픽으로 37개국 1,072명이 10개 종목 38개 세부 종목에서 승부를 다투었어요.
 미국의 에릭 하이든이 사상 최초로 스피드 스케이팅 전 종목을 싹쓸이하며 5관왕에 올랐고, 미국 아이스하키 팀은 세계 최강 소련 팀을 누르고 금메달을 차지했어요. 알프스의 작은 나라 리히텐슈타인은 금메달 2개, 은메달 2개라는 믿기지 않는 기적을 이루어 냈지요. 소련은 금메달 10개로 종합 우승, 동독은 9개로 2위, 미국은 6개로 3위를 차지했어요.

🏅 놀람과 기적의 연속

　1932년에 열린 3회 대회 이후 48년 만에 다시 레이크플래시드에서 열린 동계 올림픽이에요. 대회 몇 개월 전 소련이 아프가니스탄을 침공하여 동구권 국가들과 서방 국가들의 갈등이 심해졌지만 소련과 동구권 국가들은 아랑곳하지 않고 대회에 참가했어요.

　중국은 IOC 승인으로 '중국'이라는 국호로 처음으로 참가하였으나 중화민국은 중국의 압력에 의하여 공식 국호와 국기를 올림픽에서 사용할 수 없게 되고 말았어요. 중화민국은 그 같은 조치에 항의하며 올림픽에 불참하였지요.

　37개국에서 1,072명의 선수가 참가하여 10개 종목 38개 세부 종목에서 실력을 겨루었는데, 소련이 금메달 10개로 종합 우승을, 동독은 9개로 2위를 차지하였어요. 주최국 미국은 소련의 독주를 막기 위하여 대규모 선수단을 출전시켰지만 금메달 6개로 3위에 그쳤어요.

　미국의 에릭 하이든은 남자 스피드 스케이팅 전 종목을 석권하여 5관왕에 올랐고, 세계에서 가장 작은 나라인 리히텐슈타인은 알파인 스키에서 2개의 금메달과 2개의 은메달을 획득하여 커다란 감동을 주었어요. 또 아이스하키에서 미국 팀은 최강 소련을 기적적으로 물리치고 우승하여 큰 박수를 받았지요.

　우리나라는 10명의 선수가 참가하여 스피드 스케이팅의 이영하, 김영희가 각각 한국 신기록을 세우는 성과를 올렸지만 메달은 획득하지 못했어요. 이 대회는 모처럼 흑자를 낸 대회이기도 해요.

🏅 올림픽 이모저모

화합보다는 갈등만 키운 대회

　동구권 국가들과 서방 국가들의 동서 냉전 시대가 치열하던 때여서, 올림픽은 화합을 의미하지만 소련의 아프가니스탄 침공으로 대회 분위기는 더욱 싸늘하기만 했어요. 과연 소련의 참가를 허용하느냐 마느냐 갈등은 있었지만 예정대로 참가하였고, 동구권 공산국가들도 함께 참가했어요. 그러나 대회가 끝난 후 여름에 열린 모스크바 올림픽에는 서방 국가들이 보이콧을 선언하고 불참했답니다.

국가가 없는데 금메달 땄어, 어떻게 하지?

알프스의 작은 나라 리히텐슈타인의 하니 벤젤 남매가 알파인 스키에서 금메달 2개, 은메달 2개를 따자 주최측은 곤란해지고 말았어요. 우승국 국가를 연주해야 하는데, 리히텐슈타인은 국가가 없었기 때문이에요. 결국 영국 국가를 대신 쓰기로 하고 시상식을 거행하였어요. 벤젤 남매의 활약 덕분에 인구 3만 명에 불과한 리히텐슈타인은 종합 6위에 오르는 기적을 연출하였지요.

영화로 만들어진 아이스하키의 기적

미국 아이스하키 대표 팀은 당시 최강이던 소련 대표 팀을 준결승전에서 만나 과연 얼마나 버티느냐가 관건이었어요. 그도 그럴 것이 소련은 세계 최고의 아이스하키 리그인 NHL 올스타와의 경기에서도 2승 1패를 할 정도로 막강한 실력을 지니고 있었거든요. 3피어리드 중반까지 미국이 소련에 1골 차로 뒤지고 있었는데, 얼마 남지 않은 시간에 미국이 연속 2골을 넣어 4대 3으로 역전승을 일구어 내며 결승에 진출하였어요. 결승전에서는 핀란드를 물리치고 금메달을 차지하였는데, 이 이야기는 2004년에 〈미러클〉이라는 제목으로 영화화되었어요.

올림픽 영웅들

전무후무한 5관왕 위업 에릭 하이든 (미국, 1968. 6. 14~)

동계 올림픽 사상 최초로 남자 스피드 스케이팅 전관왕의 위업을 달성하였어요.

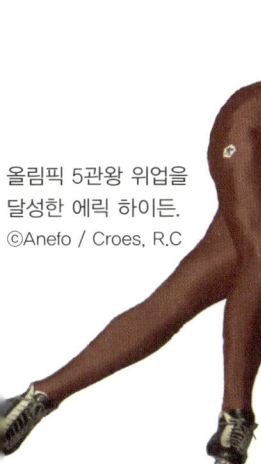

올림픽 5관왕 위업을 달성한 에릭 하이든.
ⓒAnefo / Croes, R.C

1980년 미국 레이크플래시드에서 열린 동계 올림픽에서 세계 신기록 1개와 4개의 올림픽 신기록을 작성하며 5종목을 석권하여 대회 최고의 스타에 등극하였지요. 우리나라의 이영하와 여러 대회에서 경쟁을 펼치기도 했어요.

크로스컨트리 3관왕 니콜라이 짐야토프
(소련, 1955. 6. 28~)

남자 크로스컨트리 단체 출발 30km와 50km 개인, 팀 계주에서 금메달을 획득, 대회 3관왕에 올랐어요. 1984년 사라예보 대회에서는 금메달 1개, 은메달 1개를 추가하여 올림픽에서만 금메달 4개, 은메달 1개를 땄어요.

리히텐슈타인의 스키 영웅 하니 벤젤 (리히텐슈타인, 1956. 12. 14~)

1976년 인스브루크 대회에서 동메달을 획득하였으며, 이번 대회에서는 여자 회전과 대회전에서 각각 금메달을 따 2관왕에 올랐고, 활강에서도 은메달 1개를 추가하여 알프스의 작은 나라 리히텐슈타인의 스포츠 영웅이 되었어요. 하니의 남동생 안드레아스도 알파인 스키 남자 활강에서 은메달을 땄어요.

바이애슬론 올림픽 4연패 알렉산드르 티코노프 (소련, 1947. 1. 2~)

1968년 그르노블 대회 남자 바이애슬론 계주에서 금메달을 획득하고, 20km에서는 은메달을 획득했어요. 단체전에 특히 강하여 1972년 삿포로 대회와 1976년 인스브루크 대회, 1980년 레이크플래시드 대회까지 석권하며 올림픽 4연패의 신화를 이루어 냈어요.

🏅 우리나라 선수단 성적

한국 신기록 세운 것에 만족

크로스컨트리와 알파인 스키, 스피드 스케이팅, 피겨 스케이팅 등 네 종목에 모두 10명의 선수가 참가하였으나 스피드 스케이팅의 이영하와 김영희가 각각 남자 5000m와 여자 3000m에서 한국 신기록을 작성하는 데에 만족해야 했어요. 특히 이영하는 1979년 오슬로 세계 선수권 대회에서 동메달을 획득하였고 프레올림픽에서도 좋은 기록을 보여 줘 메달을 기대하였지만 불의의 부상을 당하여 남자 500m에서 19위, 1000m에서는 22위에 머물렀어요.

여자 스피드 스케이팅에 출전한 이남순과 이성애, 김영희는 각 종목에서 하위권에 머물렀어요. 이남순이 500m에서 14위를 차지한 것이 가장 좋은 성적이며 대부분 20위권 밖이에요. 피겨 여자 싱글에 출전한 신해숙은 20위, 크로스컨트리 스키에 출전한 김남영과 황병대, 김동환은 각 종목에서 50위권 밖으로 밀려났어요. 알파인 스키 남자 대회전의 홍인기는 49위를 기록했어요.

불의의 부상으로 놓친 메달

이번 대회 최대 기대주는 단연 스피드 스케이팅의 이영하였어요. 1976년 세계 주니어 선수권 대회에 출전, 3000m와 5000m에서 우승하고 종합 우승까지 이뤄 3관왕에 올랐는데, 당시 2위는 미국의 에릭 하이든이었어요. 올림픽이 열리기 일주일 전에 열린 프레올림픽에서도 이영하는 500m에서 38초 57을 기록, 다른 대회에 참가하고 있던 에릭 하이든보다 0.2초 앞섰지요.

그러나 불운이 일어나고 말았어요. 500m 결승을 앞두고 연습을 하다 코뼈가 주저앉는 큰 부상을 당한 거예요. 결국 이영하는 결승에서 39초 33의 기록으로 전체 19위에 머무르고 말았어요. 당시 우승은 에릭 하이든이었으니 너무도 아쉬운 순간이었지요.

한국 신기록을 51회나 갱신하는 등 1980년대 최고의 빙상 스타였으나 이영하는 올림픽과는 인연이 없었어요. 은퇴 후 1991년부터 1994년까지 국가 대표 감독을 지냈는데, 1992년 알베르빌 동계 올림픽에서 제자인 김윤만이 남자 1000m에서 은메달을 획득, 올림픽에서 이루지 못한 꿈을 지도자로서 이루어 냈어요.

올림픽 메달 순위

순위	나라명	금메달	은메달	동메달	합계
1	소련	10	6	6	22
2	동독	9	7	7	23
3	미국	6	4	2	12
4	오스트리아	3	2	2	7
5	스웨덴	3	0	1	4
6	리히텐슈타인	2	2	0	4
7	핀란드	1	5	3	9
8	노르웨이	1	3	6	10
9	네덜란드	1	2	1	4
10	스위스	1	1	3	5
11	영국	1	0	0	1
12	서독	0	2	3	5
13	이탈리아	0	2	0	2
14	캐나다	0	1	1	2
15	일본	0	1	0	1
15	헝가리	0	1	0	1
17	불가리아	0	0	1	1
17	체코슬로바키아	0	0	1	1
17	프랑스	0	0	1	1

14회 사라예보 동계 올림픽
(1984년)

❄ **개최지** : 유고슬라비아(현, 보스니아 헤르체고비나) 사라예보
❄ **대회 기간** : 1984년 2월 8일~2월 19일
❄ **대회 규모** : 49개국, 1,272명
❄ **경기 종목** : 10개 종목 39개 세부 종목(크로스컨트리 스키, 바이애슬론, 봅슬레이, 스노보드, 스피드 스케이팅, 아이스하키, 알파인 스키, 피겨 스케이팅 등)
❄ **최다 메달리스트** : 마리야리사 키르베스니에미(핀란드, 금 3, 동 1), 카린 엔케(동독, 금 2, 은 2)
❄ **한국 선수단 규모** : 선수 15명, 임원 8명
❄ **한국 참가 종목** : 크로스컨트리 스키, 바이애슬론, 스피드 스케이팅, 알파인 스키, 피겨 스케이팅 등
❄ **한국 순위** : 메달 없음

　동구권에서 처음 열린 동계 올림픽으로 49개국에서 1,272명의 선수가 참가하여 역대 최대 규모로 치러졌어요. 10개 종목 39개 세부 종목의 경기를 치러 동독이 금메달 9개로 종합 우승을 차지하고 소련이 6개로 2위에 올랐지요.
　핀란드의 마리야리사 키르베스니에미는 여자 크로스컨트리 3관왕에 올랐고, 동독의 카타리나 비트는 피겨 스케이팅 여자 싱글에서 우승, 새로운 피겨 여왕이 탄생하였음을 세상에 알렸어요.

🏅 동구권에서 열린 첫 동계 올림픽

사상 최초로 동구권인 유고슬라비아(현, 보스니아 헤르체고비나) 사라예보에서 열린 14회 동계 올림픽은 1984년 2월 8일부터 19일까지 열렸어요. 역대 최대인 49개국에서 1,272명의 선수가 참가하였고, 10개 종목 39개 세부 종목을 치렀어요.

1980년 모스크바 올림픽과 1984년 로스앤젤레스 올림픽에서 동서 갈등을 보이며 서로 보이콧을 했지만 이번 대회는 그런 일은 일어나지 않았어요. 유고슬라비아가 공산권이긴 하지만 독자 노선을 추구하는 비동맹 국가였기 때문이에요.

동독이 금메달 9개로 사상 최초 종합 우승을 차지하였으며, 소련이 6개로 2위, 미국과 핀란드, 스웨덴이 각각 4개씩을 획득하여 그 뒤를 이었어요. 그간 동계 올림픽에서 강국으로 꼽히던 네덜란드와 오스트리아는 단 한 개의 금메달도 획득하지 못하는 부진을 겪었지요.

핀란드의 마리야리사 키르베스니에미는 여자 크로스컨트리에서 3관왕에 오르고 동메달 1개를 추가하여 대회 최고의 스타가 되었으며, 동독의 카린 엔케는 여자 스피드 스케이팅에서 금메달 2개, 은메달 2개 등 모두 네 개의 메달을 땄어요. 동독의 카타리나 비트는 피겨 스케이팅 여자 싱글에서 우승했어요.

세 번의 올림픽에서 8개의 메달을 획득한 카린 엔케.
ⓒBogaerts, Rob / Anefo

우리나라는 스피드 스케이팅과 피겨 스케이팅, 스키 외에 바이애슬론에도 처음으로 출전하였지만 입상권에는 들지 못했어요. 하지만 첫 동구권 대회에 출전하여 동유럽 공산권 국가와 스포츠 교류를 한 것은 큰 성과였어요.

🏅 올림픽 이모저모

동구권에서 처음으로 열린 동계 올림픽

동서 진영으로 나뉘어 있던 시대에 처음으로 동구권에서 열린 동계 올림픽으로 의미가 커요. 사라예보는 일본 삿포로와 스웨덴의 예테보리와 유치 경쟁을 하였는데, 1차 투표에서 일본 삿포로에 2표 뒤진 31표를 얻었지만 2차 투표에서 39표를 획득하여 36표를 얻은 삿포로를 제치고 동계 올림픽 개최지로 선정되었어요.

아프리카 국가들의 참가로 올림픽의 의미 살아나

올림픽은 지구촌 전체의 축제이지만 동계 올림픽은 아프리카와 남아메리카 등에서는 참가국이 없을 정도로 불모지 대륙이라는 것이 아쉬움이었어요. 그러나 이 대회에는 1960년 남아프리카공화국이 참가한 이래 24년 만에 세네갈과 이집트가 참가하여 올림픽의 의미를 맞추었어요. 게다가 중국의 압력으로 공식 국호 사용을 제한당한 중화민국이 중화 타이페이라는 명칭으로 처음 올림픽 무대에 나선 대회이기도 해요.

강호들의 몰락

네덜란드와 오스트리아는 매번 대회에서 금메달을 따내는 동계 스포츠 강국이었어요. 하지만 이 대회에서는 동독과 소련의 막강한 위세에 눌려 네덜란드는 메달을 하나도 따지 못하였고, 오스트리아는 동메달 1개를 따내는 데 그쳤어요. 또 유고슬라비아는 주최국임에도 은메달 1개밖에 획득하지 못하였지요.

🏅 올림픽 영웅들

대회 유일한 3관왕 마리야리사 키르베스니에미(핀란드, 1955. 9. 10~)

여자 크로스컨트리에서 3관왕에 오르고 동메달 1개를 추가하여 대회 최고의 스타가 되었어요. 1998년 캘러리 대회에서는 동메달 1개, 릴레함메르 대회에서는 동메달 2개를 추가하였지요. 1976년부터 1994년까지 올림픽에 여섯 번이나 출전하여 총 7개의 메달을 목에 걸었어요.

빙속 여제 카린 엔케(동독, 1961. 6. 20~)

스피드 스케이팅 여자 1000m와 1500m에서 금메달을, 500m와 3000m에서는 은메달을 땄어요. 1980년 레이크플래시드 대회에서는 500m에서 금메달을 목에 걸었으며, 1988년 캘거리 대회에서도 은메달 2개, 동메달 1개를 획득하여 세 번의 올림픽에서 모두 8개의 메달을 수확하였답니다.

스케이팅 장거리 최강자 토마스 구스타프손(스웨덴, 1959. 12. 28~)

남자 스피드 스케이팅 5000m에서 금메달을 획득하였고, 10000m에서는 은메달을 따냈어요. 1988년 캘거리 대회에서는 두 종목에서 금메달을 획득하여 스케이팅 장거리 최강자가 되었지요. 1982년과 1988년에 유럽 선수권 대회에서 종합 우승을 하였으며, 1983년 세계 선수권 대회에서는 종합 준우승을 차지하였어요.

🏅 우리나라 선수단 성적

공산 국가와의 스포츠 교류

사상 최대인 15명의 선수를 파견했지만 메달을 획득하는 데에는 실패했어요. 특히 남자 스피드 스케이팅에서 세계 정상급인 이영하에게 기대를 걸었지만 1500m

에서 23위, 500m와 1500m에서는 각각 28위에 그쳐 아쉬움을 주었어요. 이밖에 5000m와 10000m에서는 각각 27위를 기록하였지요.

남자 활강에서는 박병로가 52위를, 바이애슬론에서는 황병대가 10km에서 62위, 20km에서 60위를, 크로스컨트리에서 박기호가 15km에서 62위, 30km에서 60위를 기록하는 등 세계와의 격차를 줄이지 못했어요. 스키에 출전한 선수들의 경우 3명이 스키복 규정 위반으로 실격되는 일도 생겼어요. 이밖에 피겨 스케이팅 남자 싱글 조재형과 여자 싱글 김해성은 각각 23위로 최하위를 기록했어요.

비록 메달을 획득하지는 못하였지만 첫 동구권에서 열린 동계 올림픽에 출전하여 동구권 국가들과 스포츠 교류를 한 것은 큰 성과예요.

🏅 올림픽 메달 순위

순위	나라명	금메달	은메달	동메달	합계
1	동독	9	9	6	24
2	소련	6	10	9	25
3	미국	4	4	0	8
4	영국	4	3	6	13
5	스웨덴	4	2	2	8
6	노르웨이	3	2	4	9
7	스위스	2	2	1	5
8	서독	2	1	1	4
8	캐나다	2	1	1	4
10	이탈리아	2	0	0	2
11	영국	1	0	0	1
12	체코슬로바키아	0	2	4	6
13	프랑스	0	1	2	3
14	유고슬라비아	0	1	0	1
14	일본	0	1	0	1
16	리히텐슈타인	0	0	2	2
17	오스트리아	0	0	1	1

15회 캘거리 동계 올림픽
(1988년)

❄ **개최지** : 캐나다 캘거리
❄ **대회 기간** : 1988년 2월 13일~2월 28일
❄ **대회 규모** : 57개국, 1,423명
❄ **경기 종목** : 10개 종목, 46개 세부 종목(크로스컨트리, 노르딕 복합, 루지, 바이애슬론, 봅슬레이, 스노보드, 스키 점프, 스피드 스케이팅, 아이스하키, 알파인 스키, 피겨 스케이팅 등)
❄ **최다 메달리스트** : 마티 뉘케넨(핀란드, 금 3), 이보너 판 헤닙(네덜란드, 금 3)
❄ **한국 선수단 규모** : 선수 28명, 임원 18명
❄ **한국 참가 종목** : 크로스컨트리, 바이애슬론, 스피드 스케이팅, 알파인 스키, 피겨 스케이팅 등
❄ **한국 순위** : 메달 없음(시범 종목 쇼트 트랙 스피드 스케이팅 금 2)

　동구권이 몰락하기 전, 냉전 시대에 치른 마지막 동계 올림픽으로 여전히 소련과 동독의 양강이 다투는 무대였어요. 10개 종목 46개 세부 종목에 57개국 1,423명의 선수가 참가하였으며, 소련이 금메달 11개로 종합 우승을 차지하였지요. 종합 우승이 확실시되던 동독은 네덜란드의 이보너 판 헤닙에게 여자 스피드 스케이팅 부문에서 3개의 금메달을 빼앗기며 2위를 차지하였어요. 우리나라는 시범 종목으로 치러진 쇼트 트랙 스피드 스케이팅에서 김기훈과 이준호가 각각 금메달을 획득하여 다음 올림픽을 기대하게 하였지요.

🏅 냉전 시대 마지막 동계 올림픽

1988년 2월 13일부터 28일까지 캐나다 캘거리에서 열린 15회 동계 올림픽에는 사상 최대인 57개국, 1,423명의 선수가 참가했어요. 10개 종목에 46개의 세부 종목의 경기를 치렀지요. 냉전 시대 최후의 동계 올림픽으로, 이후 올림픽부터는 독일이 통일을 이루고 소련 연방 체제가 붕괴되어 새로운 화합의 올림픽이 되었어요.

대회 최고의 하이라이트는 피겨 스케이팅 종목으로, 여자 싱글은 카르멘 전쟁, 남자 싱글은 브라이언 전쟁으로 불려요. '카르멘 전쟁'은 동독의 카타리나 비트와 미국의 데비 토마스가 똑같이 비제의 '카르멘'을 배경 음악으로 선곡해 붙여진 거예요. 동서 이념 대결, 백인과 흑인, 여성스러움과 파워풀함의 대립 등 많은 화제를 낳았는데 비트가 역사에 남을 만한 연기를 펼치며 금메달을 목에 걸었어요.

'브라이언 전쟁'이란 미국의 브라이언 보이타노와 캐나다의 브라이언 오서 간의 금메달 경쟁을 말해요. 마지막 순간까지 박빙 승부를 벌였는데 보이타노가 금메달, 오서가 은메달을 차지했어요. 브라이언 오서는 우리에게는 김연아 선수의 코치로도 잘 알려져 있어요.

소련이 금메달 11개로 종합 우승을 차지하였으며, 동독이 9개로 2위를, 스위스

사라예보 동계 올림픽에 이어 올림픽 2연패를 한 카타리나 비트.
©Bundesarchiv, Bild 183-1982-0109-013 / Wolfgang Thieme / CC-BY-SA 3.0

가 5개로 3위를 차지하였어요. 핀란드의 마티 뉘케넨은 스키 점프 사상 최초로 올림픽 3관왕에 오르며 최고 스타가 되었고, 네덜란드의 이보너 판 헤닙은 스피드 스케이팅 여자 4000m에서 세계 신기록을 수립하며 우승하고 1500m와 3000m에서도 금메달을 획득하여 대회 3관왕에 올랐어요.

 우리나라는 사상 최대인 28명의 선수를 파견하였는데, 시범 종목으로 펼쳐진 쇼트 트랙 스피드 스케이팅에서 김기훈이 1500m, 이준호가 3000m에서 각각 금메달을 땄어요. 앞으로 정식 종목으로 채택되면 메달 획득을 기대할 수 있게 되었지요. 스피드 스케이팅에서는 배기태가 남자 500m에서 5위에 올라 앞으로의 메달 획득 가능성을 보여 주었어요.

🏅 올림픽 이모저모

대회를 주최하고도 금메달을 따지 못하다니!

 캐나다는 1976년 몬트리올 올림픽 때 미숙한 경기 운영에다가 금메달을 한 개도 따지 못하는 불행까지 겹쳤는데, 이번 대회도 마찬가지였어요. 캘거리 지역의 기온이 급상승하여 스키 경기에 차질을 빚었고, 기대했던 선수들이 부진하면서 은메달 2개, 동메달 3개의 초라한 성적을 거두었지요. 2010년 밴쿠버 대회에서는 무려 14개의 금메달로 종합 우승까지 차지한 것만 봐도 이해하기 어려운 결과였어요.

동·하계 올림픽에서 메달 획득!

 여자 스피드 스케이팅 1000m에서 금메달, 500m에서 은메달을 획득한 동독의 크리스타 로텐부르거는 여름에 열린 서울 올림픽에 사이클 선수로 출전하여 여자 스프린트 종목에서 은메달을 땄어요. 1992년 알베르빌 동계 올림픽에서는 여자 스피드 스케이팅 500m에서 동메달을 목에 걸었답니다.

🏅 올림픽 영웅들

스키 점프 최초의 올림픽 3관왕 마티 뉘케넨(핀란드, 1963. 7. 17~)

1980년대 최고의 스키 점프 선수로 1984년 사라예보 대회 때 금메달 1개, 은메달 1개를 따냈으며, 1988년 캘거리 대회에서는 팀 경기 포함 전 종목을 석권하며 3관왕에 올랐어요. 세계 선수권 대회에서는 5개의 금메달을 따냈으며 월드컵 대회에서는 4회 종합 우승을 차지하였어요.

여자 스피드 스케이팅 3관왕 이보너 판 헤닙(네덜란드, 1964. 5. 1~)

당시 여자 스피드 스케이팅 부문 최강이던 동독 선수들을 제치고 3관왕에 올랐어요. 1500m, 3000m, 5000m에서 각각 우승하였지요. 이 선수는 세계 선수권 대회는 물론 유럽 선수권 대회에서도 단 한 번도 우승한 적이 없었지만 올림픽에서 3개의 금메달을 획득하는 바람에 당시 최강이었던 동독은 금메달 3개를 놓쳐 종합 우승을 소련에 내주어야 했어요.

1980년대 크로스컨트리 스키 황제 군데 스반(스웨덴, 1962. 1. 12~)

남자 크로스컨트리 50km와 계주에서 금메달을 획득하여 1984년 사라예보 대회 때 2관왕에 이어 2연속 2관왕에 올랐어요. 1984년 대회에서는 은메달과 동메달도 각각 1개씩 획득해, 두 번의 올림픽에서 금메달 4개, 은메달 1개, 동메달 1개 등 모두 6개의 메달을 땄지요. 세계 선수권 대회와 월드컵 대회에서도 각각 5회 우승한 선수예요.

은반의 요정 카타리나 비트(동독, 1965. 12. 3~)

1980년대 최고의 피겨 스케이팅 선수로 1984년 사라예보 동계 올림픽과 1988년 캘거리 동계 올림픽 여자 싱글 부문 2연패를 이룩했어요. 세계 선수권 대회에서는 4회 우승하고 유럽 선수권 대회에서는 6회 우승을 차지했어요. 선수 시절 동독 정부로부터 지나친 감시를 받은 일화로도 유명해요. 독일 통일 후 영화배우로 활동하였고, 방송인으로도 이름을 날렸어요.

우리나라 선수단 성적

쇼트 트랙 스피드 스케이팅 시범 종목으로 치러져

모두 28명의 선수가 스키와 스피드 스케이팅, 피겨 스케이팅, 바이애슬론 등에 참가하였으나 메달을 획득하는 데에는 실패했어요. 그러나 시범 종목으로 채택된 쇼트 트랙 스피드 스케이팅에서 남자 1500m의 김기훈과 3000m의 이준호가 각각 1위를 차지하여 앞으로 정식 종목으로 채택되면 확실한 메달을 기대할 수 있다는 소득을 얻었지요.

남자 스피드 스케이팅에 출전한 배기태는 세계 선수권 대회에서 좋은 성적을 거두어 올림픽 첫 메달을 기대하였지만 500m에서 아쉽게 5위를 기록하였으며, 1000m에서는 9위를 차지했어요. 500m 5위 기록은 역대 동계 올림픽에서 가장 좋은 성적으로서 앞으로 메달을 획득할 수 있다는 가능성을 얻은 것은 큰 수확이에요.

기타 종목에서는 세계 수준과 차이가 많이 났어요. 피겨 스케이팅 남자 싱글의 정성일은 22위, 여자 싱글의 변성진은 27위를 기록했어요. 바이애슬론은 60위권이었고, 알파인 스키 남자 슈퍼 대회전에서는 박재혁이 40위, 허승욱이 41위를 기록했어요. 대회전에서는 남원기가 48위를, 강낙윤은 51위, 회전에서는 강낙윤과 남원기, 박재혁이 각각 28, 29, 30위를 기록했어요. 크로스컨트리 10km에서는 박기호가 54위, 전정해가 59위를, 30km에서는 홍근표 73위, 조성훈이 75위였어요. 50km에서는 전정해가 48위, 박기호와 홍근표가 각각 50, 51위를 차지했어요. 크로스컨트리 남자 계주에서는 16개 팀 중 15위에 올랐어요.

🏅 우리나라 메달리스트

종 목	세부 종목	메달	선수
쇼트 트랙(시범 종목)	남자 1500m	금메달	김기훈
	남자 3000m	금메달	이준호

🏅 올림픽 메달 순위

순위	나라명	금메달	은메달	동메달	합계
1	소련	11	9	9	29
2	동독	9	10	6	25
3	스위스	5	5	5	15
4	핀란드	4	1	2	7
5	스웨덴	4	0	2	6
6	오스트리아	3	5	2	10
7	네덜란드	3	2	2	7
8	서독	2	4	2	8
9	미국	2	1	3	6
10	이탈리아	2	1	2	5
11	프랑스	1	0	1	2
12	노르웨이	0	3	2	5
13	캐나다	0	2	3	5
14	유고슬라비아	0	2	1	3
15	체코슬로바키아	0	1	2	3
16	리히텐슈타인	0	0	1	1
16	일본	0	0	1	1

16회 알베르빌 동계 올림픽
(1992년)

❄ **개최지** : 프랑스 알베르빌
❄ **대회 기간** : 1992년 2월 8일~2월 23일
❄ **대회 규모** : 64개국, 1,801명
❄ **경기 종목** : 12개 종목 57개 세부 종목(크로스컨트리, 노르딕 복합, 루지, 바이애슬론, 봅슬레이, 쇼트 트랙 스피드 스케이팅, 스노보드, 스키 점프, 스피드 스케이팅, 아이스하키, 알파인 스키, 컬링, 프리스타일 스키, 피겨 스케이팅 등)
❄ **최다 메달리스트** : 류보프 예고로바(러시아, 금 3, 은 2)
❄ **한국 선수단 규모** : 선수 25명, 임원 25명
❄ **한국 참가 종목** : 크로스컨트리, 바이애슬론, 쇼트 트랙 스피드 스케이팅, 스피드 스케이팅, 알파인 스키, 피겨 스케이팅 등
❄ **한국 순위** : 10위(금 2, 은 1, 동 1)

독일 통일과 소련 체제 붕괴가 일어난 격변의 시대에 치러진 대회예요. 소련 연방 공화국들이 독립국가연합이라는 국가명으로 참가하였고, 발트 3국과 슬로베니아, 크로아티아 등도 처음으로 참가하였어요.

64개국 1,801명의 선수들이 12개 종목 57개 세부 종목에서 실력을 겨루어 독일이 금메달 10개로 종합 우승을, 독립국가연합이 9개로 2위를 차지하였지요. 우리나라는 동계 올림픽 출전 사상 최초로 쇼트 트랙 스피드 스케이팅(줄여서 쇼트 트랙)에서 금메달 2개, 동메달 1개를, 그리고 스피드 스케이팅에서 은메달 1개를 각각 획득하여 세계 톱 10에 올랐어요.

격변의 시대에 치러진 동계 올림픽

　1992년 2월 8일부터 23일까지 프랑스 알베르빌에서 열린 16회 동계 올림픽은 사상 최대인 64개국, 1,801명의 선수가 참가하였으며, 소련 체제의 몰락 등 동구권 세계의 변화로 새로운 독립 국가가 대거 참가한 대회예요. 에스토니아와 리투아니아, 라트비아 등 발트 3국, 유고슬라비아에서 독립한 슬로베니아, 크로아티아가 처음 참가했고, 구 소련을 비롯하여 아직 독립을 이루지 못한 지역의 선수들은 독립국가연합이라는 국명으로 참가했어요. 이 밖에도 동독과 서독이 통일을 이루어 단일팀으로 출전했고, 동계 스포츠와 거리가 먼 아프리카와 중남미에서도 여러 나라가 참가했지요.

　12개 종목 57개 세부 종목 경기가 열렸으며, 컬링과 스피드 스키, 점프 발레가 시범 종목으로 치러졌어요. 또한 지난 대회에서 시범 종목으로 열린 쇼트 트랙과 프리스타일 스키가 정식 종목으로 채택되었지요. 독일이 금메달 10개로 종합 우승을 차지하였고, 독립국가연합은 9개로 2위에 올랐어요. 노르웨이와 오스트리아, 미국이 각각 3, 4, 5위를 차지하였으며, 우리나라는 쇼트 트랙의 정식 종목 채택에 힘입어 금메달 2개, 은메달 1개와 동메달 1개로 세계 톱 10에 올랐어요.

　러시아의 류보프 예고로바가 크로스컨트리 스키 여자 부문에서 3관왕과 은메달 2개를 추가하여 대회 최다 메달리스트가 되었고, 노르웨이 남자 크로스컨트리 쌍두마차인 비에른 델리와 베가르드 울방이 각각 3관왕에 올랐어요. 이 밖에도 미국의 보니 블레어는 스피드 스케이팅 여자 500m, 1000m에서 우승하며 스타가 되었고, 독일의 군다 니만은 장거리를 휩쓸었답니다.

　핀란드의 16세 소년인 토니 니에미넨은 스키 점프에서 V스타일을 선보이며 금메달 2개와 동메달 1개를 획득하여 세계를 놀라게 하였고, 독일의 마크 키르히너는 금메달 2개, 은메달 1개를 획득, 올림픽 바이애슬론 역사상 최초로 3개의 메달을 획득했어요.

우리나라의 김윤만은 스피드 스케이팅 남자 1000m에서 준우승하여 우리나라 첫 동계 올림픽 메달의 주인공이 됐고, 김기훈은 쇼트 트랙 남자 1500m에서 우리나라 첫 동계 올림픽 금메달을 땄어요. 김기훈은 5000m 계주에서도 우승하며 2관왕에 올랐어요.

올림픽 이모저모

독립국가연합은 어떤 나라?

1989년 소련의 붕괴로 여러 연방 국가들이 독립국가연합이라는 정치 공동체를 형성하고 대회에 각국 선수들을 파견하였어요. 독립국가연합은 러시아와 우크라이나, 벨라루스, 몰도바, 카자흐스탄, 우즈베키스탄, 투르크메니스탄, 타지키스탄, 키르기스스탄, 아르메니아, 아제르바이잔공화국 등 11개국으로 구성되었지요. 독립국가연합은 금메달 9개, 은메달 6개, 동메달 8개를 획득, 독일에 이어 종합 2위에 올랐어요.

아시아 국가들의 약진 돋보여

동계 올림픽의 변방이었던 아시아 국가들이 약진을 한 대회였어요. 이전 대회까지 메달을 획득하지 못했던 우리나라가 쇼트 트랙에서만 금메달 2개, 동메달 1개를 획득하였으며, 스피드 스케이팅에서도 은메달 1개를 따내 종합 10위에 올랐지요. 일본은 20년 만에 금메달 1개를 땄고, 은메달 2개, 동메달 4개를 획득해 11위에 올랐어요. 중국은 사상 처음으로 메달(은메달 3개)을 땄고, 북한도 쇼트 트랙 여자 500m에서 동메달을 거머쥐었어요. 한편 뉴질랜드 아넬리스 코버거는 알파인 스키 여자 회전에서 은메달을 획득하며 남반구 최초의 메달리스트가 되었어요.

일본이 피겨 스케이팅 강국이 된 계기는?

피겨 스케이팅 여자 싱글은 미국의 토냐 하딩과 일본의 이토 미도리 라이벌 간 금메달 다툼으로 예상되었어요. 그러나 막상 경기가 시작된 후에는 미국의 크리스티 야마구치가 트리플 악셀을 성공시키며 금메달의 주인공이 됐지요. 이토 미도리는 은메달을 땄고요. 일본은 이후 범국가적으로 피겨 스케이팅 육성에 주력하였고, 그 결과 2006년 토리노 대회 때 아라카와 시즈카가 금메달을, 2010년 밴쿠버 대회 때 아사다 마오가 은메달을, 다카하시 다이스케가 동메달을 획득하였어요. 또 2014년 소치 대회에서는 하뉴 유즈루가 남자 싱글에서 금메달을 따내는 등 피겨 강국으로 발돋움하였답니다.

일본이 피겨 강국으로 발돋움한 계기를 만든 이토 미도리.
ⓒBundesarchiv, Bild 183-1989-0407-022 / CC-BY-SA 3.0

★ 올림픽 영웅들

대회 최다 메달리스트 류보프 예고로바(러시아, 1966. 5. 5~)

여자 크로스컨트리 3관왕을 차지하고 은메달도 2개를 획득하며 대회 최다 메달리스트에 올랐어요. 류보프는 1994년 릴레함메르 대회에서도 3관왕에 올라 2연속 3관왕이라는 놀라운 기록을 세웠지요.

스키의 살아 있는 전설 비에른 델리(노르웨이, 1967. 6. 19~)

남자 크로스컨트리 스키에서 3관왕에 오르고 은메달도 1개 추가하였어요. 1994년 릴레함메르 대회에서는 금 2개, 은 2개를, 1998년 나가노 대회에서는 3관왕에 은 1개를 획득하여 총 금메달 8개, 은메달 4개로 동계 올림픽 사상 최다 메달리스트에 올랐어요. 1991년부터 1999년까지 선수로 뛰는 동안 29개의 메이저 대회 메달을 획득해 역대 최고의 남자 스키 선수로 불려요.

크로스컨트리 3관왕 베가르드 울방(노르웨이, 1963. 10. 10~)

남자 크로스컨트리 스키에서 3관왕에 오르고 은메달도 1개 추가했어요. 비에른 델리와 함께 노르웨이를 세계 최강의 스키 국가로 만든 선수로, 1988년 캘거리 대회 때는 동메달 1개, 1994년 릴레함메르 대회 때는 은메달 1개를 따내 올림픽에서 모두 6개의 메달을 차지했어요.

알베르빌의 영웅 김기훈(한국, 1967. 7. 14~)

쇼트 트랙에서 2관왕에 올라 한국의 동계 올림픽 출전 사상 처음으로 금메달을 따는 이정표를 세웠어요. 특히 5000m 계주 결승에서 마지막 주자로 나섰는데 결승선에서 발을 쭉 내밀어 앞서고 있던 캐나다 선수를 제치고 우승하는 놀라운 순발력을 보여 주었지요. 1994년 릴레함메르 대회 때에는 1000m에서 우승하여 올림픽 2연패를 이루었어요.

🏅 우리나라 선수단 성적

동계 올림픽 참가 사상 첫 금메달

쇼트 트랙의 정식 종목 채택으로 대회 전부터 금메달 획득의 기대감이 큰 대회였어요. 그러나 한국의 동계 올림픽 첫 메달은 쇼트 트랙이 아닌 스피드 스케이팅에서 나왔어요. 1992년 2월 18일 열린 남자 스피드 스케이팅 1000m 결승 경기에서 김윤만이 은메달을 획득한 거예요. 독일의 올라프 징케는 1분 14초 85, 김윤만은 1분 14초 86으로 0.01초 차이로 아깝게 금메달을 놓쳤어요.

김윤만의 선전에 자극을 받은 쇼트 트랙의 김기훈은 2월 20일 드디어 한국 동계 올림픽 출전 사상 최초로 금메달을 따냈어요. 남자 1000m에서 당대 최고 선수의 한 명인 캐나다의 블랙번을 제치고 우승했어요. 이어 이틀 후인 2월 22일에는 남자 5000m 계주에서 김기훈과 이준호, 모지수, 송재근이 출전하여 캐나다와 일본을 제치고 금메달을 획득했어요. 5000m 계주 결승에서는 김기훈이 마지막 주자로 나서 결승선에서 발을 쭉 내밀어 앞서고 있던 캐나다 선수를 제치고 우승하는 놀라운 순발력을 보여 주었지요. 김기훈의 2관왕 달성은 우리나라는 물론 아시아에서도 최초의 일이에요. 김기훈은 또한 1994년 릴레함메르 대회 1000m에서도 우승하여 올림픽 2연패 신화를 이루었어요.

쇼트 트랙에서만 금메달 2개, 동메달 1개를 획득하며, 모두 금 2, 은 1개, 동 1개를 획득, 종합 순위 10위에 오르는 기적 같은 성과를 이루어 냈어요.

한편, 북한은 황옥실이 여자 쇼트 트랙 500m에서 동메달을 획득하여 28년만에 동계 올림픽에서 메달을 획득했어요.

우리나라 메달리스트

종목	세부 종목	메달	선수
쇼트 트랙	남자 1500m	금메달	김기훈
	남자 5000m 계주	금메달	김기훈 이준호 모지수 송재근
	남자 1000m	동메달	이준호
스피드 스케이팅	남자 1000m	은메달	김윤만

🏅 올림픽 메달 순위

순위	나라명	금메달	은메달	동메달	합계
1	독일	10	10	6	26
2	독립국가연합	9	6	8	23
3	노르웨이	9	6	5	20
4	오스트리아	6	7	8	21
5	미국	5	4	2	11
6	이탈리아	4	6	4	14
7	프랑스	3	5	1	9
8	핀란드	3	1	3	7
9	캐나다	2	3	2	7
10	한국	2	1	1	4
11	일본	1	2	4	7
12	네덜란드	1	1	2	4
13	스웨덴	1	0	3	4
14	스위스	1	0	2	3
15	중국	0	3	0	3
16	룩셈부르크	0	2	0	2
17	뉴질랜드	0	1	0	1
18	체코슬로바키아	0	0	3	3
19	북한	0	0	1	1
19	스페인	0	0	1	1

17회 릴레함메르 동계 올림픽
(1994년)

❄ **개최지** : 노르웨이 릴레함메르
❄ **대회 기간** : 1994년 2월 12일~2월 27일
❄ **대회 규모** : 67개국 1,737명
❄ **경기 종목** : 12개 종목 61개 세부 종목(크로스컨트리, 노르딕 복합, 루지, 바이애슬론, 봅슬레이, 쇼트 트랙, 스노보드, 스키 점프, 스피드 스케이팅, 아이스하키, 알파인 스키, 컬링, 프리스타일 스키, 피겨 스케이팅 등)
❄ **최다 메달리스트** : 마누엘라 디 센타(이탈리아, 금 2, 은 2, 동 1)
❄ **한국 선수단 규모** : 선수 24명, 임원 21명
❄ **한국 참가 종목** : 크로스컨트리 스키, 바이애슬론, 쇼트 트랙, 스피드 스케이팅, 알파인 스키, 피겨 스케이팅 등
❄ **한국 순위** : 6위(금 4, 은 1, 동 1)

환경 올림픽을 내세운 대회예요. 경기장 건설부터 최대한 환경 보호에 힘썼으며, 자연 소재 식기와 샴푸, 오일, 썩는 비닐 사용 등을 실천하여 의미가 깊었지요.

67개국 1,737명이 12개 종목 61개 세부 종목 경기를 치렀는데, 러시아가 금메달 11개를 획득하여 소련 체제 붕괴 이후 첫 종합 우승을 이루었어요. 우리나라는 금메달 4, 은메달 1, 동메달 1개로 종합 6위를 차지하였어요.

🏅 당신의 마음에 불이 붙었습니다!

　1994년 2월 12일부터 27일까지 노르웨이 릴레함메르에서 열린 17회 동계 올림픽은 하계 올림픽과 2년 터울로 열린 첫 동계 올림픽이에요. 이전 동계 올림픽까지는 하계 올림픽과 같은 해에 개최되었거든요. 67개국 1,737명이 참가하였는데, 처음 참가한 나라가 14개나 되었어요. 그중 소련 연방 체제가 무너지며 독립한 나라인 우크라이나와 우즈베키스탄, 카자흐스탄, 벨로루시 등이 9개국이나 되었지요.

　대회는 환경 올림픽을 내세웠고, 슬로건은 '당신의 마음에 불이 붙었습니다'예요. 마스코트는 하콘과 크리스틴으로, 바이킹의 후예를 그린 거예요. 하콘은 13세기 중엽 노르웨이 왕이었던 하콘 4세로부터, 그리고 크리스틴은 그의 숙모였던 크리스틴 공주로부터 비롯된 마스코트예요.

　개막식은 올림픽을 앞둔 1993년 완공된 뤼스고르스바켄 스키 점프 경기장에서 열렸는데 수용 인원 3만 5,000명인 경기장이에요. 개막식 때 스키 점프 선수가 성화를 들고 스키 점프대에 입장하였으며, 이를 노르웨이 왕자에게 넘기자 점화를 하는 이색적인 이벤트를 선보였지요.

　12개 종목 61개 세부 종목을 겨룬 결과 러시아가 금메달 11개로 종합 우승을 차지하였고, 개최국 노르웨이가 10개로 2위를, 독일이 9개로 3위를 차지했어요. 러시아의 크로스컨트리 스키 여자 선수 류보프 예고로바가 1992년 알베르빌 대회에 이어 2연속 3관왕에 올라 최고의 스타에 등극하였으며, 이탈리아의 마누엘라 디센타는 금 2개, 은 2개, 동 1개 등 총 5개의 메달을 획득하였어요. 또 요한 올라브 코스는 스피드 스케이팅에서 3관왕의 위업을 이루었으며, 아이스하키의 스웨덴 팀은 승부숏까지 펼친 끝에 세계 최강 캐나다를 물리치고 첫 금메달을 차지하였어요.

　우리나라는 쇼트 트랙에서 금메달 4개, 은메달과 동메달 각 1개 총 6개의 메달을 따며 종합 6위라는 역대 최고의 성적을 거두었어요. 전이경은 여자 쇼트 트랙에서 2관왕에 올랐으며, 김기훈은 1992년 알베르빌 대회에 이어 남자 1000m에서 우승하여 한국 최초로 올림픽 2연패의 신화를 이루어 냈지요. 여자 쇼트 트랙 3000m 계주에서 금메달을 딴 김윤미는 만 13세로 역대 최연소 동계 올림픽 금메달리스트에 올랐어요.

올림픽 이모저모

한 순간에 무너진 미국의 피겨 스케이팅

미국에서 여자 피겨 스케이팅 올림픽 선발전을 앞두고 놀라운 일이 일어났어요. 당시 최고의 실력을 갖춘 낸시 캐리건이 괴한에게 허벅지를 둔기로 맞는 사고를 당한 거예요. 결국 낸시는 선발전에 나서지 못하였고, 경쟁자인 토냐 하딩이 1위, 미셸 콴이 2위로 올림픽 진출권을 따냈어요. 그러나 조사 결과 토냐의 전 남편 지시를 받은 토냐의 경호원이 사건을 저질렀다는 게 밝혀졌어요. 우여곡절 끝에 낸시와 토냐가 함께 올림픽에 출전하였는데 낸시가 은메달을 딴 반면 토냐는 메달을 따지 못했지요. 그러나 이 일로 인기 절정을 달리던 미국의 여자 피겨 스케이팅은 커다란 충격에 빠졌으며, 이후 올림픽에서 오랫동안 회복하지 못하고 있어요.

새로 독립한 국가들 대거 참여

소련 체제가 무너지며 독립한 여러 나라가 이 대회부터 참가하였어요. 카자흐스탄은 크로스컨트리에서 블라디미르 스미르노프가 금메달 1개, 은메달 2개를 땄고, 우즈베키스탄은 리나 체르야조바가 프리스타일 스키 여자 에어리얼에서 금메달을 땄어요. 우크라이나는 피겨 스케이팅 여자 싱글에서 옥사나 바이울이 금메달을 차지했지요. 한편, 벨라루스는 은메달 2개를 땄고, 유고슬라비아에서 독립한 슬로베니아는 동메달 3개를 땄어요.

겨우 만 13세에 금메달

쇼트 트랙 여자 3000m 계주에서 우승한 우리나라의 김윤미(1980년 12월 1일생) 선수는 만 13세 나이로 금메달을 목에 걸어 동계 올림픽 사상 역대 최연소 금메달리스트가 되었어요. 김윤미는 대회 참가자 중에서도 최연소 선수였지요. 김윤미는 1998년 나가노 올림픽에도 출전하여 같은 종목에서 또 다시 금메달을 획득, 2연패에 성공했어요.

올림픽 영웅들

2연속 3관왕 류보프 예고로바 (러시아, 1966. 5. 5~)

여자 크로스컨트리 3관왕을 차지하여 대회 최고 스타에 올랐어요. 1992년 알베르빌 대회에 이어 2연속 3관왕이며, 은메달 1개까지 추가하여 두 번의 올림픽에서 금메달 6개, 은메달 3개를 땄지요. 모두 10경기에 나가 9경기에서 메달을 획득하여 크로스컨트리 스키 최고의 여자 선수에 올랐어요.

빙상 3관왕 요한 올라브 코스 (노르웨이, 1968. 10. 29~)

남자 스피드 스케이팅 1500m, 5000m, 10000m에서 각각 우승, 대회 3관왕에 올랐어요. 특히 10000m에서는 세계 신기록을 달성하였고, 1500m와 5000m에서는 올림픽 신기록을 세웠어요. 1992년 알베르빌 대회에서 획득한 메달을 합하면 금메달 4개, 은메달 1개를 딴 거예요. 세계 선수권 대회에서는 3회 종합 우승을 차지하였답니다.

대회 최다 메달 영광 마누엘라 디 센타 (이탈리아, 1963. 1. 31~)

여자 크로스컨트리 15km와 30km에서 우승하여 2관왕에 올랐으며, 이외에도 은메달 2개, 동메달 1개를 획득하여 총 5개의 메달로 대회 최다 메달 수상자가 되었어요. 1992년 알베르빌 대회에서 획득한 동메달 1개를 보태면 총 6개예요. 2003년에는 이탈리아 여성 최초로 에베레스트산 등정에 성공하기도 했어요.

우리나라 선수단 성적

쇼트 트랙 금 4개로 종합 6위 달성

쇼트 트랙이 동계 올림픽 정식 종목에 채택되면서 일약 동계 스포츠 강국으로 올라선 우리나라는 이번 대회 역시 쇼트 트랙에서 많은 메달을 휩쓸며 종합 6위를 달성했어요. 1992년 알베르빌 대회의 영웅 김기훈이 남자 1000m에서 우승하였고, 채지훈은 남자 500m에서 금메달을, 또 1000m에서는 김기훈에 이어 은메달을 획득했지요.

여자 선수들도 선전했어요. 전이경이 여자 1000m에서 금메달을 획득하였고, 계주에서도 김윤미, 원혜경, 김소희와 함께 팀을 이루어 금메달을 따내 2관왕에 올랐어요. 또 김소희는 여자 500m에서 동메달을 추가하였지요. 전이경은 또한 1998년 나가노 대회에서도 2관왕에 올라 올림픽에서만 금메달 4개와 동메달 1개를 획득하여 우리나라 동계 올림픽 최다 메달리스트에 올랐어요.

그러나 스피드 스케이팅은 아쉬움을 주었어요. 세계적인 선수들인 제갈성렬, 김윤만, 유선희 등이 참가하였으나 제갈성렬은 부상을 당하였고, 김윤만은 경기 중 상대 선수와 충돌로 넘어져 재경기를 치르는 불운 끝에 탈락하고 말았어요. 게다가 확실한 메달 후보로 평가되던 여자부의 유선희는 부담감과 20대 후반의 나이에서 오는 체력적인 한계를 극복하지 못하고 메달 획득에 실패했어요.

그럼에도 금메달 4개, 은메달 1개, 동메달 1개로 아시아 국가 중에는 최고의 성적을 올렸으며, 종합 6위에 오르며 1992년 알베르빌 대회에 이어 두 번이나 톱 10에 오른 것은 대단한 성과로 평가되어요.

🏅 우리나라 메달리스트

종 목	세부 종목	메달	선수
쇼트 트랙	남자 500m	금메달	채지훈
	남자 1000m	금메달	김기훈
	여자 3000m 계주	금메달	전이경 김윤미 원혜경 김소희
	여자 1000m	금메달	전이경
	남자 1000m	은메달	채지훈
	여자 500m	동메달	김소희

🏅 올림픽 메달 순위

순위	나라명	금메달	은메달	동메달	합계
1	러시아	11	8	4	23
2	노르웨이	10	11	5	26
3	독일	9	7	8	24
4	이탈리아	7	5	8	20
5	미국	6	5	2	13
6	한국	4	1	1	6
7	캐나다	3	6	4	13
8	스위스	3	4	2	9
9	오스트리아	2	3	4	9
10	스웨덴	2	1	0	3
11	일본	1	2	2	5
12	카자흐스탄	1	2	0	3
13	우크라이나	1	0	1	2
14	우즈베키스탄	1	0	0	1
15	벨라루스	0	2	0	2
16	핀란드	0	1	5	6
17	프랑스	0	1	4	5
18	네덜란드	0	1	3	4
19	중국	0	1	2	3
20	슬로베니아	0	0	3	3
21	영국	0	0	2	2
22	오스트레일리아	0	0	1	1

18회 나가노 동계 올림픽 (1998년)

❄ **개최지** : 일본 나가노
❄ **대회 기간** : 1998년 2월 7일~2월 22일
❄ **대회 규모** : 72개국 2,176명
❄ **경기 종목** : 14개 종목 68개 세부 종목(크로스컨트리, 노르딕 복합, 루지, 바이애슬론, 봅슬레이, 쇼트 트랙, 스노보드, 스키 점프, 스피드 스케이팅, 아이스하키, 알파인 스키, 컬링, 프리스타일 스키, 피겨 스케이팅 등)
❄ **최다 메달리스트** : 라리사 라주티나(러시아, 금 3, 은 1, 동 1)
❄ **한국 선수단 규모** : 선수 38명, 임원 25명
❄ **한국 참가 종목** : 크로스컨트리 스키, 루지, 바이애슬론, 쇼트 트랙, 스키 점프, 스피드 스케이팅, 알파인 스키, 피겨 스케이팅 등
❄ **한국 순위** : 9위(금 3, 은 1, 동 2)

　환경 보존과 첨단 과학 기술을 조화 있게 접목시킨 대회로 평가되며, 여느 대회에 비하여 큰 사건이나 사고가 없이 무난하게 치러졌어요.
　아이스하키에 처음으로 북미 프로리그인 NHL 스타들이 참가하여 인기를 끌었으며, 스피드 스케이팅 등 여러 종목에서 세계 신기록과 올림픽 신기록이 많이 수립되었지요. 독일이 금메달 12개로 종합 우승을 차지하였고, 개최국 일본은 5개로 7위를, 우리나라는 쇼트 트랙에서 금메달 3개를 획득 9위를 차지하여 3개 대회 연속 톱 10에 올랐어요.

🏅 환경 보존과 첨단 과학이 조화를 이룬 대회

 일본에서 개최된 두 번째 동계 올림픽인 18회 동계 올림픽은 1998년 2월 7일부터 22일까지 14개 종목 68개 세부 종목을 치렀어요. 72개국 2,176명의 선수가 참가하였으며, 환경 보존과 첨단 기술이 잘 조화를 이룬 대회로 평가 받고 있어요. 그러나 날씨가 좋지 않아 여러 종목 경기가 연기되었으며, 약물 복용 파동과 지진 등 악재가 겹치기도 했지요.

 슬로건은 '자연과 함께 공존'으로 환경 올림픽을 지향하였으며, 마스코트는 눈올빼미(부엉이)를 나타낸 네 마리인데, 이는 일본의 4대 섬을 의미해요. 이름은 각각 스키, 노키, 레키, 트키이며, 각각의 앞 글자를 따서 '스노렛츠'로 불러요.

 이 대회에서는 첨단 과학 기술을 접목시켜 전반적으로 기록이 향상되었는데, 스피드 스케이팅에서는 다섯 개의 세계 신기록이 작성되기도 했어요. 특히 네덜란드의 지아니 롬메는 남자 5000m와 10000m에서 세계 신기록을 세우며 우승하여 최고의 찬사를 받았지요. 노르웨이의 비에른 델리는 남자 바이애슬론에서 3관왕에 오르며 역대 총 메달 수를 12개로 늘렸고, 러시아의 라리사 라주티나는 여자 크로스컨트리 스키에서 금 3개, 은 1개, 동 1개 등 모두 5개의 메달을 획득, 대회 최다 메달리스트에 올랐어요. 체코는 남자 아이스하키에서 러시아를 누르고 금메달을 획득하였고, 미국의 타라 리핀스키는 16세에 피겨 스케이팅 여자 싱글에서 우승하여 최연소 올림픽 피겨 챔피언이 되었어요.

 종합 우승은 금메달 12개를 획득한 독일이 차지하였으며, 일본과 한국 등 아시아 국가들의 성적이 눈에 띄게 향상되어 일본이 금메달 5개, 한국은 3개를 차지하며 각각 종합 순위 7위와 9위에 올랐어요. 우리나라는 스피드 스케이팅과 쇼트 트랙, 바이애슬론, 스키, 루지 등에 38명의 선수를 파견하였지만 쇼트 트랙에서만 메달을 획득하여 아쉬움을 주었어요. 그러나 종합 9위에 오르며 3회 연속 톱 10을 기록하였지요.

🏅 올림픽 이모저모

첫 NHL 아이스하키 선수들의 참가

북미 아이스하키 리그인 NHL 현역 선수들이 처음으로 참가하고, 여자 경기도 열렸어요. NHL 스타 선수들이 캐나다와 미국은 물론 러시아, 스웨덴, 핀란드, 체코 등 각국 대표로 참가해, 드림팀 대 드림팀의 경기도 여러 번 펼쳐졌는데, 결과는 체코가 역사상 처음으로 금메달을 따내는 영광을 안았어요.

부상을 당하면 더 잘해?

오스트리아의 헤르만 마이어는 스키 연습 도중 낙하 충돌 사고를 당하여 한 종목을 포기하고 며칠 후 슈퍼 대회전에 나가 우승하였어요. 그리고 복합에서도 금메달을 차지하여 대회 2관왕에 오르며 '스키 황제'라는 칭호를 얻었지요. 그러나 올림픽 이후의 일화가 더욱 대단해요. 2001년 교통사고로 오른쪽 다리를 크게 다쳐서 절단까지 고려할 정도였으나 수술을 하고 재활에 들어갔어요. 모두들 헤르만 마이어가 더 이상 스키를 타기 어려울 것이라고 했지만 1년 6개월 만에 월드컵 대회에 나가 슈퍼 대회전 부문 우승을 차지하여 세계를 놀라게 했답니다.

오른발을 쭉 내밀어 따낸 금메달

쇼트 트랙 여자 1500m 결승전, 우리나라의 전이경은 중국의 양양과 마지막까지 숨막히는 경쟁을 펼쳤어요. 두 선수가 동시에 결승선을 들어오는가 싶었는데, 순간 전이경이 미끄러지듯 오른발을 쭉 뻗으며 스케이트 날을 먼저 집어넣어 금메달을 차지했어요. 이는 남자 1000m 결승에서 김동성이 중국 리지아준을 물리친 방법이기도 해요. 이런 기술은 이미 1992년 알베르빌 동계 올림픽에서 김기훈이 선보였어요. 5000m 계주 마지막 주자로 나섰던 김기훈은 마지막 순간 스케이트 날을 앞으로 쭉 내밀어 우승을 차지한 바 있거든요. 이후 이 기술은 우리나라 선수들의 비장의 무기가 되었답니다.

최연소 피겨 여왕이 된 리핀스키

러시아가 강세인 피겨 스케이팅이었지만 여자 싱글만은 제외였어요. 미국의 미셸 콴은 막강한 우승 후보였고, 16세의 타라 리핀스키는 떠오르는 기대주였지요. 쇼트 프로그램을 치른 결과 예상대로 미셸 콴이 1위에 나섰지만 프리 스케이팅에서 리핀스키가 역전에 성공해 금메달을 차지했어요. 당시 리핀스키의 나이는 만 16세로, 피겨 스케이팅 역사상 최연소 올림픽 챔피언으로 기록되었답니다.

올림픽 영웅들

대회 최고의 스타 라리사 라주티나(러시아, 1965. 6. 1~)

크로스컨트리 스키에서 금메달 3개, 은메달 1개, 동메달 1개 등 모두 5개의 메달을 획득, 대회 최다 메달리스트에 올랐어요. 1992년 알베르빌 대회와 1994년 릴레함메르 대회에서도 여자 계주에서 우승, 올림픽에서 금메달만 총 5개를 차지하였어요.

쇼트 트랙의 여왕 전이경(한국, 1976. 1. 6~)

1994년 릴레함메르 대회에 이어 또 다시 금메달 2개를 따냈고, 동메달 1개를 추가했어요. 1995~1997년 세계 선수권 대회 개인 종합 3연패를 이루었으며, 2002년 IOC 선수 위원에 선출되었지요. 평창 동계 올림픽 유치 홍보 대사를 역임하였고 프로 골퍼로도 활동하였으며, 2005년에는 여자 아이스하키 국가 대표를 지내기도 했어요.

🏅 우리나라 선수단 성적

아쉬움은 있지만 종합 9위로 목표는 달성

8개 종목에 38명의 선수가 참가하여 금메달 3개, 은메달 1개, 동메달 2개를 획득, 종합 순위 9위에 올라 톱 10에 든다는 목표를 이루었어요. 하지만 모든 메달이 쇼트 트랙에서만 나온 점은 아쉬움으로 남아요.

전이경이 여자 1000m와 3000m 계주에서 우승하여 2관왕에 올랐고, 김동성이 쇼트 트랙 남자 1000m에서 금메달을, 5000m 계주에서 은메달을 획득했어요. 이 밖에도 전이경과 원혜경이 각각 동메달을 추가했어요. 이 중 전이경의 500m 동메달은 결승전에서 두 명의 선수가 실격되어 동메달 획득자가 나오지 않자 순위 결정전에서 1위(전체 5위)에 오른 전이경이 받게 된 행운도 있었지요.

그러나 남자 스피드 스케이팅은 아쉬움을 남겼어요. 제갈성렬과 김윤만, 이규혁 등이 1990년대 세계 선수권 대회에서 좋은 성적을 거둬 기대가 컸으나 한 개의 메달도 획득하지 못했어요. 이 밖에도 루지와 크로스컨트리 스키, 바이애슬론, 스키 점프 등에 여러 명의 선수가 참가하였으나 세계의 높은 벽을 실감해야 했어요.

🏅 우리나라 메달리스트

종목	세부 종목	메달	선수
쇼트 트랙	남자 1000m	금메달	김동성
	여자 1000m	금메달	전이경
	여자 3000m 계주	금메달	전이경 김윤미 원혜경 안상미
	남자 5000m 계주	은메달	김동성 채지훈 이준환 이호응
	여자 1000m	동메달	원혜경
	여자 500m	동메달	전이경

🏅 올림픽 메달 순위

순위	나라명	금메달	은메달	동메달	합계
1	독일	12	9	8	29
2	노르웨이	10	10	5	25
3	러시아	9	6	3	18
4	캐나다	6	5	4	15
5	미국	6	3	4	13
6	네덜란드	5	4	2	11
7	일본	5	1	4	10
8	오스트리아	3	5	9	17
9	한국	3	1	2	6
10	이탈리아	2	6	2	10
11	핀란드	2	4	6	12
12	스위스	2	2	3	7
13	프랑스	2	1	5	8
14	체코	1	1	1	3
15	불가리아	1	0	0	1
16	중국	0	6	2	8
17	스웨덴	0	2	1	3
18	덴마크	0	1	0	1
18	우크라이나	0	1	0	1
20	벨라루스	0	0	2	2
20	카자흐스탄	0	0	2	2
22	벨기에	0	0	1	1
22	영국	0	0	1	1
22	오스트레일리아	0	0	1	1

19회 솔트레이크시티 동계 올림픽
(2002년)

❄ **개최지** : 미국 솔트레이크시티
❄ **대회 기간** : 2002년 2월 8일~2월 24일
❄ **대회 규모** : 77개국 2,399명
❄ **경기 종목** : 15개 종목 80개 세부 종목(바이애슬론, 봅슬레이, 스켈레톤, 빙상, 스키, 아이스하키, 컬링 등)
❄ **최다 메달리스트** : 올레 에이나르 비에른달렌(노르웨이, 금 4)
❄ **한국 선수단 규모** : 선수 48명, 임원 27명
❄ **한국 참가 종목** : 바이애슬론, 봅슬레이(스켈레톤), 빙상, 스키 등
❄ **한국 순위** : 14위(금 2, 은 2)

    2002년 2월 8일부터 24일까지 77개국에서 2,399명의 선수가 참가하여 동계 올림픽 역대 최대 규모로 치러졌어요. 그러나 뇌물과 편파 판정, 정치색 등 각종 스캔들에 휘말리며 역대 최악의 올림픽이라는 오명을 얻었어요. 15개 종목 80개 세부 종목을 치른 결과 노르웨이가 금메달 13개를 획득하여 종합 우승을 차지했어요. 우리나라는 금 2개, 은 2개를 획득하며 14위라는 저조한 성적을 올렸어요.

🏅 역대 최대 규모 그러나 최악의 올림픽

미국에서 네 번째로 열린 19회 동계 올림픽은 2002년 2월 8일부터 24일까지 개최되었어요. 77개국에서 2,399명의 선수가 참가하여 동계 올림픽 역대 최대 규모로 치러졌지만 올림픽을 유치할 때 뇌물을 준 것이 밝혀져 파문을 일으켰어요. 또한 정치색 난무, 편파 판정, 러시아 선수단의 대회 보이콧 등으로 최악의 올림픽으로 평가받고 있지요.

대회 마스코트는 눈을 상징하는 파우더(흰 토끼)와 솔트레이크시티의 대표적인 지하 자원인 구리와 석탄을 나타낸 코퍼(코요테)와 콜(흑곰)이에요. 각각 속도와 높이, 힘을 상징해요. '너의 마음을 태워라'라는 슬로건과 함께 환경 올림픽을 내세우며 폐기물 중 85%를 재활용하는 등 노력을 기울였지만 최악의 대회라는 오명을 씻지는 못했어요.

특히 판정 시비가 많아 얼룩진 대회였어요. 피겨 스케이팅 페어 부문에서 캐나다 팀은 흠잡을 데 없는 연기를 펼쳤지만 여러 번 실수한 러시아 팀에 금메달을 빼앗기는 일이 발생했어요. 항의가 빗발치자 조사에 착수하였으며, 공동 우승으로 마무리하였지요. 쇼트 트랙 1500m 결승에서도 애매한 판정으로 한국의 김동성 선수가 실격되자 중재 신청까지 하였으며, 스포츠 테러라는 인식으로까지 확대되었어요.

15개 종목 80개 세부 종목을 치렀는데, 스켈레톤이 54년 만에 정식 종목으로 부활하였어요. 종합 우승은 금메달 13개를 획득한 노르웨이가 차지하였으며, 독일과 미국이 각각 12개, 10개로 2위와 3위에 올랐어요. 우리나라는 금메달 2개, 은메달 2개로 14위를 차지하는 부진을 겪었지요. 특히 남자 쇼트 트랙 1500m에 출전한 김동성이 1위로 들어오고도 미국의 안톤 오노의 과장된 '할리우드 액션'에 심판들이 속아 실격 처리되는 바람에 금메달을 놓쳐 아쉬움을 주었어요.

🏅 올림픽 이모저모

돈은 줬지만 뇌물은 아니야!

1995년 헝가리 부다페스트에서 열린 IOC 총회에서 솔트레이크시티는 54표를 획득하여 2002년 동계 올림픽 개최지로 선정되었는데, 3년 만인 1998년 뇌물로 따낸 대회라는 것이 밝혀졌어요. 여러 IOC 위원들에게 뇌물을 주고 뇌물이 통하지 않는 위원들에게는 가족에게 미국 영주권까지 주는 등 총력을 기울였던 거예요. 당시 뇌물을 준 당사자들을 구속 수사하였는데, 그중 한 사람이 "돈은 줬지만 뇌물이 아니라 비즈니스였다."라는 망언을 남겼어요.

두 팀 다 금메달을 주면 되잖아

피겨 스케이팅 페어 부문에서 러시아 팀이 난이도 높은 기술을 구사하다 실수를 하였어요. 반면 캐나다 팀은 수월한 기술을 구사해 실수가 없었지요. 겉으로 보기에는 캐나다 팀이 잘한 것 같지만 심판들은 러시아의 손을 들어 주었어요. 알고 보니 프랑스 심판이 뇌물을 받았던 거예요. 정확히는 프랑스 빙상 연맹이 러시아로부터 아이스댄싱 부문 금메달을 보장받는 대신 페어 부분은 러시아를 밀어 주라는 지시가 있었다는 것이 밝혀졌어요. 결국 논의 끝에 두 팀 모두에게 금메달을 주는 초유의 사태가 발생하였어요. 이 사건 이후 채점 방식이 익명제로 바뀌었어요.

🏅 올림픽 영웅들

바이애슬론의 살아 있는 전설 올레 에이나르 비에른달렌(노르웨이, 1974. 1. 27~)

남자 바이애슬론에서 4관왕에 올라 최고의 스타가 되었어요. 1998년 나가노 대회부터 2014년 소치 대회 때까지 올림픽에만 6회 출전하여 금메달 8개, 은메달 4개, 동메달 1개 등 총 13개의 메달을 획득하여 동계 올림픽 사상 최다 메달 수상자가 되었지요. 또한 세계 선수권 대회 19회 우승, 월드컵 대회에서는 95회 우승을 하여 바이애슬론의 살아 있는 전설로 불려요.

금 4개에 빛나는 야니카 코스텔리치(크로아티아, 1982. 5. 1~)

알파인 스키 여자 3관왕에 올랐고, 은메달 1개를 추가했어요. 2006년 토리노 대회에서도 알파인 복합에서 금메달을 획득하는 등 올림픽에서만 금 4개, 은 2개를 획득하였지요. 2003년 월드컵 대회에서는 종합 우승을 차지하였으며, 여자 선수로는 사상 두 번째로 월드컵에서 알파인 스키 전 종목을 석권하는 그랜드슬램을 달성했어요.

최초의 노르딕 복합 3관왕 삼파 라유넨(핀란드, 1979. 4. 23~)

동계 올림픽 사상 최초로 노르딕 복합 3관왕에 올랐어요. 이전 대회인 1998년 나가노 대회에서는 은메달 2개를 따냈지요. 1999년 세계 선수권 대회에서 우승하였고, 2003~2004 시즌을 끝으로 학업을 위하여 은퇴했어요.

올림픽 금 5개 토마스 알스가르드(노르웨이, 1972. 1. 10~)

1998년 나가노 대회에 이어 남자 크로스컨트리 스키에서 2관왕에 올랐어요. 1994년 릴레함메르 대회에서도 금 1개, 은 1개를 따내 올림픽에서 총 금메달 5개, 은메달 1개를 획득하였어요.

우리나라 선수단 성적

예상 밖으로 부진했던 대회

1992년과 1994년, 그리고 1998년 대회에 이어 종합 순위 톱 10 이내에 드는 것이 목표였으나 금메달 2개, 은메달 2개만을 획득하며 종합 14위에 그쳤어요. 특히 남자 쇼트 트랙에서 악재가 겹치며 기대와는 달리 메달을 한 개도 획득하지 못한 것이 큰 영향을 미쳤지요.

가장 큰 악재는 김동성의 실격이었어요. 쇼트 트랙 남자 1500m 결승전에서 김동성은 1위로 골인하였으나 실격 처리되고 말았어요. 마지막 바퀴를 돌 때 뒤따르던 미국의 안톤 오노가 손으로 김동성을 건드리려다 만 행동을 취하였는데, 이를 김동성의 파울로 판정한 것이에요. 우리나라에서는 강력하게 항의하였으나 판정은 번복되지 않았어요.

스피드 스케이팅도 예상 외로 부진했어요. 이규혁이 남자 500m에서 선전하였지만 5위에 머물렀고, 1000m에서는 8위를 기록했어요. 다른 선수들도 대부분 자신의 기록에 못 미치는 기록으로 경기를 마쳤는데, 빙질이 좋아 유럽 선수들 대부분이 자신의 기록보다 나은 기록을 보인 것과는 대조적이에요.

그러나 스키 점프에서 단체전 8위를 기록한 것은 획기적인 일이에요. 이는 우리나라 동계 올림픽 스키 부문 최고 성적으로 〈국가대표〉라는 영화의 소재가 되기도 했어요.

이번 대회에서 우리나라의 체면을 살려 준 것은 여자 쇼트 트랙 대표팀이었어요. 고기현이 1500m에서 금메달을, 1000m에서는 은메달을 획득하였고, 최은경 등이 3000m 계주에서 우승하였어요. 최은경은 또 1500m에서 은메달도 획득하여 결국 여자 쇼트 트랙이 우리나라가 획득한 금 2, 은 2개를 모두 따냈어요.

우리나라 메달리스트

종 목	세부 종목	메달	선수
쇼트 트랙	여자 1500m	금메달	고기현
	여자 3000m 계주	금메달	최은경 최민경 주민진 박혜원
	여자 1500m	은메달	최은경
	여자 1000m	은메달	고기현

🏅 올림픽 메달 순위

순위	나라명	금메달	은메달	동메달	합계
1	노르웨이	13	5	7	25
2	독일	12	16	8	36
3	미국	10	13	11	34
4	캐나다	7	3	7	17
5	러시아	5	4	4	13
6	프랑스	4	5	2	11
7	이탈리아	4	4	5	13
8	핀란드	4	2	1	7
9	네덜란드	3	5	0	8
10	오스트리아	3	4	10	17
11	스위스	3	2	6	11
12	크로아티아	3	1	0	4
13	중국	2	2	4	8
14	한국	2	2	0	4
15	오스트레일리아	2	0	0	2
16	체코	1	2	0	3
17	에스토니아	1	1	1	3
18	영국	1	0	1	2
19	스웨덴	0	2	5	7
20	불가리아	0	1	2	3
21	일본	0	1	1	2
21	폴란드	0	1	1	2
23	벨라루스	0	0	1	1
23	슬로베니아	0	0	1	1

20회 토리노 동계 올림픽 (2006년)

❄ **개최지** : 이탈리아 토리노
❄ **대회 기간** : 2006년 2월 10일~2월 26일
❄ **대회 규모** : 80개국 2,508명
❄ **경기 종목** : 15개 종목 84개 세부 종목(바이애슬론, 봅슬레이, 스켈레톤, 빙상, 스키, 아이스하키, 컬링 등)
❄ **최다 메달리스트** : 안현수(한국, 금 3, 동 1)
❄ **한국 선수단 규모** : 선수 40명, 임원 29명
❄ **한국 참가 종목** : 바이애슬론, 봅슬레이, 스켈레톤, 빙상, 스키 등
❄ **한국 순위** : 7위(금 6, 은 3, 동 2)

　1956년 코르티나담페초 대회 이후 이탈리아에서 열린 두 번째 동계 올림픽이에요. 80개국 2,508명이 15개 종목 84개 세부 종목에서 실력을 겨루어 독일이 금메달 11개로 종합 1위를 차지했어요. 우리나라는 쇼트 트랙에서만 금메달 6개를 수확해 종합 7위로 최고의 성적을 냈지요.
　대회는 무난히 치러졌지만 날씨가 따뜻하여 기록은 전반적으로 좋지 않았으며, 쇼트 트랙의 안현수와 진선유(이상 한국), 크로스컨트리 스키의 미하엘 그라이스(독일) 등 세 명의 3관왕이 탄생했어요.

🏅 열정이 살아 숨쉬는 이곳은 토리노

2006년 2월 10일부터 26일까지 이탈리아의 토리노에서 열린 20회 동계 올림픽은 '열정이 살아 숨쉬는 이곳'이라는 슬로건 아래에 치러졌어요. 1999년 6월 19일 서울에서 열린 IOC 총회에서 스위스 시옹, 핀란드 헬싱키 등을 제치고 개최지로 선정되었지요. 80개국에서 2,508명의 선수가 참가하였으며, 정식 종목 15개 세부 종목은 84개였어요. 스노보드 크로스와 스피드 스케이팅 팀 추발, 크로스컨트리 스키 팀 스프린트, 바이애슬론 매스스타트 등이 신설되었어요.

개회식에서 남한과 북한이 공동으로 입장하여 큰 박수를 받았으며, 세계적인 테너 루치아노 파바로티가 축하 공연을 펼쳐 관중들로부터 환호를 받았어요. 하지만 파바로티는 췌장암 말기로 노래가 불가능하여 미리 녹음한 것으로 대신하였어요.

독일이 금메달 11개로 종합 1위를 차지했으며, 2, 3위는 미국과 오스트리아가 차지했어요. 2002년 솔트레이크시티 대회 때 금메달 13개로 종합 1위를 차지하였던 노르웨이는 금메달 2개에 머물며 10위권 밖(13위)으로 밀려났어요. 우리나라는 쇼트 트랙에서 안현수와 진선유의 3관왕 등극에 힘입어 금메달 6개로 종합 7위에 올라 사상 최고의 성적을 거두었지요.

안현수는 남자 쇼트 트랙 1000m, 1500m, 5000m 계주에서 우승하고 500m에서는 동메달을 획득하여 대회 최다 메달리스트에 올랐으며, 진선유는 여자 1000m, 1500m, 3000m 계주에서 우승했어요. 독일의 미하엘 그라이스는 크로스컨트리 스키 바이애슬론 남자 개인전과 매스스타트 및 계주에서 각각 우승

대회 최우수 선수로 선정된 미하엘 그라이스. ⓒTor Atle Kleven

하여 3관왕에 오르며 대회 MVP로 선정되었지요.

대회는 무난하게 치러졌지만 날씨가 예상 밖으로 따뜻하여 스키 경기에 지장을 주었으며, 스피드 스케이팅 등이 벌어진 실내 경기장도 빙질이 좋지 않아 좋은 기록은 수립되지 않았어요.

올림픽 이모저모

남북한 동시 입장한 개막식

동계 올림픽 출전 사상 최초로 남북한이 공동으로 입장했어요. 하계 올림픽에서는 이미 2000년 시드니 올림픽에서 남북한이 공동으로 입장한 바 있지만 동계 올림픽에서는 2002년 솔트레이크시티 대회에 북한이 불참하는 바람에 늦춰진 거예요.

세계적인 테너 루치아노 파바로티의 립싱크

개막식 축하 공연은 세계적인 테너 루치아노 파바로티가 맡았는데, 파바로티는 오페라 투란도트의 아리아 '공주는 잠 못 이루고'를 열창하여, 관중들의 환호와 박수를 받았어요. 그런데 이것이 한 편의 쇼였다는 사실! 췌장암 말기로 고생 중인 파바로티가 출연을 거절하다가 미리 녹음해서 내보내기로 한 거였어요. 이것이 파바로티의 마지막 무대가 되었지요.

올림픽 덕분에 찾은 가족

프리스타일 스키 모글 종목에서 동메달을 딴 미국의 토비 도슨은 한국계 입양아로 밝혀져 화제가 되었어요. 도슨은 올림픽이 끝난 뒤 친부모를 찾기 위하여 노력하였는데, 한국 언론에서 지나친 관심을 보여 포기했어요. 그러나 다음 해에 극적으로 부모님을 찾았지요. 이후 토비 도슨은 2018 평창 동계 올림픽 홍보 대사로 활동하였으며, 한국 프리스타일 스키 국가 대표 팀 코치로도 일했답니다.

🏅 올림픽 영웅들

대회 최다 메달리스트 안현수(한국, 1985. 11. 23~)

쇼트 트랙 남자 1000m와 1500m를 석권하고 5000m 계주에서도 금메달을 획득하여 우리나라 동계 올림픽 사상 첫 3관왕에 올랐어요. 또한 500m에서는 동메달을 차지하여 대회 최다 메달리스트에 등극하였어요.

대회 MVP 미하엘 그라이스(독일, 1976. 8. 18~)

바이애슬론 남자 20km와 15km 단체 출발에서 우승하였으며, 남자 계주에서도 금메달을 추가하여 대회 3관왕에 오르며 대회 최우수 선수에 선정되었어요. 세계 선수권 대회에서는 3회 우승하였으며, 유럽 선수권 대회에서는 2회 우승하였어요.

슈퍼 대회전의 전설 키에틸 안드레 아모트(노르웨이, 1971. 9. 2~)

1992년, 2002년 대회에 이어 토리노 대회에서도 슈퍼 대회전에서 우승했어요. 1992년부터 2006년까지 올림픽에 출전해 금메달 4, 은메달 2, 동메달 2개를 획득해 총 8개의 올림픽 메달을 따냈지요. 세계 선수권 대회에서는 5회 우승하였으며, 은메달 4개, 동메달 3개를 획득하였어요.

5회 출전 금메달 5개 클라우디아 페흐슈타인(독일, 1972. 2. 22~)

1992년 알베르빌 대회부터 5회 연속 출전하여 금메달 5개, 은메달 2개, 동메달 2개를 가져갔어요. 토리노 대회에서는 스피드 스케이팅 여자 팀 추월에서 금메달을, 여자 5000m에서는 은메달을 획득하였어요.

쇼트 트랙의 여왕 진선유(한국, 1988. 12. 17~)

　남자부 안현수와 함께 쇼트 트랙 3관왕에 올랐어요. 여자 1000m와 1500m, 3000m 계주에서 각각 금메달을 따냈지요. 안현수와 진선유 두 명의 활약으로 우리나라는 금메달 6개를 획득하여 역대 동계 올림픽 사상 최고의 성적을 거두었어요. 2007년 세계 선수권 대회에서도 3관왕에 오른 선수예요.

우리나라 선수단 성적

쇼트 트랙 휩쓸며 종합 7위

　9개 종목에 40명의 선수가 참가하여 금메달 6개, 은메달 3개, 동메달 2개를 획득, 종합 7위로 동계 올림픽 출전 사상 최고의 성적을 올린 대회예요. 특히 쇼트 트랙에서 남자부의 안현수와 여자부의 진선유는 각각 3관왕에 올라 동계 올림픽 사상 처음으로 두 명의 3관왕을 배출했어요.

　쇼트 트랙의 강세는 이미 각종 국제 대회 성적을 토대로 예상된 일이었어요. 안현수는 남자 1000m와 1500m, 그리고 5000m 계주에서 각각 우승을 차지하였고, 진선유 역시 여자 1000m와 1500m, 그리고 3000m 계주에서 각각 우승을 차지하며 3관왕에 올랐어요. 이 밖에도 남자 1000m와 1500m에서 이호석이 은메달 2개를 수확하였으며, 여자 1500m에서 최은경이 은메달을 추가하여 남녀 500m를 제외한 종목을 싹쓸이하였어요.

　한편 스피드 스케이팅에서는 이강석이 남자 500m에서 값진 동메달을 수확하였으며, 이규혁이 남자 1000m에서 3위와 불과 0.05초 차이로 4위를 기록했어요. 여고생인 이상화는 여자 500m에서 5위에 올라 차기 대회 메달을 기대케 했어요.

　하지만 스키 종목과 썰매 종목에서는 여전히 세계의 높은 벽을 실감해야 했고, 여자 피겨 스케이팅 주니어 무대를 평정하던 김연아가 올림픽 출전 연령 기준에 67일이 모자라 참가하지 못한 것은 큰 아쉬움으로 남았어요.

🏅 우리나라 메달리스트

종목	세부 종목	메달	선수
스피드 스케이팅	남자 500m	동메달	이강석
쇼트 트랙	남자 1500m	금메달	안현수
	남자 1000m	금메달	안현수
	남자 5000m 계주	금메달	안현수 이호석 송석우 서호진 오세종
	여자 1500m	금메달	진선유
	여자 1000m	금메달	진선유
	여자 3000m 계주	금메달	진선유 최은경 변천사 전다혜 강윤미
	남자 1000m	은메달	이호석
	남자 1500m	은메달	이호석
	여자 1500m	은메달	최은경
	남자 500m	동메달	안현수

🏅 올림픽 메달 순위

순위	나라명	금메달	은메달	동메달	합계
1	독일	11	12	6	29
2	미국	9	9	7	25
3	오스트리아	9	7	7	23
4	러시아	8	6	8	22
5	캐나다	7	10	7	24
6	스웨덴	7	2	5	14
7	한국	6	3	2	11
8	스위스	5	4	5	14
9	이탈리아	5	0	6	11
10	프랑스	3	2	4	9
10	네덜란드	3	2	4	9
12	에스토니아	3	0	0	3
13	노르웨이	2	8	9	19
14	중국	2	4	5	11
15	체코	1	2	1	4

16	크로아티아	1	2	0	3
17	오스트레일리아	1	0	1	2
18	일본	1	0	0	1
19	핀란드	0	6	3	9
20	폴란드	0	1	1	2
21	영국	0	1	0	1
	슬로바키아공화국	0	1	0	1
	불가리아	0	1	0	1
	벨라루스	0	1	0	1
25	우크라이나	0	0	2	2
26	라트비아	0	0	1	1

21회 밴쿠버 동계 올림픽 (2010년)

❄ **개최지** : 캐나다 밴쿠버
❄ **대회 기간** : 2010년 2월 12일~2월 28일
❄ **대회 규모** : 82개국 2,566명
❄ **경기 종목** : 15개 종목 86개 세부 종목(루지, 바이애슬론, 봅슬레이, 스켈레톤, 빙상, 스키, 아이스하키, 컬링 등)
❄ **최다 메달리스트** : 마리트 비에르엔(노르웨이, 금 3, 은 1, 동 1)
❄ **한국 선수단 규모** : 선수 46명, 임원 37명
❄ **한국 참가 종목** : 루지, 바이애슬론, 봅슬레이, 스켈레톤, 빙상, 스키 등
❄ **한국 순위** : 5위(금 6, 은 6, 동 2)

　캐나다 밴쿠버에서 열린 동계 올림픽으로 한국 동계 올림픽 출전 사상 최고의 성적을 올린 대회예요. 82개국 2,566명의 선수가 참가하여 86개의 금메달을 놓고 경쟁한 결과 주최국 캐나다가 금메달 14개로 종합 1위에 올랐으며, 우리나라는 금메달 6개, 은메달 6개, 동메달 2개로 5위에 올랐어요. 특히 여자 피겨 스케이팅 싱글에서 김연아가 금메달을 차지하여 대회 최고의 스타가 되었고, 스피드 스케이팅에서는 무려 3개의 금메달을 획득, 세계적인 주목을 받았어요.

🏅 세계에 널리 알린 한국 동계 스포츠의 저력

2010년 2월 12일부터 2월 28일까지 캐나다 밴쿠버에서 열린 21회 동계 올림픽이에요. 2003년 7월 2일 체코 프라하에서 열린 115차 IOC 총회에서 우리나라의 평창과 오스트리아의 잘츠부르크를 누르고 개최지로 선정되었어요. 1차 투표에서는 평창이 51표로 밴쿠버의 40표보다 많았지만 과반수를 넘지 않아 재투표했는데, 그 결과 밴쿠버가 56표로 53표를 받은 평창을 제치고 2010년 동계 올림픽 개최지로 선정되었지요.

세계 82개국에서 2,566명의 선수가 참가하여 '뜨거운 가슴으로'를 슬로건을 내걸고 15개 종목 86개 세부 종목에서 경기를 펼쳤어요. 주최국 캐나다가 금메달 14개로 종합 1위를 차지하였으며, 독일과 미국이 각각 10개, 9개로 2, 3위를 차지하였지요. 동계 스포츠 강국 러시아는 금메달 3개로 체면을 구겼고, 중국은 금메달 5개를 획득하여 사상 처음으로 종합 10위 내에 들었답니다.

노르웨이의 마리트 비에르옌이 여자 크로스컨트리 스키에서 3관왕에 올랐고, 중국의 왕멍이 여자 쇼트 트랙에서 3관왕에 올라 대회 최다 금메달리스트가 되었어요. 그러나 대회 최고의 스타는 여자 피겨 스케이팅의 김연아였어요. 김연아는 완벽한 기량으로 총점 228.56점을 획득하며 세계 최고 기록을 갈아치우고 금

여자 크로스컨트리 스키 3관왕에 오른 마리트 비에르옌. ⓒMarius Wigen

메달을 획득, 피겨 여왕으로 등극하였어요. 이와 함께 이상화와 모태범, 이승훈이 스피드 스케이팅에서 각각 금메달을 획득하여 세계를 놀라게 하였지요.

12개 종목에 36명의 선수가 참가한 우리나라는 스피드 스케이팅과 피겨 스케이팅의 선전으로 금 6개, 은 6개, 동 3개 등 15개의 메달을 획득하며 종합 순위 5위에 올라 역대 최고 성적을 기록했어요. 이정수는 남자 쇼트 트랙에서 2관왕에 올라 쇼트 트랙 강국의 체면을 세웠어요.

🏅 올림픽 이모저모

"아버지, 코스가 너무 무서워요."

가장 위험한 종목인 루지에 출전한 조지아(그루지아)의 노다르 쿠마리타슈빌리가 2010년 2월 12일 훈련 도중 썰매에서 튕겨나가 사망하는 사고가 일어났어요. 이 사고로 개막식에서 참가자 전원이 노다르 선수에 대한 묵념을 하였으며 올림픽기는 조기로 게양되었어요. 그런데 노다르가 사망하기 전 아버지에게 국제 전화를 걸어 "아버지, 코스가 너무 무서워요."라고 말한 것이 밝혀져 더욱 안타까움을 주었어요.

왜 한 방송사에서만 중계를 하지?

이번 올림픽은 피겨 여왕 김연아의 우승, 그리고 모태범, 이상화, 이승훈 삼총사의 스피드 스케이팅 금메달, 쇼트 트랙의 여전한 선전 등으로 우리나라에게는 최고의 대회였어요. 그러나 국민들은 정작 답답했지요. 올림픽 중계 방송이 SBS에서만 나왔거든요. 이는 SBS가 타 방송사를 따돌리고 IOC에서 독점 중계권을 따냈기 때문이었어요. SBS는 2016년 리우 올림픽까지 독점 중계할 예정이었으나 방송통신위원회의 과징금 부과로 추후 올림픽에서는 다른 방송사들과 공동으로 중계하게 되었어요.

절반의 성공, 빚은 언제 청산할까?

그루지야 루지 선수의 사망과 개막식에서 성화대 작동 불량, 스피드 스케이팅 남자 500m 결승전을 앞두고 시설 고장 등 곳곳에서 갖가지 문제점이 발견되었어요. 특히 밴쿠버 시내에 숙박업소가 절대적으로 부족하여 각국 취재 기자들은 인근 리치먼드에서 숙박을 하였는데, 이동하는 데에만 1시간 이상이 걸려 불만이 자자했지요. 하지만 정작 가장 큰 문제는 대회를 준비하면서 생긴 10억 달러라는 빚이었어요. 1976년 몬트리올 하계 올림픽을 개최할 때 생긴 빚도 이제서야 겨우 갚았는데, 앞으로 언제 빚을 청산할지는 알 수가 없답니다.

올림픽 영웅들

설원의 여제 마리트 비에르옌(노르웨이, 1980. 3. 21~)

여자 크로스컨트리에서 금메달 3개, 은메달 1개, 동메달 1개 모두 5개의 메달을 획득하여 대회 최다 메달리스트에 올랐어요. 2002년 솔트레이크시티 대회부터 2014년 소치 대회까지 참가하여 금메달 6개, 은메달 3개, 동메달 1개를 따내 크로스컨트리 스키 여제로 불려요.

중국 여자 쇼트 트랙의 간판 왕멍(중국, 1985. 4. 10~)

2006년 토리노 대회 때 500m를 우승하고 2010년 밴쿠버 대회 때에는 500m를 2연패하는 등 3관왕에 올랐어요. 이 밖에도 은메달 1, 동메달 1개를 따냈어요. 2013년 세계 선수권 대회에서는 500m와 1000m를 석권하며 개인 종합 1위에 올랐어요.

피겨 여왕 김연아(한국, 1990. 9. 5~)

우리나라 첫 동계 올림픽 피겨 스케이팅 금메달을 획득한 영웅이에요. 여자 싱글 부문에서 압도적인 차이로 우승하여 세계의 찬사를 받았어요. 올림픽과 세계 선수권 대회, 4대륙 선수권, 그랑프리 파이널 등 4개 대회를 제패하여 여자 선수로는 최초로 그랜드슬램을 달성한 선수가 되었어요. 한국 피겨 스케이팅의 위상을 몇 단계 올려놓고 은퇴한 후에는 평창이 동계 올림픽을 유치하는 데 큰 역할을 하기도 했어요. 2016년 대한 체육회 스포츠 영웅 명예의 전당에 이름을 올렸어요.

우리나라 선수단 성적

역대 최고 성적 종합 순위 5위 올라

동계 올림픽 출전 사상 최고의 성적을 올린 대회예요. 46명의 선수가 참가하여 금 6, 은 6, 동 2개의 메달을 획득, 종합 순위 5위에 올랐어요. 단순히 메달만 많이 획득한 것이 아니라 다양한 종목에서 좋은 성적을 올렸어요.

스피드 스케이팅에서는 무려 3개의 금메달과 2개의 은메달을 획득하여 그간 단 한 개의 금메달도 얻지 못했던 한을 풀었어요. 남자 500m에서 모태범, 여자 500m에서는 이상화, 남자 10000m에서는 이승훈이 각각 금메달을 획득하였으며, 남자 1000m와 남자 5000m에서도 모태범과 이승훈이 각각 은메달을 획득하여 세계를 놀라게 했지요.

피겨 스케이팅에서는 김연아가 여자 싱글에서 압도적인 실력으로 금메달을 획득하며 피겨 퀸에 등극했어요. 김연아는 총점 228.56으로 동계 올림픽 피겨 스케이팅 여자 싱글 사상 최고 득점을 올렸는데, 이는 2위 아사다 마오보다 23점이 앞선 대단한 기록이에요. 김연아의 피겨 여자 싱글 우승은 예견된 일이기도 해요. 올림픽이 열리기 전까지 대부분의 대회를 석권하고 있었으며, 특히 세계 기록을 써 내려가고 있었기 때문이에요. 다만 쇼트 프로그램 1위를 하면 우승을 하지 못한다는 징크스가 어떨지 관건이었으나 총점 228.86이라는 대기록을 수립하며 금메달을 획득했어요.

김연아가 압도적인 실력으로 우승하자 전 세계 언론은 "여왕 폐하 만세!", "동계 올림픽의 코마네치", "가장 위대한 올림픽 퍼포먼스의 하나" 등의 제목으로 새로운 피겨 여왕 탄생을 극찬했어요. 또한 김연아의 프리 프로그램 배경 음악인 '조지 거쉰의 피아노 협주곡'은 올림픽 피겨 스케이팅 역사에 길이 남을 프로그램이 되었어요.

빙상 강국에 올라서다

한편, 세계 최강인 쇼트 트랙에서도 이정수가 2관왕에 오르는 등 금 2, 은 4, 동 2개를 획득하여 만족할 만한 성과를 올렸어요. 여자부에서 금메달을 획득하지 못한 점은 아쉽지만 메달을 8개나 획득하여 여전히 세계 최강임을 보여 주었지요.

이와 같이 스피드 스케이팅, 쇼트 트랙, 피겨 스케이팅 세 빙상 종목에서 모두 금메달을 획득하는 것을 빙상 그랜드슬램이라고 부르는데, 한국은 동계 올림픽 역사상 미국과 캐나다에 이어 세 번째로 빙상 그랜드슬램을 달성했어요.

처음으로 올림픽 무대에 나선 4인승 봅슬레이는 결선에 진출하는 성과를 올렸으며, 강광배는 썰매 전 종목 출전이라는 이색 기록을 남겼어요. 그러나 스키 등 설상 종목은 전반적으로 부진했어요. 노르딕 복합과 아이스하키, 컬링은 출전권을 획득하지 못하여 참가할 수 없었고 스키와 바이애슬론 등 설상 종목에서는 부진을 면치 못했어요.

여자 쇼트 트랙 계주 결승 실격 논란

이 대회에서 가장 아쉬운 것은 여자 쇼트 트랙 계주 결승전이에요. 우리나라 대표팀은 1위로 결승선을 통과하여 금메달을 획득할 것으로 생각되었으나 실격 판정을 받고 말았어요. 5바퀴를 남겨 놓고 김민정이 선두로 코너를 돌다 오른쪽 팔이 뒤를 따르던 중국 선수의 얼굴과 부딪쳤다는 것이 실격 사유였지요. 이에 김기훈 감독과 코치들이 강력하게 항의하였으나 번복되지는 않았어요.

이 경기의 심판은 제임스 휴이시로 2002년 솔트레이크시티 대회 때 김동성을 실격시킨 장본인이었어요. 휴이시는 판정 논란에 휩싸여 여자부 1000m 결승에서는 독일 심판으로 교체되었어요. 이 건 이외에도 수 차례 한국 선수들을 실격 처리하여 '한국 선수 전용 실격 심판'이라는 평을 듣고 있어요.

우리나라 메달리스트

종목	세부 종목	메달	선수
스피드 스케이팅	남자 500m	금메달	모태범
	남자 10000m	금메달	이승훈
	여자 500m	금메달	이상화
	남자 1000m	은메달	모태범
	남자 5000m	은메달	이승훈
쇼트 트랙	남자 1500m	금메달	이정수
	남자 1000m	금메달	이정수
	남자 1000m	은메달	이호석
	남자 500m	은메달	성시백
	남자 5000m 계주	은메달	이호석 성시백 이정수 김성일 곽윤기
	여자 1500m	은메달	이은별
	여자 1000m	동메달	박승희
	여자 1500m	동메달	박승희
피겨 스케이팅	여자 싱글	금메달	김연아

올림픽 메달 순위

순위	나라명	금메달	은메달	동메달	합계
1	캐나다	14	7	5	26
2	독일	10	13	7	30
3	미국	9	15	13	37
4	노르웨이	9	8	6	23
5	한국	6	6	2	14
6	스위스	6	0	3	9

7	스웨덴	5	2	4	11
	중국	5	2	4	11
9	오스트리아	4	6	6	16
10	네덜란드	4	1	3	8
11	러시아	3	5	7	15
12	프랑스	2	3	6	11
13	오스트레일리아	2	1	0	3
14	체코	2	0	4	6
15	폴란드	1	3	2	6
16	이탈리아	1	1	3	5
17	벨라루스	1	1	1	3
	슬로바키아공화국	1	1	1	3
19	영국	1	0	0	1
20	일본	0	3	2	5
21	슬로베니아	0	2	1	3
	크로아티아	0	2	1	3
23	라트비아	0	2	0	2
24	핀란드	0	1	4	5
25	에스토니아	0	1	0	1
	카자흐스탄	0	1	0	1

22회 소치 동계 올림픽 대회
(2014년)

❄️ **개최지** : 러시아 소치
❄️ **대회 기간** : 2014년 2월 7일~23일
❄️ **대회 규모** : 88개국 2,780명
❄️ **경기 종목** : 15개 종목 98개 세부 종목(크로스컨트리, 바이애슬론, 봅슬레이, 쇼트 트랙, 스노보드, 스키 점프, 스피드 스케이팅, 아이스하키, 알파인 스키, 컬링, 프리스타일 스키, 피겨 스케이팅 등)
❄️ **최다 금메달리스트** : 빅토르 안(러시아, 금 3, 동 1)
❄️ **한국 선수단 규모** : 선수 71명, 임원 49명
❄️ **한국 참가 종목** : 루지, 바이애슬론, 봅슬레이, 스켈레톤, 쇼트 트랙, 스노보드, 스키 점프, 스피드 스케이팅, 알파인 스키, 컬링, 크로스컨트리, 프리스타일 스키, 피겨 스케이팅
❄️ **한국 순위** : 13위(금 3, 은 3, 동 2)

22회째 열린 동계 올림픽으로 정식 종목은 15개 세부 종목은 98개였어요. 피겨 스케이팅 단체전과 여자 스키 점프, 혼성 바이애슬론, 프리스타일 스키 하프파이프, 루지 팀 단체전 등이 새로운 세부 종목으로 추가되었지요.

러시아에서 열린 첫 동계 올림픽으로 동, 하계 올림픽을 통틀어 가장 많은 비용이 들었음에도 시설은 전반적으로 만족스럽지 못하였고, 특히 빙판의 질이 나빠 선수들이 제 기량을 십분 발휘하기 어려웠어요.

🏅 뜨거움, 차가움, 그대의 것

　소치는 러시아 크라스노다르 지방의 휴양 도시로 2007년 과테말라시티에서 열린 119차 IOC 총회에서 우리나라의 평창, 오스트리아의 잘츠부르크와 경쟁한 끝에 개최 도시로 선정되었어요. 당시 1차 투표에서는 평창이 앞섰으나 과반수를 넘지 못하여 재투표를 한 결과 소치가 51표를 획득하여 개최지로 선정되었어요.

　'뜨거움, 차가움, 그대의 것'을 대회 슬로건으로 하였으며, 공식 마스코트는 북극곰과 토끼, 눈표범이었어요.

　개막식은 피시트 경기장에서 진행되었는데, 동계 올림픽을 치르기 위하여 2013년에 완공된 경기장이에요. 경기장 지붕이 눈이 쌓인 피시트산과 닮았다고 하여 피시트라는 이름이 붙었어요. 그러나 전체적인 모양은 조개처럼 생겼는데, 이는 19세기 러시아 황실의 보물인 '파베르제의 달걀'에서 영감을 얻어 디자인된 거예요.

　세계 88개국에서 2,780명의 선수가 출전하였으며, 우리나라는 선수 71명, 임원 49명 등 역대 최대 규모 선수단을 파견했어요. 15개 종목 98개 세부 종목에서 경기를 펼친 결과 개최국 러시아가 금메달 13개로 종합 1위에 올랐으며 노르웨이와 캐나다가 각각 11개와 10개로 2, 3위를 차지하였어요.

　우리나라 쇼트 트랙 국가 대표를 지낸 안현수는 러시아 국가 대표로 출전, 금메달 3개와 동메달 1개를 따내 대회 최고의 스타로 떠올랐으며, 노르웨이의 올레 에이나르 비에른달렌은 만 40세의 나이에 크로스컨트리에 출전하여 금메달 1개를 획득해 올림픽 메달 수를 13개(금 8, 은4, 동1)로 늘렸어요. 이 밖에도 벨라루스의 다르야 돔라체바는 여자 바이애슬론에서 3관왕이 되었고, 노르웨이의 마리트 비에르옌은 여자 크로스컨트리에서 3관왕에 올랐어요.

　우리나라의 이상화는 스피드 스케이팅 여자 500m에서 세계 신기록을 세우며 2연패의 금자탑을 이루었고, 피겨 스케이팅에 출전한 김연아는 값진 은메달을 획득하였어요. 이밖에 쇼트 트랙에서 금메달 2개를 따는 등 금 3개, 은 3개, 동 2개를 획득하여 종합 순위 13위를 차지하였어요.

🏅 올림픽 이모저모

지구촌을 울린 형제애

프리스타일 스키에서 모글 올림픽 2연패를 이룬 캐나다의 알렉스 빌로도는 금메달이 확정되자 형인 프레드릭에게 달려가 형을 안아 번쩍 들어올렸어요. 어려서 뇌성마비를 앓아 장애인이 된 프레드릭을 평생 곁에서 지켜 온 알렉스는 형 덕분에 훈련에 매진해 왔다며 금메달의 영광을 형에게 돌렸어요. 알렉스는 "장애와 싸우는 형과 비교하면 나는 보잘것없어요. 형은 나의 영웅이에요."라고 말해 전 세계인의 마음을 울렸어요.

영화 〈쿨러닝〉의 후예 자메이카 봅슬레이 팀

뜨거운 아프리카의 나라 자메이카에서 봅슬레이에 도전한 것은 1988년 캘거리 대회 때였어요. 고물 썰매를 어깨에 둘러메고 완주한 당시 이야기는 1993년에 〈쿨러닝〉이라는 영화로 소개되어 감동을 주었지요. 그런 자메이카 봅슬레이 팀이 소치 대회에 다시 출전해 화제를 모았어요. 8만 달러가 없어 경기에 참여할 수 없을 뻔하다가 후원을 받아 힘들게 출전했는데, 화물이 도착하지 않아 훈련을 제대로 하지 못한 채 경기에 임할 수밖에 없었어요. 결과는 30개 팀 중 29위로 예선 탈락이었는데, 그것도 세르비아 팀이 기권하는 바람에 기록한 거예요. 그럼에도 코스를 완주해 내 관중들의 큰 박수를 받았어요.

김연아가 왜 은메달이야?

이번 올림픽 최대 논란 중 하나는 피겨 스케이팅 여자 개인전 결과였어요. 우리나라의 김연아 선수가 러시아의 아델리나 소트니코바에게 금메달을 빼앗기다시피

했거든요. 경기를 본 사람들은 모두 김연아의 우승을 의심치 않았지만 심판진은 소트니코바에게 더 후한 점수를 준 거예요. 이에 우리나라 팬들은 물론 전 세계에서 비난이 쏟아졌는데, 채점에 대한 진상 조사 촉구 서명 운동까지 벌어졌어요.

올림픽 영웅들

러시아의 별이 된 빅토르 안(안현수, 한국→러시아, 1985. 11. 23~)

2006년 토리노 대회 때 한국 국가 대표로 참가하여 쇼트 트랙 3관왕에 올랐으며, 2011년에 러시아로 귀화하여 소치 대회에서는 러시아 국가 대표로 참가해 또다시 3관왕에 올랐어요. 올림픽에서만 금메달 6개와 동메달 2개를 획득하여 쇼트 트랙 부문 최다 금메달리스트에 올랐어요.

여자 바이애슬론 3관왕 다르야 돔라체바(벨라루스, 1986. 8. 3~)

여자 바이애슬론 3관왕에 오른 벨라루스의 영웅이에요. 바이애슬론 여자 10km 추발과 15km 개인전, 12.5km 단체 출발에서 각각 금메달을 차지했어요. 2010년 밴쿠버 대회 때에는 15km 개인전에서 동메달을 땄지요. 남편은 바이애슬론의 살아 있는 전설 올레 에이나르 비에른달렌이에요.

빙속 여제 이상화(한국, 1989. 2. 25~)

2010년 밴쿠버 대회에 이어 스피드 스케이팅 여자 500m를 석권, 올림픽 2연패를 이루었어요. 2013년 11월 17일 미국 솔트레이크시티에서 열린 2013~2014 스피드 스케이팅 월드컵 여자 500m에서 36초 36의 세계 신기록을 세운 바 있어요.

🏅 우리나라 선수단 성적

쇼트 트랙의 박승희가 2관왕에 오르는 등 금 3개, 은 3개, 동 2개로 종합 13위에 올랐어요. 쇼트 트랙에서 여자 선수들은 좋은 성적을 올렸으나 남자 선수들은 메달을 따지 못해 아쉬움을 주었지요. 스피드 스케이팅의 이상화는 여자 500m에서 우승하여 올림픽 2연패를 이루었으며, 피겨 여자 개인에서 김연아가 은메달을 획득하였어요.

종목	세부 종목	메달	선수
스피드 스케이팅	여자 500m	금메달	이상화
	남자 팀 추월	은메달	이승훈 주형준 김철민
쇼트 트랙	여자 3000m 계주	금메달	심석희 박승희 김아랑 조해리 공상정
	여자 1000m	금메달	박승희
	여자 1500m	은메달	심석희
	여자 500m	동메달	박승희
	여자 1000m	동메달	심석희
피겨 스케이팅	여자 개인	은메달	김연아

🏅 올림픽 메달 순위

순위	나라명	금메달	은메달	동메달	합계
1	러시아	13	11	9	33
2	노르웨이	11	5	10	26
3	캐나다	10	10	5	25
4	미국	9	7	12	28
5	네덜란드	8	7	9	24
6	독일	8	6	5	19
7	스위스	6	3	2	11
8	벨라루스	5	0	1	6
9	오스트리아	4	8	5	17

10	프랑스	4	4	7	15
11	폴란드	4	1	1	6
12	중국	3	4	2	9
13	한국	3	3	2	8
14	스웨덴	2	7	6	15
15	체코	2	4	2	8
16	슬로베니아	2	2	4	8
17	일본	1	4	3	8
18	핀란드	1	3	1	5
19	영국	1	1	2	4
20	우크라이나	1	0	1	2
21	슬로바키아공화국	1	0	0	1
22	이탈리아	0	2	6	8
23	라트비아	0	2	2	4
24	오스트레일리아	0	2	1	3
25	크로아티아	0	1	0	1
26	카자흐스탄	0	0	1	1

23회 평창 동계 올림픽 (2018년)

❄ **개최지** : 대한민국 강원도 평창군
❄ **대회 기간** : 2018년 2월 9~25일
❄ **대회 규모** : 93개국 2,925명
❄ **경기 종목** : 15개 종목 102개 세부 종목
❄ **한국 선수단 규모** : 선수 122명, 임원 98명
❄ **한국 참가 종목** : 노르딕 복합, 루지, 바이애슬론, 봅슬레이, 쇼트트랙, 스노보드, 스켈레톤 등

　2018년 2월 9일부터 2월 25일까지 대한민국 강원도 평창군에서 개최된 동계 올림픽이에요. 아시아에서는 일본의 나가노 동계 올림픽 이후 20년 만에 세 번째로 열린 대회이며, 우리나라에서는 1988년 하계 올림픽에 이어 두 번째로 열린 올림픽이지요. 15개 종목 102개 세부 종목이 열려 사상 처음으로 금메달 수가 100개를 넘어선 대회예요. 93개국에서 총 2,925명의 선수가 참가했어요.

평창 동계 올림픽 개최를 1년 앞두고 축하 행사가 열렸어요. ⓒ코리아넷/전한

삼수 끝에 따낸 한국 최초의 동계 올림픽

23회 동계 올림픽은 우리나라에서는 처음으로 열리고, 아시아에서는 일본의 삿포로와 나가노에 이어 세 번째로 열린 동계 올림픽 대회예요. 2011년 7월 6일 남아프리카공화국 더반에서 열린 IOC 123차 총회에서 평창은 95표 중 63표를 획득하여, 25표를 얻은 독일의 뮌헨과 7표를 얻은 프랑스의 안시를 압도적으로 제치고 동계 올림픽 개최지로 선정되었어요. 이는 2010년과 2014년 동계 올림픽 대회 유치전에서 실패하고 세 번의 도전 끝에 따낸 성과이기에 의미가 더욱 각별해요. 두 차례 대회 유치전에서 평창은 1차 투표에서 최다 득표를 하였으나 결선 투표에서 2010년 대회는 캐나다 밴쿠버에 패하고, 2014년 대회는 러시아 소치에 패한 바 있어요.

세계 93개국에서 2,925명의 선수가 출전하였으며, 우리나라는 122명의 선수가 출전했어요. 이는 역대 동계 올림픽 사상 최대 규모예요. 경기 종목은 15개 종목으로 세부적으로는 102개에 달하여 동계 올림픽 사상 처음으로 금메달 수가 100개가 넘었지요. 새로 추가된 종목은 스노보드 빅에어 남녀, 스피드 스케이팅 매스스타트 남녀, 컬링 믹스 더블, 알파인 스키 국가별 팀 이벤트 등 6개예요.

경기는 올림픽 스타디움이 있는 평창과 강릉, 정선 등지에서 치러졌는데, 평창에서는 개폐회식은 물론 설상 경기의 대부분이 열렸고, 강릉에서는 빙상 종목 전 경기가, 그리고 정선에서는 알파인 스키 활강 경기가 열렸어요.

슬로건은 '하나된 열정'이에요. 모두가 하나된 열정으로 동계 스포츠에 대한 전 세계인의 공감을 연결한다는 의미로, 언제 어디서나 모든 세대가 참여할 수 있으며, 동계 스포츠의 지속적인 확산에 새로운 지평을 열어 간다는 뜻을 담고 있어요.

특히 이번 대회에서는 올림픽 사상 처음으로 남북한 단일 팀이 성사되어서 전 세계의 박수와 응원을 받았어요. 개막식에서는 한반도기를 앞세우고 남북한이 함께 입장하였고, 여자 아이스하키 남북한 단일 팀으로 경기를 치렀지요. 스포츠를 통한 평화와 화합이라는 올림픽의 주요 가치를 실현한 거예요.

🏅 경기 종목 및 금메달 수

15개 종목 102개 세부 종목 경기가 치러졌어요.

설상 경기 7종목

알파인 스키(11) – 활강(남, 여), 슈퍼 대회전(남, 여), 대회전(남, 여), 회전(남, 여), 복합(남, 여), 혼성 단체전
크로스컨트리 스키(12) – 개인(남, 여), 스키애슬론(남, 여), 스프린트(남, 여), 팀 스프린트(남, 여), 단체 출발(남, 여), 계주(남, 여)
프리스타일 스키(10) – 모글(남, 여), 에어리얼(남, 여), 스키 크로스(남, 여), 하프파이프(남, 여), 슬로프스타일(남, 여)
바이애슬론(11) – 개인(남, 여), 스프린트(남, 여), 추적(남, 여), 단체 출발(남, 여), 계주(남, 여), 혼성 계주
노르딕 복합(3) – 노멀힐 남자, 라지힐 남자, 라지힐 남자 팀
스키 점프(4) – 노멀힐 개인(남, 여), 라지힐 남자, 라지힐 남자 팀
스노보드(10) – 평행 대회전(남, 여), 하프파이프(남, 여), 스노보드 크로스(남, 여), 빅에어(남, 여), 슬로프스타일(남, 여)

빙상 경기 5종목

컬링(3) – 남자 경기, 여자 경기, 믹스 더블(남녀 각 1명씩)
피겨 스케이팅(5) – 싱글(남, 여), 페어(혼성), 아이스댄스(혼성), 팀 이벤트(혼성)
쇼트 트랙 스피드 스케이팅(8) – 500m(남, 여), 1000m(남, 여), 1500m(남, 여), 여자 3000m 계주, 남자 5000m 계주
아이스하키(2) – 남자 경기, 여자 경기
스피드 스케이팅(14) – 500m(남, 여), 1000m(남, 여), 1500m(남, 여), 3000m(여자), 5000m(남, 여), 10000m(남자), 팀 추월(남, 여), 매스스타트(남, 여)

슬라이딩 경기 3종목

봅슬레이(3) – 남자 2인승, 남자 4인승, 여자 2인승
루지(4) – 남자 싱글, 여자 싱글, 더블, 팀 계주
스켈레톤(2) – 남자 경기, 여자 경기

엠블럼과 마스코트

엠블럼

하늘과 땅이 맞닿은 곳, 평창의 눈(설상)과 얼음(빙상)에서 선수들과 지구촌 사람들이 함께 어울리는 열린 세상을 의미해요. 평창의 앞 자음인 'ㅍ'과 'ㅊ'으로 이루어졌어요. 'ㅍ'은 하늘과 땅, 사람들이 어울린 축제의 장을 뜻하며, 'ㅊ'은 눈과 얼음, 동계 스포츠 선수를 뜻해요. 색상은 올림픽 오륜기와 한국 전통의 오방색에서 따 왔어요.

마스코트

평창 동계 올림픽 마스코트는 본래 2014년 6월 공모전을 통해 선정할 계획이었으나 당선작이 없어 2년여에 걸친 개발 끝에 2016년 6월에야 선정, 공개되었어요.

수호랑은 지켜주는 호랑이라는 뜻으로 백호를 모티브로 해요. 올림픽에 참가하는 선수와 참가자, 관중을 보호한다는 의미가 담겨 있어요. 또 '랑'은 강원도를 대표하는 정선아리랑의 '랑'도 의미하지요. 수호랑은 1988년 서울 올림픽 마스코트

스키 점프 경기가 열릴 알펜시아 스키 점프 경기장이에요. ⓒ코리아넷/김순주

인 호돌이와의 연속성을 갖고 있는 마스코트예요.

백호는 흰색을 좋아하는 우리 민족 정서를 반영하며, 동계 올림픽이 펼쳐지는 하얀 설원에도 어울려요. 수호랑은 곧 도전 정신과 열정, 그리고 용맹함을 상징한답니다.

반다비는 패럴림픽의 마스코트로 반달가슴곰을 모티브로 해요. '반다'는 반달을 의미하고, '비'는 대회를 기념한다는 뜻이에요. 강한 의지와 용기, 평등과 화합에 앞장서는 것을 나타내고 있으며, 패럴림픽 참가 선수들이 자신의 한계를 뛰어넘을 수 있도록 응원하는 열정을 담았어요.

🏅 올림픽 이모저모

한국과 일본 분산 개최는 NO!

올림픽이 열릴 때마다 거론되는 것이 경기장 건설 등에 들어가는 막대한 예산이에요. 평창 동계 올림픽 역시 예산 절감 방안이 논의되었는데, 2014년 12월 8일 개최된 127차 IOC 총회에서 "2018년과 2020년 동·하계 올림픽을 치르는 한국과 일본이 일부 종목을 분산 개최할 수 있다."는 의견이 나왔어요. 그러나 우리 국민들은 반대했지요. 특히 세 번의 도전 끝에 유치한 대회이며, 지역 주민들이 그간 해 온 노력 때문에라도 분산 개최는 할 수 없다는 것이 반대하는 측의 의견이었어요.

사상 최초로 금메달 100개를 넘기다

평창 동계 올림픽은 역대 최대 세부 종목이 치러진 대회로 금메달 수가 102개나 되어 사상 처음으로 100개를 넘겼어요. 전 대회인 소치 동계 올림픽의 금메달은 98개였지요. 이번 대회에 처음으로 신설된 종목은 스노보드 빅에어 남녀, 스피드 스케이팅 매스스타트 남녀, 컬링 믹스 더블, 알파인 스키 국가별 팀 이벤트 등 6개예요.

알차게 진행된 드림 프로그램

평창 동계 올림픽의 자랑 중 하나는 전 세계 동계 스포츠 꿈나무들을 육성하는 프로그램인 드림 프로그램을 해 왔다는 것이에요. 이는 2010년 평창이 동계 올림픽을 유치할 때 IOC에 제시한 것으로 이미 2004년부터 진행하여 총 75개국 1,500여 명이 참가했어요. 잠재력 있는 동계 스포츠 꿈나무들에게 꿈을 주는 것이 목표인데, 스포츠를 통한 화합과 평화라는 올림픽 운동을 실현해 나가고 있다는 평가를 받았어요. 2011년부터는 뉴 드림 프로그램을 진행하였으며, 동계 스포츠 아카데미도 운영하였답니다.

러시아는 출전 금지!

IOC는 2017년 12월, 겨울 스포츠의 강국인 러시아가 평창 동계 올림픽에 출전할 수 없다는 결정을 내렸어요. 2011년부터 2015년까지 러시아에서 국가 주도로 도핑 조작을 저질렀기 때문이에요. 이로 인해 러시아 선수들은 평창 동계 올림픽에 개인 자격으로 출전했어요. 그러나 러시아 국기나 국가 등 러시아를 상징하는 것은 사용할 수 없기 때문에, '러시아 출신 올림픽 선수'라는 의미의 'OAR'을 나라 이름인 'RUSSIA' 대신 유니폼에 달아야 했어요.

올림픽 최초의 남북 단일 팀 성사

평창 동계 올림픽 개막을 한 달도 채 남기지 않은 2018년 1월 17일, 남한과 북한은 여자 아이스하키 남북 단일 팀 구성에 합의했어요. 그리고 3일 뒤인 20일에는 IOC 회의에서 확정이 되었지요. 지난 1991년 탁구와 축구 대회에 남북 단일 팀으로 출전한 이후 27년 만에 꾸려진 남북 단일 팀은 전 세계에 평화의 메시지를 던졌어요. 개막식에서는 남북 단일 팀의 박종아(남한), 정수현(북한) 선수가 최종 주자로 함께 성화를 들고 등장하여 가슴 벅찬 장면을 연출하였어요.

24회 베이징 동계 올림픽 (2022년)

❄ **개최지** : 중국 베이징
❄ **대회 기간** : 2022년 2월 4일 ~ 2월 20일
❄ **대회 규모** : 미정
❄ **경기 종목** : 15개 종목 102개 세부 종목
❄ **한국 선수단 규모** : 미정
❄ **한국 참가 종목** : 미정

  2022년 중국 베이징에서 열릴 동계 올림픽 대회로 베이징과 인근의 옌칭, 그리고 장자커우 등 세 도시에서 분산 개최되어요. 베이징은 2015년 말레이시아 쿠알라룸프르에서 열린 IOC 총회에서 카자흐스탄의 알마티를 근소한 차이로 누르고 2022년 동계 올림픽 개최지로 결정되었어요. 이로써 베이징은 올림픽 역사상 하계와 동계 올림픽을 모두 개최하는 도시가 되었지요. 경기 종목은 15개에 102개 세부 종목이며, 주경기장은 2008년 베이징 하계 올림픽 개폐회식이 열린 베이징 국가 체육장이에요.

새 둥지를 닮은 베이징 국가 체육장이에요. ⓒEastimages

🏅 최초의 동·하계 올림픽 개최도시 베이징

　2022년 2월 4일부터 2월 20일까지 중국 베이징에서 열릴 예정인 24회 동계 올림픽은 2015년 7월 31일 말레이시아 쿠알라룸푸르에서 열린 128차 IOC 총회에서 개최지가 결정되었어요. 입후보 도시는 베이징과 카자흐스탄의 알마티, 스웨덴 스톡홀름, 폴란드 크라쿠프, 우크라이나 리비우, 노르웨이 오슬로였어요. 이 중 스톡홀름과 크라쿠프, 오슬로는 재정 부족과 지지율 부족으로 입후보에서 물러났고, 리비우는 국내 정세가 불안하여 포기하였어요. 아시아의 두 도시에 대해 투표 결과 베이징이 44표를 얻어 40표의 알마티를 아슬아슬하게 제치고 개최지로 결정되었어요. 이로써 베이징은 사상 최초로 하계 올림픽과 동계 올림픽을 모두 개최한 도시가 되었어요. 베이징은 2008년에 하계 올림픽을 개최했었거든요.

　경기 종목은 15개에 102개 세부 종목이 열릴 예정이며, 개폐회식이 열릴 주 경기장은 베이징 국가 체육장이에요. 2008년 베이징 하계 올림픽을 앞두고 개장한 국립 경기장으로, 경기장의 모습이 새 둥지와 비슷하여 중국어로 새 둥지를 뜻하는 '냐오차오' 경기장이라고도 불려요.

　'얼음과 눈을 위한 순수한 열정'을 대회 모토로 정하였으며 경기는 크게 베이징과 장자커우, 옌칭 등 세 구역으로 나뉘어 진행되어요.

　베이징 존은 빙상 종목과 개폐회식이 열릴 예정이며, 옌칭 존은 알파인 스키 종목과 봅슬레이, 스켈레톤, 루지 등의 썰매 종목이, 그리고 장자커우 존에서는 알파인 스키를 제외한 스키 종목과 바이애슬론 경기가 열릴 예정이에요. 옌칭과 장자커우는 베이징 북서쪽 옌산 근처에 있는데, 바람의 세기뿐만 아니라 기온과 얼음, 눈 등이 좋아 2022년 베이징 동계 올림픽의 설상 경기 최적지로 여겨지고 있어요.

　12개 경기장 중 6곳은 이미 있기 때문에 경기장 건설비를 줄일 수 있으며, 유지 개발 비용 정도만 드는 상황이에요. 나머지 6곳은 건설 예정인데, 그중 세 곳은 이미 계획이 잡혀 있어요.

베이징과 옌칭, 장자커우 세 존은 고속철도와 고속도로로 빠르게 연결되는데, 특히 베이징과 장자커우는 200km나 떨어져 있지만 고속철도를 이용하면 50분밖에 걸리지 않을 것으로 예상되어요. 또 모든 경기장들이 도로와 편리한 대중 교통으로 연결되며, 선수촌도 5~15분 이내에 연결이 되어 선수들이 경기에 집중할 수 있을 것으로 전망된답니다.

🏅 올림픽 이모저모

동아시아에서 3연속 올림픽 개최

2022년 동계 올림픽 개최지로 베이징이 결정되며 2018년 평창 동계 올림픽, 2020년 도쿄 하계 올림픽에 이어 3연속으로 올림픽 대회를 동아시아에서 열게 되었어요. 이 때문에 차후 올림픽 개최를 꿈꾸던 동아시아 도시들이 줄줄이 계획을 수정하였지요. 2024년 하계 올림픽 개최에 도전하려던 타이페이, 2026년 동계 올림픽을 엿보던 나가노, 2028년 하계 올림픽을 노리던 부산 등이 올림픽 유치전에 적극적으로 뛰어들 수 없게 되었어요. 3연속도 대단한데 4연속으로 동아시아에서 올림픽을 개최하는 것은 거의 불가능하다는 판단 때문이에요.

표절 의혹 싸인 올림픽 주제가

베이징 동계 올림픽 주제가 중 첫 번째 노래 '얼음과 눈의 춤'이 애니메이션 〈겨울왕국〉에 나오는 '렛 잇 고'를 표절했다는 의혹이 제기되었어요. 중국의 방송사에서는 두 곡의 유사성 분석도 하였는데, 코드와 박자가 일치하고 특히 도입부의 박자가 너무 흡사하다는 것이 전문가의 진단이에요. 과연 베이징 동계 올림픽 주제가는 무사할까요?

 **2장**

동계 올림픽 경기 종목의 모든 것

겨울 스포츠 중에서 올림픽에 처음으로 등장한 경기 종목은 피겨 스케이팅이에요. 그런데 피겨 스케이팅이 처음 치러진 것은 동계 올림픽이 아니고 하계 올림픽이었어요. 아이스하키도 마찬가지였지요. 두 종목을 포함하여 1회 동계 올림픽에서는 모두 9개 종목의 경기가 치러졌어요. 지금은 모두 15개 종목에서 102개 세부 종목의 경기가 열리고 있답니다. 우리나라가 금메달을 따낸 스피드 스케이팅, 쇼트 트랙, 피겨 스케이팅처럼 익숙한 종목들부터 루지, 노르딕 복합, 스노보드 슬로프스타일처럼 생소한 종목들까지, 동계 올림픽에서 치러지는 경기 종목들의 역사와 경기 방법 그리고 세계적인 선수들까지 모두 알아보아요.

링크 위의 예술
피겨 스케이팅

❄ **동계 올림픽 채택 연도** : 1924년 1회 샤모니 동계 올림픽(프랑스)
❄ **동계 올림픽 금메달 개수** : 5개
❄ **동계 올림픽 경기 종목** : 남녀 개인, 혼성 페어, 혼성 아이스댄스, 팀 이벤트
❄ **대표적인 국제 경기** : 올림픽, 세계 선수권 대회, 피겨 스케이팅 그랑프리, 4대륙 선수권 대회
❄ **세계적인 선수** : 일리스 그라프스트룀(스웨덴), 소냐 헤니(노르웨이), 카타리나 비트(독일), 예브게니 플루셴코(러시아), 김연아(한국), 하뉴 유즈루(일본) 등

ⓒDiego Barbieri

빙판 위에서 음악에 맞춰 무용을 하듯 다양한 기술을 선보이며 하는 동계 스포츠 종목예요. 19세기 중엽에 스포츠로 자리 잡았으며, 점프와 회전, 스텝 등 다양한 기술이 음악과 안무와 결합되면서 동계 올림픽을 대표하는 종목이 되었어요. 1908년 런던 하계 올림픽에 정식 종목으로 지정되었다가 1924년 동계 올림픽이 창설되면서 정식 종목으로 지정되었어요. 오랫동안 유럽과 미국 등 서양 국가들이 강세를 보여 온 종목이지만 근래에 들어 우리나라의 김연아를 비롯하여 일본과 중국 등에서도 세계를 제패하는 스타가 많이 나오고 있어요.

🏅 피겨 스케이팅의 역사

지금으로부터 약 500년 전 스케이팅을 했다는 기록이 남아 있지만 피겨 스케이팅이 언제부터 시작되었는지는 정확히 알 수 없어요. 1742년 영국에서 처음으로 피겨 스케이팅 클럽이 설립되었는데, 당시의 경기는 오늘날과 같이 우아한 자세나 동작을 선보이는 것이 아니라 스케이트 날로 일정한 도형을 얼마나 정확히 그리느냐 하는 것이었지요. 피겨라는 이름도 바로 도형을 그리는 데에서 비롯되었어요.

1850년 에드워드 부시넬이 금속제 날을 장착한 스케이트를 개발하였으며, 1860년대에 발레 무용수 출신 잭슨 하인즈가 스케이팅에 안무를 넣으며 오늘날 피겨 스케이팅의 기본을 만들어 내 현대 프리 스타일 피겨 스케이팅의 아버지로 불리고 있지요. 1882년 스웨덴의 악셀 파울젠은 오스트리아 빈에서 열린 세계 스케이팅 모임에서 1회전 반의 점프를 성공시키며 다양한 기술을 도입하여 '악셀 점프'로 이름을 남겼어요.

1891년에 유럽 선수권 대회가 시작되었으며, 1892년 국제 스케이팅 연맹이 창립되었어요. 1회 세계 선수권 대회는 1896년 러시아 상트페테르부르크에서 열렸는데 초기에는 남자 선수만 참가하다 1902년 대회에 영국의 마지 시어스가 여자 선수로는 처음 참가했어요. 마지 시어스는 당당히 은메달을 차지했답니다. 이후 1906년부터는 여자 싱글 부문을 독립시켰어요. 스웨덴의 울리히 살코는 1901년부터 1911년까지 세계 선수권 대회를 10연패하였는데, '살코 점프'는 바로 울리히 살코의 이름을 따 지은 거예요.

1908년 런던 하계 올림픽 때 정식 종목으로 채택되어 남녀 싱글과 혼성 페어 세 경기가 열렸으며, 1924년 동계 올림픽이 시작되자 정식 종목으로 지정되었어요. 1976년 인스브루크 대회 때부터 혼성 아이스댄스가 추가되었으며, 2014년 소치 대회 때 팀 이벤트 경기가 추가되어 올림픽에는 모두 5개의 금메달이 걸려 있어요.

한국 피겨 스케이팅의 역사

1927년 도입되었지만 일부 부유층의 전유물로 여겨져 해방 전까지는 국내 대회조차 열리지 않았어요. 1955년 전국 빙상 선수권 대회에서 처음 경기가 시작되었으며, 올림픽에는 1968년 그르노블 대회에 처음 참가하였지요.

이후 오랫동안 국제 대회에서 성적을 올리지 못하다 2004년 국제 빙상 연맹 주니어 그랑프리 파이널에서 김연아가 준우승하며 혜성같이 나타나 한국의 피겨 스케이팅을 세계적인 수준으로 끌어올렸어요. 김연아는 2005년 같은 대회에서 우승하였고, 2006년 세계 주니어 선수권 대회도 석권하였답니다.

피겨 여자 선수 최초로 그랜드슬램을 달성한 김연아. ⓒOlga Besnard

이후 김연아는 2009년 세계 선수권 대회에서 총점 207.71을 기록, 여자 선수로는 사상 처음으로 200점을 넘긴 주인공이 되었어요. 2010년 밴쿠버 동계 올림픽에서는 쇼트 프로그램 78.50점, 프리 스케이팅 150.06점, 총점 228.56점으로 세계 기록을 갈아치우며 한국 최초로 피겨 스케이팅 금메달을 땄지요. 또한 2014년 소치 대회에서도 월등한 기량을 선보이며 은메달을 땄어요.

김연아는 올림픽과 세계 선수권 대회, 4대륙 선수권, 그랑프리 파이널 등 4개 대회를 제패하여 그랜드슬램을 달성한 최초의 여자 선수가 되었어요.

김연아의 등장으로 피겨 스케이팅에 대한 인기와 관심이 폭발적으로 증가하였고, 어린 선수들도 부쩍 늘어나며 피겨 스케이팅의 저변이 확대되어 앞으로 더욱 큰 발전이 기대되고 있어요.

🏅 올림픽 리그 구성

올림픽 전 세계 선수권 대회 성적을 토대로 국제 빙상 연맹에서 나라별로 출전권을 할당해 줘요. 몇 명의 선수가 몇 위 안에 들어갔느냐에 따라 출전권이 주어지는데, 한 나라에 각 세부 종목별로 최대 3장까지 받을 수 있어요. 남녀 싱글은 각 30명, 페어 경기는 20팀, 아이스댄스는 24팀, 팀 이벤트는 10팀이 출전해서 메달을 다퉈요. 나이 제한이 있어서, 평창 동계 올림픽의 경우 2017년 7월 1일 기준으로 만 15세를 넘긴 선수만 출전할 수 있어요. 쇼트 프로그램을 먼저 치른 다음, 성적의 역순으로 프리 스케이팅을 치러요.

🏅 올림픽 피겨 스케이팅 용구

피겨 스케이팅에서 사용하는 스케이트는 날의 두께가 일반 스케이트보다 두꺼우며, 앞 부분에는 점프할 때 편리하도록 톱니인 '토'가 있어요. 날에는 오목한 홈이 있지요. 스케이트 날은 '에지'라고 하는데, 사이에 오목한 홈이 있기 때문에 안쪽 날인 인 에지와 바깥쪽 날인 아웃 에지로 나뉘어요.

복장은 경기에 적합하고 기품이 있어야 해요. 남자의 경우 바지만 허용되는데 타이즈는 입으면 안 돼요. 아이스댄스의 경우 여자는 반드시 치마를 입어야 해요. 액세서리와 소도구는 착용할 수 없는데, 지나친 노출이나 적합하지 않은 의상은 감점 요인이에요.

🏅 경기 방법 및 규칙

음악에 맞춰 빙판 위를 돌며 다양한 동작과 기술을 선보이는 종목으로 남녀 싱글과 페어, 아이스댄스, 팀 이벤트 등으로 나뉘어 진행되어요.

싱글

쇼트 프로그램과 프리 스케이팅을 나누어 진행되어요. 쇼트 프로그램은 점프와 스핀, 스텝 등 정해진 8가지 기술(점프 3개, 스핀 3개, 스텝 2개)을 넣어 자신의 안무로 연기를 하는 것을 말해요. 프리 스케이팅은 규정에 얽매이지 않고 준비한 안무를 자유롭게 선보이는 것을 말하는데, 점프 7개, 스핀 3개, 스텝 1개, 스파이럴 1개 등 모두 12가지 과제를 수행해야 해요. 쇼트의 경우 2분 40초±10초, 프리의 경우 남자는 4분 30초±10초, 여자 4분±10초의 시간이 주어지며, 시간 미달이나 초과 시 5초마다 1.0점이 감점되어요.

페어

남녀 한 조를 이루어 쇼트 프로그램과 프리 스케이팅을 나누어 치러요. 하나의 요소를 같이 실행하기도 하며, 드로우 점프(남자가 여자를 점프할 수 있도록 던지는 것), 리프트(다양한 잡기와 자세로 남자가 여자를 머리 위로 올리는 동작), 페어 스핀(두 선수가 공통의 축을 중심으로 회전하는 동작), 데스 스파이럴(남자가 축이 되고 여자가 주위를 도는 것) 등 페어에서만 가능한 요소들도 실행해야 해요.

©Valeria Cantone

아이스댄스

남녀 한 조를 이루며, 쇼트 댄스와 프리 댄스로 나뉘어 치러요. 서로 가까이 잡고 음악에 맞춰 다양한 스텝과 기술을 선보여야 하는데, 서로 5초 이상 떨어지거나 리프트 시 남자가 여자를 들어올려 3초 이상 머리 위로 팔을 뻗으면 안 돼요.

팀 이벤트

10개국이 참가해 남녀 싱글, 페어, 아이스댄스 등 4개 세부 종목을 겨루어 합계로 순위를 결정해요. 각각의 세부 경기 방법은 해당 종목 경기와 같아요.

채점 방법

기술 점수와 프로그램 구성 점수를 합산하여 순위를 정해요. 기술 점수는 선수가 기술 요소들을 얼마나 잘 수행하였느냐에 따라 가감점을 주며, 프로그램 구성 점수는 전체적인 연기를 5가지 구성 항목(스케이팅 기술, 전환과 풋워크의 연결, 연기와 수행, 안무 구성, 음악 해석력)으로 나누어 점수를 매겨요.

남녀 싱글과 페어는 쇼트 프로그램과 프리 스케이팅 기술 수행 여부에 따라 가점 또는 감점을 하고, 두 종목 점수를 합산해 순위를 정해요.

아이스댄스는 제한 시간 2분의 쇼트 댄스, 제한 시간 4분의 프리 댄스를 시행하여 점수를 합산해 순위를 정해요. 두 바퀴 이상의 회전 점프는 허용하지 않으며, 서로 5초 이상 떨어져 있거나 남자 선수가 여자 선수를 어깨 높이 이상으로 들어올려 팔을 머리 위로 3초 이상 뻗고 있으면 감점이에요.

🏅 세계적인 피겨 스케이팅 스타

피겨의 전설 일리스 그라프스트룀 (스웨덴, 1893. 6. 7~1938. 4. 14)

동계 올림픽이 생기기 전부터 피겨 스케이팅계를 휩쓴 전설의 선수예요. 1920년 벨기에 앤트워프 올림픽 남자 싱글에서 금메달을 획득하였고, 1, 2회 동계 올림픽에서도 우승하여 올림픽 3연패의 신화를 이룩했어요. 1932년 대회에서는 은메달까지 획득했고, 세계 선수권 대회에서도 3회 우승을 차지했어요. 1976년 세계 피겨 스케이팅 연맹 명예의 전당에 이름을 올렸어요.

올림픽 3연패 소냐 헤니(노르웨이, 1912. 4. 8~1969. 10. 12)

최초이자 유일한 동계 올림픽 피겨 스케이팅 여자 싱글 3연패를 이룬 선수예요. 1928년, 1932년, 1936년 대회에서 우승했어요. 세계 선수권 대회 10연패의 금자탑을 세웠고, 올림픽 3연패를 끝으로 은퇴했어요.

은반의 요정 카타리나 비트(동독, 1965. 12. 3~)

1980년대 최고의 피겨 스케이팅 선수로 1984년 사라예보 동계 올림픽과 1988년 캘거리 동계 올림픽 여자 싱글 부문 2연패를 이룩했어요. 세계 선수권 대회에서는 4회 우승하고 유럽 선수권 대회에서는 6회 우승을 차지했지요.

피겨 황제 예브게니 플루센코(러시아, 1982. 11. 3~)

피겨 부문 최초로 올림픽 4회 연속 메달을 획득했어요. 2002년 솔트레이크시티 대회 은메달, 2006년 토리노 대회 금메달, 2010년 밴쿠버 대회 은메달을 차지하였고, 2014 소치 대회에서는 팀 이벤트에서 금메달을 차지했어요. 세계 선수권 대회에서는 3회 우승했고, 유럽 선수권 대회에서는 7회 우승했어요. '빙판 위의 셰익스피어', '은반의 지배자' 등으로 불려요.

피겨 여왕 김연아(한국, 1990. 9. 5~)

우리나라 첫 동계 올림픽 피겨 부문 금메달을 획득한 영웅이에요. 2010년 밴쿠버 동계 올림픽 여자 싱글 부문에서 압도적인 차이로 우승하여 세계의 찬사를 받았지요. 이후 2014년 소치 대회에서도 월등한 기량을 선보였으나 석연찮은 판정으로 은메달에 머물렀어요. 올림픽과 세계 선수권 대회, 4대륙 선수권, 그랑프리 파이널 등 4개 대회를 제패하여 여자 선수로는 최초로 그랜드슬램을 달성한 선수가 되었어요. 2016년 대한 체육회 스포츠 영웅 명예의 전당에 이름을 올렸어요.

떠오르는 일본의 신성 하뉴 유즈루(일본, 1994. 12. 7~)

주니어 시절부터 각종 국제 대회에서 좋은 성적을 거두며 일본 피겨 스케이팅의 영웅으로 떠올랐어요. 2014년 소치 동계 올림픽 남자 싱글에서 20세의 나이로 금메달을 차지했고, 2013~2014 시즌부터 피겨 그랑프리 파이널 4연패의 위업을 달성하고 있어요.

기록보다 순위가 중요한 빙상 경기
쇼트 트랙 스피드 스케이팅

- **동계 올림픽 채택 연도** : 1992년 16회 알베르빌 동계 올림픽(프랑스)
- **동계 올림픽 금메달 개수** : 8개
- **동계 올림픽 경기 종목** : 남자 500m, 1000m, 1500m, 5000m 계주 / 여자 500m, 1,000m, 1500m, 3000m 계주
- **대표적인 국제 경기** : 올림픽, 세계 선수권 대회, 쇼트 트랙 월드컵 등
- **세계적인 선수** : 김기훈(한국), 마르크 가뇽(캐나다), 전이경(한국), 왕멍(중국), 안톤 오노(미국), 안현수(한국→러시아) 등

스피드 스케이팅에서 파생된 종목이에요. 트랙의 길이가 111.12m로 스피드 스케이팅의 400m에 비하여 짧기 때문에 쇼트 트랙 스피드 스케이팅, 줄여서 쇼트 트랙이라고 불러요. 스피드와 기록보다는 순발력과 순위가 더욱 중요하기 때문에 체구가 작은 우리나라 선수에게는 매우 적합한 빙상 경기예요. 1992년 알베르빌 동계 올림픽부터 정식 종목이 되었고, 우리나라는 매번 금메달을 획득하며 많은 스타를 배출하고 있어요.

🏅 쇼트 트랙의 역사

 북아메리카에서 유래하며 영국과 오스트리아 등지에서는 오래 전부터 성행하였어요. 400m 트랙에서 경주하는 스피드 스케이팅에 비하여 111.12m의 짧은 트랙에서 경기를 하므로 쇼트 트랙 스피드 스케이팅이라고 하며, 간단히 쇼트 트랙이라고 불러요. 1988년 캘거리 동계 올림픽에서 시범 종목으로 열린 후 1992년 알베르빌 동계 올림픽에서부터 정식 종목으로 채택되었어요. 동계 아시안 게임에는 1986년 삿포로 대회부터 정식 종목으로 열리고 있어요.

 1992년 동계 올림픽에서는 남자 1000m와 5000m 계주, 여자 500m와 3000m 계주 등 네 종목이 열렸으며, 2002년 솔트레이크시티 동계 올림픽에서 남녀 1500m가 추가되었어요. 현재는 남녀 500m, 1000m, 1500m와 남자 5000m 계주, 여자 3000m 계주 등 모두 8개 세부 종목이 열리고 있어요.

 스피드 스케이팅에 비하여 체구가 작은 동양권 선수들에게 적합한 종목이어서 올림픽 정식 종목으로 채택된 초기부터 우리나라가 강세를 보여 왔어요. 캐나다와 미국도 세계 정상권에 올라섰지요. 이후 우리나라가 10여 년 동안 독보적인 세계 최강을 유지하다가 최근에는 중국, 러시아가 세계 정상권에 올라서 3강 체제를 이루고 있어요.

🏅 한국 쇼트 트랙의 역사

 1983년에 처음으로 세계 선수권 대회에 참가하였고, 시범 종목으로 치른 1988년 15회 캘거리 동계 올림픽에서 김기훈과 이준호가 금메달을 획득하며 세계적인 수준에 올랐어요. 1992년 알베르빌 동계 올림픽 때 김기훈이 한국 동계 올림픽 사상 처음으로 금메달을 획득하였으며, 남자 5000m 계주에서도 금메달을 추가하였지요.

이후 매번 동계 올림픽에서 좋은 성적을 거두었어요. 1994년 릴레함메르 대회 때에는 채지훈과 김기훈, 전이경이 금메달을 따냈고, 여자 3000m 계주도 석권하는 등 금메달 4개, 은메달 1개, 동메달 1개를 획득하며 세계적인 쇼트 트랙 강국으로 우뚝 섰어요. 이후 1998년 나가노 대회 때에는 금메달 3개, 은메달 1개, 동메달 2개를, 2002년 솔트레이크시티 대회 때에는 금메달 2개, 은메달 2개를 따냈어요.

　2006년 토리노 대회 때에는 남자부 안현수와 여자부 진선유가 각각 3관왕에 오르는 등 8개 세부 종목 중 6개 종목을 휩쓸었으며, 은메달 3개, 동메달 2개를 추가하여 쇼트 트랙 최강국임을 전 세계에 널리 알렸어요. 2010년 밴쿠버 대회에서는 이정수가 2관왕에 올랐고, 2014년 소치 대회 때에는 여자부 박승희가 2관왕에 오르는 등 매 올림픽마다 좋은 성적을 거두고 있답니다.

올림픽 리그 구성

　대회 전에 열린 국제 대회 성적을 바탕으로 500m와 1000m는 32명까지, 1500m는 36명까지 올림픽에 출전할 수 있어요. 나라별로 한 종목당 최대 3명, 그리고 릴레이 경기에는 한 팀만 출전할 수 있어요. 계주는 개최국을 포함한 8개국이 올림픽 본선에 진출해요. 나이 제한이 있어서, 평창 동계 올림픽의 경우 2002년 7월 1일 이전에 태어난 선수만 출전할 수 있어요. 각 종목에서 예선과 준준결승, 준결승, 결승전을 치러 우승자를 가려요.

올림픽 쇼트 트랙 용구

　쇼트 트랙은 코너링이 많기 때문에 무게 중심을 잡기 위해 스케이트 날이 신발의 왼쪽에 치우치게 부착되어 있어요. 그리고 코너 방향을 따라서 왼쪽으로 휘어 있지요. 날의 두께는 1.2~2mm예요. 날이 약간 짧으며, 뒷날의 끝은 뒤따르는 선수의 안전을 위하여 지름 5mm 이상으로 둥글게 깎여 있어요.

복장은 선수의 몸과 같은 형태로 편하게 잘 맞는 옷과 헬멧, 장갑, 목 보호대 및 무릎 보호대, 정강이 보호대를 착용해요. 고글을 착용할 수도 있어요. 장갑은 코너를 돌 때 접지력을 높이기 위하여 손가락 끝 부분에 에폭시 수지 패드를 대요.

경기 방법 및 규칙

보통 단거리인 500m, 1000m에서는 4명이, 1500m 이상의 장거리에서는 6~8명이 동시 출발해요. 각 경기에서 상위 2~3명의 선수가 다음 경기에 진출하므로 기록보다 순위가 중요해요. 링크가 짧아 일부 몸싸움은 허용되지만 밀치거나 진로를 방해하면 실격될 수 있어요. 트랙 이탈, 속력 늦추기, 충돌, 킥킹 아웃 등도 금지예요. 킥킹 아웃이란 결승선을 통과할 때 스케이트 날을 들거나 몸을 날리는 걸 말해요. 규정 위반으로 실격 처리된 선수는 다음 라운드에 진출할 수 없어요.

선수들끼리 부딪혀 넘어지는 일도 많아요. ©Diego Barbieri

🏅 세계적인 쇼트 트랙 스타

알베르빌의 영웅 김기훈(한국, 1967. 7. 14~)

1992년 알베르빌 동계 올림픽에서 2관왕에 올라 한국의 동계 올림픽 출전 사상 처음으로 금메달을 획득하는 기록을 세웠어요. 특히 5000m 계주 결승에서 마지막 주자로 나서 결승선에서 발을 쭉 내밀어 앞서고 있던 캐나다 선수를 제치고 우승하는 놀라운 순발력을 보여 주었어요. 1994년 릴레함메르 대회 때에는 1000m에서 우승하여 올림픽 2연패를 이루었답니다.

캐나다 쇼트 트랙 영웅 마르크 가뇽(캐나다, 1975. 5. 24~)

1993년 세계 선수권 대회에서 종합 우승한 후 1994년 알베르빌 대회 때 동메달 1개, 1998년 나가노 대회 때 금메달 1개, 20002년 솔트레이크시티 대회 때 금메달 2개, 동메달 1개를 각각 획득하였어요. 세계 선수권 대회에서는 4회 종합 우승을 차지하였어요.

최다 메달리스트 안톤 오노(미국, 1982. 5. 22~)

1999년 세계 주니어 선수권 대회에서 종합 1위에 오르며 등장하여 2002년 솔트레이크시티 대회 때 금메달과 은메달 각 1개씩 따내 세계적인 선수에 올랐어요. 이후 2010년 밴쿠버 대회 때까지 출전하여 금메달 2개, 은메달 2개, 동메달 4개를 획득하며 쇼트 트랙 사상 최다 메달리스트가 되었지요. 2002년 솔트레이크시티 대회 때 1500m 경기에서 한국의 김동성에게 추월을 당하자 두 손을 들었는데, 심판이 이를 김동성의 반칙으로 인정하고 오노가 금메달을 차지하여 논란이 되기도 했어요.

중국 여자 쇼트 트랙의 간판 왕멍(중국, 1985. 4. 10~)

2006년 토리노 대회 때 500m를 우승하고 2010년 밴쿠버 대회 때에는 500m를 2연패하는 등 3관왕에 올랐어요. 이 밖에도 은메달 1, 동메달 1개를 따냈지요. 2013년 세계 선수권 대회에서 500m와 1000m를 석권하며 개인 종합 1위에 올랐어요.

러시아의 별이 된 한국인 빅토르 안(안현수, 한국→러시아, 1985. 11. 23~)

2006년 토리노 대회 때 한국 국가 대표로 참가하여 3관왕에 올랐으며, 2011년에 러시아로 귀화하여 2014년 소치 대회에서는 러시아 국가 대표로 참가해 또 다시 3관왕에 올랐어요. 그간 올림픽에서만 금메달 6개와 동메달 2개를 획득하여 미국의 안톤 오노와 함께 쇼트 트랙 부문 최다 금메달리스트가 되었어요.

역사가 가장 오랜 동계 스포츠
스피드 스케이팅

- **동계 올림픽 채택 연도** : 1924년 1회 샤모니 동계 올림픽(프랑스)
- **동계 올림픽 금메달 개수** : 14개
- **동계 올림픽 경기 종목** : 남자 500m, 1000m, 1500m, 5000m, 10000m, 팀 추월, 매스스타트 / 여자 500m, 1000m, 1500m, 3000m, 5000m, 팀 추월, 매스스타트
- **대표적인 국제 경기** : 올림픽, 세계 선수권 대회, 월드컵 이벤트
- **세계적인 선수** : 클라스 툰베리(핀란드), 이바르 발랑그루드(노르웨이), 예브게니 그리신(소련), 리디야 스코블리코바(소련), 보니 블레어(미국), 에릭 하이든(미국), 이상화(한국)

빙판 위를 스케이트를 타고 빠르게 달리는 경주예요. 400m 트랙을 돌기 때문에 롱 트랙이라고 하며, 이에 비해 짧은 트랙을 도는 종목은 쇼트 트랙이라 해요. 동계 스포츠 종목 중 가장 오랜 역사를 가진 경기로, 유럽에서는 이미 17세기부터 경기가 열렸어요. 올림픽에는 1924년 1회 샤모니 동계 올림픽부터 정식 종목으로 채택되어 남녀 각 7개씩 모두 14개의 금메달을 놓고 경기를 치르요. 오랫동안 네덜란드와 노르웨이, 미국 등 서양 국가들이 메달을 독점해 왔으나 2010년 밴쿠버 대회 이후로 우리나라도 여러 개의 메달을 획득, 강국으로 올라섰어요.

🏅 스피드 스케이팅의 역사

스케이트의 기원을 따져 들어가면 돌이나 뼈를 이용해 만든 이동 수단을 사용한 원시 시대까지 거슬러 올라갈 수 있지만 강철로 된 스케이트가 만들어진 것은 12~13세기로 알려져 있어요. 이를 경주에 이용한 것은 17세기 들어와서인데, 1676년에 네덜란드에서 이미 경기가 열렸다고 해요. 이후 스케이팅은 유럽 전역으로 확대되어 1742년 영국에 세계 최초로 스케이트 클럽이 생겼어요.

스케이팅이 유럽에서 큰 인기를 얻은 뒤 미국과 캐나다로도 전파되었고, 1850년에는 캐나다 토론토에 인공 스케이트장이 건설되어 선수권 대회도 개최되었어요. 그러나 첫 근대적인 스케이팅 대회는 1863년 노르웨이에서 개최되었고, 1885년 독일 함부르크에서 첫 번째 국제 대회가 열렸지요. 세계 선수권 대회는 1889년 암스테르담에서 처음으로 개최되었으며, 1892년 네덜란드의 주도로 국제 스케이팅 연맹이 조직되어 국제적인 스포츠로 자리를 잡게 되었어요.

올림픽에는 1924년 1회 동계 올림픽부터 스피드 스케이팅이라는 종목으로 정식 종목이 되었어요. 초기 올림픽에서는 남자부 경기만 열렸지만 1960년 스쿼밸리 대회 때부터 여자부 경기도 열리기 시작했어요. 2018년 평창 동계 올림픽 대회부터 남녀 매스스타트 종목이 추가되어 올림픽에 남녀 각 7종목씩 총 14개의 금메달이 걸려 있어요.

🏅 한국 스피드 스케이팅의 역사

구한말인 1905년 선교사인 길레트가 처음 들여왔고 1920년 2월 서울의 한강에서 전 조선 스케이팅 경기 대회가 열렸어요. 하지만 본격적으로 보급되기 시작한 것은 1924년부터이며, 1930년 조선 빙상 경기 협회가 조직되어 각종 대회를 주관하였어요. 해방 뒤인 1947년 조선 빙상 경기 연맹을 조직하였고, 국제 빙상 연맹에 가입하였지요. 현재는 대한 빙상 경기 연맹으로 이름을 바꾸었어요.

올림픽에는 1948년 생모리츠 대회부터 참가하였으나 오랫동안 좋은 성적은 거두지 못하였어요. 1972년 동계 유니버시아드 대회에서 김성옥과 최중희가 금, 은메달을 따내며 처음으로 국제 대회 메달을 획득하였으며, 1976년 이영하가 세계 주니어 빙상 선수권 대회를 제패하며 발전의 기틀을 마련하였어요. 1987년 배기태가 세계 남자 스피드 스케이팅 선수권 대회에서 우승하여 한국 빙상의 저력을 전 세계에 널리 알렸어요. 배기태는 1990년 세계 선수권 대회에서도 금메달을 따냈고, 세계 남녀 스프린트 스케이팅 선수권 대회에서 종합 우승을 차지하였지요.

1992년 알베르빌 동계 올림픽에서 김윤만이 남자 1000m 종목에서 은메달을 차지하여 올림픽 첫 메달을 얻었으며, 2006년 토리노 대회에서는 이강석이 남자 500m에서 동메달을 차지했어요. 이규혁은 남자 스프린트 세계 선수권 대회에서 2007~2008년, 2010년과 2011년까지 모두 4회 종합 우승을 차지하여 우리나라가 빙상 강국임을 세계에 널리 알렸어요.

2010년 밴쿠버 대회에서는 모태범과 이상화가 남녀 500m에서 동반 우승하였고, 이승훈이 아시아 최초로 남자 10000m에서 우승하여 세계를 놀라게 했어요. 모태범과 이승훈은 각각 1000m와 5000m에서 은메달을 차지하여 두 개씩의 메달을 획득하였지요. 이상화는 2014년 소치 대회에서도 여자 500m를 제패하여 올림픽 2연패를 이루어 냈으며, 이승훈을 중심으로 하는 한국 남자 팀은 팀 추월 경기에서 은메달을 따냈어요.

올림픽 리그 구성

대회 전 국제 빙상 연맹(ISU) 세계 선수권 대회와 월드컵 대회 성적을 토대로 하며 국제 대회 기준 기록도 넘어야 해요. 500m와 1000m, 1500m 등 단·중거리 종목에는 종목별로 남자 36명, 여자 32명이 올림픽 본선에 출전하고, 여자

3000m와 남자 5000m는 24명, 여자 5000m와 남자 10000m는 12명이 출전해요. 나이 제한이 있어서, 평창 동계 올림픽의 경우 2002년 7월 1일 이전에 태어난 선수만 출전할 수 있어요.

500m 경기는 두 번 경주하여 좋은 기록으로 순위를 가르며, 나머지는 한 번 경기를 치러 기록 순으로 순위를 정하지요.

팀 추월 경기에는 8개국이 본선에 올라 토너먼트로 경기를 치러 준결승과 결승전을 치러요. 매스스타트는 24명이 출전하는데, 여러 명의 선수가 16바퀴를 돌며 4, 8, 12바퀴를 돌 때 1, 2, 3위에게 각각 5, 3, 1점을 주며, 마지막 바퀴는 60, 40, 20점을 부여하여 최종 점수가 많은 선수 순으로 순위를 정해요.

🏅 올림픽 스피드 스케이팅 용구

강한 스퍼트와 빠른 스피드를 위하여 뒷날의 굽이 부츠에서 분리되는 클랩 스케이트가 사용되는데, 그래서 선수들이 달릴 때 '탁탁'하는 소리가 나요. 날의 두께는 1~1.4mm로 얇아요.

복장은 선수의 몸과 같은 형태로 편하게 잘 맞아야 해요. 빠른 스피드를 위해 공기의 저항을 최소화하는 신소재 경기복이 많이 개발되어 있어요. 정강이 보호대와 무릎 보호 패딩을 장착할 수 있으며, 헬멧과 목 보호대, 장갑을 쓸 수 있어요.

🏅 경기 방법 및 규칙

일반적으로 두 명이 한 조를 이루어 경기를 치러요. 인코스와 아웃코스는 추첨으로 나누며, 정해진 교차 구역에서 코스를 바꾸어 가며 경주를 계속해요. 만일 교차 지점에서 서로 충돌할 위험이 있을 때에는 아웃코스 주자에게 우선권이 있어요. 따라서 충돌하면 인코스 주자가 실격되는 거예요.

참가 선수가 많을 경우에는 예선전으로서 한 번에 여러 선수들을 경주하게 하기도 해요. 이때 트랙은 인코스와 아웃코스가 구분되지 않는 싱글 트랙으로 경기를 치러요.

팀 추월은 남자가 8바퀴, 여자가 6바퀴를 경주해요. 팀당 3명이 출전하는데, 두 팀이 서로 반대편에서 출발하여 마지막 세 번째 주자가 결승선을 통과한 시간으로 순위를 가려요.

매스스타트는 2018년 평창 대회에서 처음 채택된 종목이에요. 개인 종목에서 활용되는 분리된 레인이 없어지고 선수들이 경기를 준비하는 웜업 레인까지 포함한 경기장 전체를 트랙으로 활용해요. 16바퀴(6400m)를 도는데, 4, 8, 12바퀴를 돌 때 1~3위에게 각각 5, 3, 1점을 주며, 마지막 바퀴는 60, 40, 20점을 부여하여 최종 점수가 많은 선수 순으로 순위를 정해요. 여러 명이 함께 출발해 겨루는 종목으로 쇼트 트랙에서 전향한 선수들이 많이 참여할 것으로 전망되고 있어요.

🏅 세계적인 스피드 스케이팅 스타

스케이팅의 전설 클라스 툰베리(핀란드, 1894. 4. 5~1973. 4. 28)

1회 동계 올림픽에서 남자 1500m와 5000m, 종합에서 금메달 3개를 획득하여 동계 올림픽 최초의 3관왕에 올랐어요. 이외에도 은메달 1, 동메달 1개를 따냈으며, 1928년 생모리츠 대회에서도 남자 500m와 1500m에서 우승하여 올림픽에서만 금메달 5개, 은메달 1개, 동메달 1개를 획득하였어요.

이바르 발랑그루드(노르웨이, 1904. 3. 7~1969. 6. 1)

1928년 대회에서 금메달 1개, 동메달 1개를 획득하였으며, 1932년 대회에서는 은메달 1개에 그쳤으나 1936년 대회에서는 500m, 5000m, 1만m를 석권하여 3관왕에 오르고 1500m에서는 은메달을 추가하였어요. 올림픽에서만 금메달 4개, 은메달 2개, 동메달 1개를 획득한 선수예요.

더블더블 기록한 예브게니 그리신(소련, 1931. 3. 23~2005. 7. 9)

옛 소련의 스포츠 영웅으로 1956년과 1960년 동계 올림픽에서 500m와 1500m를 석권하여 더블더블을 기록하였고, 1964년 인스브루크 대회에서는 은메달 1개를 땄어요. 1956년 헬싱키에서 벌어진 유럽 선수권 대회에서 종합 우승하였으며, 1954년과 1956년 열린 세계 선수권 대회에서는 각각 종합 3위를 기록하였어요.

불멸의 4관왕 위업 이룬 리디야 스코블리코바(소련, 1939. 3. 8~)

1964년 인스브루크 대회에서 여자부 전 종목을 석권하며 여자 선수 최초로 4관왕의 위업을 달성했어요. 1960년 스쿼밸리 대회에서도 1500m와 3000m를 석권하여 올림픽에서만 금메달 6개를 획득하였지요. 올림픽 한 대회 4관왕의 기록은 1980

년 레이크플래시드 대회에서 미국의 에릭 하이든이 깼지만 아직 여자 부문에서는 깨지지 않고 있어요.

더블더블과 3연패 위업 보니 블레어(미국, 1964. 3. 18~)

1988년 캘거리 대회에서 여자 500m 금메달과 1000m 동메달을 땄고, 1992년 알베르빌 대회와 1994년 릴레함메르 대회에서는 500m와 1000m를 각각 석권하며 더블더블을 기록했어요. 특히 500m는 3연패의 위업을 달성했지요. 3번의 올림픽에서 금메달 5개, 동메달 1개를 획득했고 세계 선수권 대회에서는 3회 우승했어요. 2004년 미국 올림픽 명예의 전당에 이름을 올렸어요.

전무후무한 전관왕 위업 에릭 하이든(미국, 1968. 6. 14~)

동계 올림픽 사상 최초로 남자 스피드 스케이팅 전관왕의 위업을 달성했어요. 1980년 미국 레이크플래시드에서 열린 동계 올림픽에서 세계 신기록 1개와 4개의 올림픽 신기록을 작성하며 5종목을 석권, 대회 최고의 스타에 등극했지요. 우리나라의 이영하와 여러 대회에서 경쟁을 펼치기도 했어요.

스피드 스케이팅 장거리 최강 클라우디아 페흐슈타인(독일, 1972. 2. 22~)

1994년 여자 스피드 스케이팅 3000m와 5000m에서 우승하여 장거리 최강자에 올랐으며, 1992년 동 1개, 1994년 금 1개, 동 1개, 1998년 금 1개, 은 1개 등 4번 대회에 출전하여 금 4개, 은 1개, 동 2개를 차지했어요. 2006년 토리노 대회에도 출전, 금메달 1개, 은메달 1개를 추가하여 올림픽 메달은 9개로 늘어났어요.

박진감 넘치는 빙판 위의 하키
아이스하키

- ❄ **동계 올림픽 채택 연도** : 1924년 1회 샤모니 동계 올림픽(프랑스)
- ❄ **동계 올림픽 금메달 개수** : 2개
- ❄ **동계 올림픽 경기 종목** : 남자부, 여자부
- ❄ **대표적인 국제 경기** : 올림픽, 세계 선수권 대회, NHL(북미 아이스하키 리그), 아시아리그 아이스하키
- ❄ **세계적인 선수** : 블라디슬라프 트레티악(소련), 웨인 그레츠키(캐나다), 마리오 르뮤(캐나다), 헤일리 위큰하이저(캐나다)

빙판 위에서 스케이트를 신고 스틱으로 퍽을 쳐서 상대의 골대에 넣는 경기로, 스피드와 치열한 몸싸움으로 인해 박진감이 넘쳐요. 아이스하키의 유래는 아일랜드의 헐링과 스코틀랜드의 밴디이며, 이 두 가지 스포츠가 캐나다로 건너가 19세기 후반 아이스하키로 발전한 거예요. 캐나다와 미국에서 먼저 인기 스포츠로 자리 잡고 이후 유럽으로 확대되어 1924년 1회 동계 올림픽부터 정식 종목이 되었으며, 1998년 나가노 대회부터 여자부 경기도 열리고 있어요. 캐나다와 러시아(옛 소련), 그리고 미국이 오랫동안 3강을 유지하며 메달을 나누어 가지고 있어요.

©David

🏅 아이스하키의 역사

아일랜드의 '헐링'과 스코틀랜드의 '밴디'가 캐나다로 전해져 발전한 것이 아이스하키예요. 헐링은 막대기와 공을 이용한 스포츠인데 야구의 기원이 되기도 하며, 밴디는 오늘날의 아이스하키와 비슷하지만 퍽 대신 공을 사용하는 스포츠예요. 밴디는 1952년 오슬로 동계 올림픽에서 시범 종목으로 선보이기도 했어요.

1875년 몬트리올 맥길 대학교 학생들이 처음으로 경기를 치렀으며, 4년 뒤인 1879년 R. 스미스와 W. 로버트슨이 규칙을 만들어 정식 스포츠의 모습을 갖추었어요. 20세기 초에 캐나다 동부 지역에 아이스하키 링크가 건설되며 인기를 끌었고, 이후 유럽에 소개되며 저변을 넓혀 나갔지요. 1908년 5월 파리에서 국제 아이스하키 연맹(IIHF)이 결성되어 국제적인 스포츠로 발전하기 시작했어요.

1910년에 유럽 아이스하키 선수권 대회가 열렸으며, 1920년에는 세계 선수권 대회가 창설되었어요. 1920년 벨기에 앤트워프 하계 올림픽에 정식 종목으로 채택되었으며, 이후 동계 올림픽이 분리되어 1924년 프랑스 샤모니에서 열린 1회 동계 올림픽부터 정식 종목으로 채택되었지요. 1998년 나가노 대회부터 여자부 경기도 열리기 시작하였고, 2010년 밴쿠버 동계 올림픽에서는 북미 아이스하키 리그(NHL)에서 적용하는 아이스링크 규격이 처음으로 채택되며 NHL 선수들도 참가할 수 있게 되었어요.

한편, 프로 아이스하키는 1917년 미국과 캐나다가 북미 아이스하키 리그(NHL)을 결성하며 시작되었어요. 흔히 스탠리컵 대회로 불리는 NHL은 미국 프로 풋볼(NFL)과 프로 농구(NBA), 프로 야구(MLB) 등과 함께 인기 프로 스포츠로 자리 잡았답니다.

🏅 한국 아이스하키의 역사

우리나라에 아이스하키가 처음 소개된 것은 1928년 1월로, 일본 도쿄제국대학 팀이 서울에서 시범 경기를 치른 것이 최초예요. 이후 철도국과 경성제국대학이 아이스하키 팀을 만들어 국내 경기도 갖게 되었지요. 아이스하키는 이처럼 도입 100년을 앞두고 있으니 역사가 짧은 편은 아니지만 오랫동안 비인기 종목으로 국제 대회에서 좋은 성적을 올리지 못했어요.

해방 후인 1947년 조선 아이스하키 협회가 출범하였고, 1964년에 동대문 실내 링크가 건설되어 경기력 향상을 꾀할 수 있게 되었어요. 태릉 선수촌에 실내 링크가 마련된 것은 1984년이며, 1989년에는 국제 규격 링크 2면을 갖춘 목동 실내 링크가 건설되어 비로소 국제 경기를 치를 수 있게 되었지요.

우리나라 아이스하키 팀은 1986년과 1990년 동계 아시안 게임에서 각각 동메달을 획득하였고, 1990년에는 7회 아시아오세아니아 주니어 아이스하키 선수권 대회를 개최했어요. 1995년에는 3회 아시아컵 대회를, 1997년에는 동계 유니버시아드 대회를, 그리고 1999년에는 3회 동계 아시안 게임을 유치하여 아이스하키 국제 대회를 연속으로 치렀지요.

1990년대 초까지는 연세대와 고려대, 경희대 등 대학 팀이 아이스하키를 주도해 왔지만 이후 실업 팀이 하나둘 창단되고 1995년에는 한국 아이스하키 리그가 시작되어 발전의 기틀을 마련하였어요. 이후 꾸준히 성장해 평창 동계 올림픽을 앞둔 2017년 2월에는 세계 선수권 대회 월드 챔피언십에 진출하는 괄목할 만한 성장을 이루어 냈지요. 2부 리그인 디비전 1그룹 최종전에서 우크라이나를 2대1로 제압하고 1부 리그로 승격된 거예요. 여기에는 브락 라던스키와 브라이언 영 등 귀화 선수들의 활약이 컸어요.

🏅 올림픽 리그 구성

남자부는 대회 전 세계 랭킹 8위까지 출전권이 주어지고, 주최국 1팀, 예선전을 통해 3팀이 본선에 올라 모두 12개 팀이 금메달을 다투어요. 이렇게 결정된 12개 팀은 4팀씩 3개조로 나눠 리그전을 치르고, 점수에 따라 상위 4개 팀이 준준결승에 올라요. 그리고 남은 8개 팀은 재경기를 치러 4팀이 준준결승에 합류해요. 준준결승에 올라온 8개 팀이 토너먼트 방식으로 경기를 치러 메달 색깔을 정하는 거예요.

여자부는 세계 랭킹 5위까지 자동 진출하며, 나머지 국가들은 예선을 거쳐 2개 팀이 본선에 오르고, 주최국 1팀은 자동 출전하여 모두 8개 팀이 본선에 진출해요. 8개 팀을 2개 조로 편성하여 리그전을 가진 후 상위 2팀씩 총 4팀이 준결승에 진출해요. 이후 준결승 승자끼리 금메달을 다투고, 패자끼리 동메달을 놓고 경기를 치르게 되어요.

작은 퍽을 차지하기 위해 격렬한 경기를 펼쳐요. ©Mitrofanov Alexander

🏅 올림픽 아이스하키 용구

　아이스하키용 스케이트는 빠른 스피드로 움직이며 방향을 바꾸기에 좋은 날을 가지고 있어요. 두께는 4~5mm 정도예요. 스틱은 자루의 길이 163cm 이하, 퍽을 치는 부분인 블레이드는 길이 32cm, 높이 7.5cm예요. 단, 골키퍼가 사용하는 스틱의 블레이드는 길이 39cm, 높이 9cm로 더 길고 넓어요. 퍽은 두께 2.54cm, 지름 7.62cm, 무게 156~170g으로, 경화 고무로 만들어진 납작한 원판 모양이에요.

　헬멧과 장갑은 물론이고 어깨를 보호하는 숄더 패드와 팔꿈치 보호를 위한 엘보 패드, 정강이를 보호하는 신 가드를 착용해요. 빠르게 날아오는 퍽을 막아야 하는 골키퍼는 바디 패드와 레그 패드, 캐치 글러브와 방어 글러브, 안면 마스크 등 별도의 장비를 갖추는데, 무게가 무려 15~20kg에 달한답니다.

🏅 경기 방법 및 규칙

　아이스하키는 여자부 경기도 열리지만 남성적인 스포츠라고 할 수 있어요. 빙판 위에서 스케이트를 타고 긴 스틱을 휘젓는데, 상대 공격수를 몸으로 막는 보디 체크가 허용되기 때문에 서로 몸을 밀치는 등 거친 경기가 펼쳐지기 때문이에요.

　각 팀은 골키퍼 2명을 포함하여 22명으로 구성되는데, 경기에는 골키퍼 1명을 포함해서 6명이 출전해요. 각자의 임무가 주어지기는 하지만 경기 속도가 빠르고 치열하므로 보통 임무 구분 없이 올라운드 플레이를 펼치곤 하지요.

　경기는 심판이 링크 중앙에서 퍽을 떨어뜨리며 시작되는데, 양 팀에서 한 명씩 나와 이를 차지하려고 다퉈요. 경기 시간은 20분씩 3회로 총 1시간이고, 각 회는 피어리드라고 불러요. 피어리드 사이에는 15분간의 휴식 시간이 주어져요. 스케이트를 타고 격렬한 몸싸움까지 해야 하므로 체력 소모가 대단해서 선수 교체를 자주해요. 작전 타임은 피어리드당 1회이며, 30초가 주어져요.

3피어리드 후에도 승부가 나지 않으면 10분의 연장전을 벌이는데, 이때는 먼저 골을 넣은 팀이 승리해요. 이걸 '서든 데스' 규칙이라고 해요. 연장전에서도 승부가 나지 않을 경우 축구의 승부차기처럼 승부샷을 해요. 단, 리그전일 경우에는 연장전 없이 무승부가 되는 거예요.

반칙을 하면 정도에 따라 2분, 5분, 10분 퇴장을 당하며, 심한 반칙의 경우는 남은 시간 동안 퇴장을 당하기도 해요.

경기 중에 선수들끼리 싸움도 일어나요. ⓒMitrofanov Alexander

세계적인 아이스하키 스타

세계 최고의 골키퍼 블라디슬라프 트레티악(소련, 1952. 4. 25~)

1972년 삿포로 대회부터 1984년 사라예보 대회까지 올림픽에 4회 출전하여 금메달 3개, 은메달 1개를 획득했어요. 1989년에 하키 영예의 전당에 이름을 올렸으며, 2006년 러시아 아이스하키 연맹 총장으로 선출되었어요. 2013년에는 국제 아이스하키 연맹 센테니얼 올스타로 선정되었어요.

위대한 선수 웨인 그레츠키(캐나다, 1961. 1. 26~)

빙판의 황제로 불리는 세계 최고의 아이스하키 선수예요. NHL에서 통산 894골과 1963개 어시스트로 2857포인트를 기록하여 '위대한 선수', '살아 있는 신화'라는 애칭으로 불려요. NHL 거의 모든 부문에서 역대 최고의 기록을 남기고 1999년 유니폼을 벗은 그레츠키는 은퇴와 동시에 NHL 명예의 전당에 이름을 올렸어요. 2002년 동계 올림픽에 캐나다 대표 팀 감독을 맡아 미국을 꺾고 50년 만에 금메달을 획득하였지요.

'슈퍼 마리오' 마리오 르뮤(캐나다, 1965. 10. 6~)

웨인 그레츠키를 잇는 NHL 슈퍼스타예요. 피츠버그 펭귄스의 구단주 겸 선수로 활약하며 흔히 '슈퍼 마리오'로 불렸어요. NHL 정규 시즌에서 690골, 1033 어시스트, 플레이오프에서 76골 96어시스트를 기록하였지요. 스탠리컵 우승 2회, 득점왕 6회, 올스타 선정 9회, 정규 시즌 MVP 3회, 2002년 올림픽 금메달 등 화려한 경력을 자랑해요.

올림픽 4연패 신화 헤일리 위큰하이저(캐나다, 1978. 8. 12~)

1998년 나가노 올림픽부터 2014년 소치 올림픽까지 다섯 번의 올림픽에서 금메달 4개, 은메달 1개를 획득했어요. 세계 선수권 대회에서는 금메달 7개, 은메달 6개를 땄지요. 2000년 하계 올림픽에서는 캐나다 소프트볼 팀으로 참가하기도 하였으며, 2014년에는 IOC 선수 위원으로 선출되어 활동했어요.

빙판 위에서 벌이는 고도의 두뇌 스포츠
컬링

- **동계 올림픽 채택 연도** : 1998년 나가노 동계 올림픽(일본)
- **동계 올림픽 금메달 개수** : 3개(남자, 여자, 믹스 더블)
- **동계 올림픽 경기 종목** : 남자부, 여자부
- **대표적인 국제 경기** : 올림픽, 세계 선수권 대회, 아시아-태평양 선수권 대회 등
- **세계적인 선수** : 브래드 제이콥스(캐나다), 이브 뮤어헤드(스코틀랜드), 이슬비(한국) 등

　한 명의 선수가 스톤을 얼음판 위에 미끄러뜨리면 두 명이 스톤이 움직이는 방향으로 움직이며 솔질을 하여 스톤이 목표한 곳으로 가도록 하는 경기예요. 내 스톤은 지키고 상대편의 스톤은 밀어내기 위하여 고도의 전략이 요구되어요. 우리나라에는 1997년 무주 동계 유니버시아드 대회를 유치한 후 도입되어 아직까지 널리 보급되지 않았으나 최근 들어 여러 국제 대회에서 좋은 성적을 거두고 있어요. 동계 스포츠 종목 중 가장 정적이면서도 긴장감은 큰 종목이에요.

🏅 컬링의 역사

　다른 동계 스포츠 종목에 비하여 낯선 종목이지만 역사는 매우 깊어요. 중세 시대 때 스코틀랜드에서 시작되었고, 1541년 2월 첫 공식 경기가 열렸어요. '컬링'이라는 이름은 스톤이 휘어져 나가는 모습에서 비롯되었어요.

　컬링은 캐나다로 이주한 스코틀랜드 사람들에 의하여 북아메리카 지역에서 성행하였어요. 1807년 로열 몬트리올 컬링 클럽이 창단되었는데, 이는 북아메리카에서 가장 전통 있는 스포츠 클럽이에요. 미국에서는 1830년 첫 컬링 클럽이 생겼으며, 유럽에서는 19세기 말에 이르러서 스위스와 스웨덴 등지에 컬링 클럽이 생겼어요.

　그러나 국제 대회는 꽤 늦게 시작되어 1959년 스코틀랜드에서 개최된 스카치컵이 최초의 컬링 챔피언십이에요. 남자부 경기만 열렸고, 캐나다 팀이 우승을 차지하였어요. 세계 컬링 연맹은 1965년 창단되었으며 스코틀랜드 퍼스에 본부를 두고 있어요.

　1998년 나가노 대회 때부터 동계 올림픽 정식 종목으로 채택되었어요. 그러나 이미 1924년 1회 샤모니 대회 때에도 컬링 경기가 열린 것으로 확인되어 2006년 2월 IOC는 샤모니 대회 때 금메달을 획득한 영국과 아일랜드, 은메달 2개를 획득한 스웨덴, 동메달을 획득한 프랑스에 각각 해당 메달을 수여했어요. 이와 함께 컬링을 올림픽 영구 종목으로 결정하였지요. 2014년 소치 대회까지는 남자부, 여자부 각 1개씩 2개의 금메달이 걸려 있었으나 2018년 평창 동계 올림픽부터 남녀 각 1인이 한 팀이 되어 겨루는 믹스 더블이 채택되어 모두 3개의 금메달이 걸려 있어요.

🏅 한국 컬링의 역사

우리나라에 컬링이 도입된 것은 1997년 무주 동계 유니버시아드 대회를 유치하면서부터예요. 대회 준비를 하던 1994년 1월 대한 컬링 연맹이 창립되었으며, 이후 세계 컬링 연맹의 적극적인 지원과 협조로 여러 차례 컬링 강습회를 개최하고 장비도 대거 들여왔어요.

이러한 노력으로 2001년에는 아시아 태평양 컬링 선수권 대회를 개최하여 컬링 발전의 기틀을 마련하였어요. 또한 여러 국제 대회에 선수를 파견하여 컬링의 저변을 확대해 나갔는데, 2001년 아시아 태평양 컬링 선수권 대회에서 여자 팀이 우승을, 그리고 2002년 아시아 태평양 컬링 선수권 대회에서는 남자 팀이 우승을 차지했어요. 2006년에는 전주에서 세계 주니어 컬링 선수권 대회를 개최하였고, 2009년에는 강릉에서 세계 여자 컬링 선수권 대회를, 그리고 전주와 의성, 춘천에서 아시아 태평양 컬링 선수권 대회를 각각 개최하였지요.

🏅 올림픽 리그 구성

남자부와 여자부 경기는 올림픽이 열리기 전 두 차례 세계 선수권 대회 결과를 토대로 본선 진출국 7개국을 결정하고, 올림픽 예선 대회에서 2개국을 결정한 후 개최국까지 모두 10개국이 본선에 진출해요. 믹스 더블 경기는 올림픽이 열리기 전 두 차례 세계 선수권 대회 결과를 토대로 본선 진출국 7개국과 개최국 등 8개국이 본선에 진출해요.

리그전을 거쳐 상위 4개 팀이 준결승에 진출하며 예선 1위와 4위, 2위와 3위가 각각 준결승전을 치러 승자끼리 결승전을 치러요. 패자끼리는 동메달 결정전을 치러요.

🏅 올림픽 컬링 용구

스톤은 화강암으로 되어 있어요. 무게는 17.24~19.96kg, 둘레는 91.44cm 이하, 높이는 11.43cm 이하예요. 위쪽에 손잡이가 달려 있어요. 바닥을 닦는 솔은 브룸이나 브러시 또는 스위프라고 해요. 직물이나 돼지털, 말총 등으로 만들어졌어요. 솔질을 하는 선수를 스위퍼라 불러요.

컬링 슈즈는 양쪽 밑바닥이 다르게 생겼는데, 한쪽은 슬라이딩용, 다른 쪽은 슬라이딩 방지용이에요.

🏅 경기 방법 및 규칙

한 명의 선수가 스톤을 얼음판 위에 미끄러뜨리면 두 명이 스톤이 움직이는 방향으로 움직이며 솔질을 하여 스톤이 목표한 곳으로 가도록 하는 경기예요. 시트를 따라 스톤을 밀어 던지는 것을 투구라고 하는데, 힘 조절과 회전력, 경로 등을 철저하게 생각하여 던져요. 투구할 때는 해크라는 장치를 발로 밀어 앞으로 나가며 스톤을 놓아요. 두 명의 스위퍼가 스톤을 따라가며 브룸으로 빙판 바닥을 닦는 것은 스위핑이라고 해요. 스위핑을 함으로써 스톤과 빙판 사이의 마찰력을 감소시키기도 하고, 스톤의 진로가 휘어지는 것을 막기도 해요.

남자와 여자 경기는 한 팀당 4명씩 두 팀이 경기를 치러요. 주장인 스킵은 스톤의 위치를 지정하는 등 전략을 짜는 역할을 하며, 투구자 1명, 스위퍼는 2명이에요. 한 경기는 10엔드로 구성되고 팀당 8개의 스톤을 번갈아 투구하여 최종적으로 하우스 안에 가장 중심에 있는 스톤의 팀이 그 엔드의 득점을 가져가요. 각 팀에 투구를 위한 시간으로 총 73분이 주어지고 10엔드당 60초의 작전 타임이 2회씩 주어져요.

믹스 더블 경기는 한 팀에 남자 1명, 여자 1명으로 구성되는데, 8엔드로 치러져요. 한 엔드당 스톤은 5개씩 던져요.

한 엔드가 끝난 후 하우스의 중앙인 버튼에서 가장 가까운 곳에 있는 스톤의 소유 팀이 해당 엔드의 승자예요. 상대편 스톤보다 버튼에 가까이 붙인 스톤의 개수만큼 득점이에요.

스톤이 하우스 중앙에 갈 수 있도록 스위핑을 해요. ⓒAnton Gvozdikov

🏅 세계적인 컬링 스타

소치 컬링 스타 브래드 제이콥스(캐나다, 1985. 6. 11~)

캐나다의 컬링 선수로 10세 때부터 컬링을 시작하여 주니어 부문에서 화려한 경력을 쌓은 뒤 2013년 세계 컬링 선수권 대회에서 은메달을 획득하여 두각을 나타냈어요. 2014년 소치 동계 올림픽에서 캐나다에 금메달을 안겼어요.

미녀 컬링 스타 이브 뮤어헤드(영국, 1990. 4. 22~)

스코틀랜드의 여자 컬링 선수로 2013년에 세계 여자 컬링 선수권 대회에서 스코틀랜드를 우승으로 이끌었어요. 2014년 소치 동계 올림픽에는 영국 대표로 참가하여 동메달을 획득했어요. 아버지와 남동생도 컬링 선수예요.

소치 올림픽 깜짝 스타 이슬비(한국, 1988. 6. 25~)

2014년 소치 동계 올림픽에서 한국 팀의 깜짝 스타로 떠올랐어요. 고교 시절 팀이 해체되어 운동을 그만두고 유치원에서 아이들을 돌보는 일을 하다 다시 시작하여 올림픽까지 출전했어요. 2013년 중국 오픈 대회와 아시아-태평양 컬링 선수권 대회에서 금메달을 획득했어요.

설원의 도마
스노보드 빅에어

- **동계 올림픽 채택 연도** : 2018년 평창 동계 올림픽(대한민국)
- **동계 올림픽 금메달 개수** : 2개
- **동계 올림픽 경기 종목** : 남자 개인, 여자 개인
- **대표적인 국제 경기** : 올림픽, 세계 선수권 대회, 스노보드 빅에어 월드컵, 윈터 X게임
- **세계적인 선수** : 안나 가서(오스트리아), 루프 톤테리(핀란드), 스테판 김플(오스트리아)

   2018년 평창 동계 올림픽에 처음 채택된 스노보드의 세부 종목이에요. 단 한 번의 도약으로 공중에 떠 있는 동안 회전과 콕 등 다양한 기술을 보여 주는 스포츠인데, 기계 체조의 도마 종목처럼 공중에서 다양한 기술을 발휘하기 때문에 흔히 '설원의 도마'로 불려요. 1990년대부터 유럽과 북미에서 큰 인기를 얻고 있으며, 점차 전 세계로 저변을 넓혀 가고 있어요.

   올림픽에서는 남녀 각 1개씩 2개의 금메달이 걸려 있어요. 체구가 작은 동양인에게 유리하여 앞으로 우리나라 선수들도 국제 대회에서 좋은 성적이 기대되고 있답니다.

©Maxim Petrichuk

🎖 스노보드 빅에어의 역사

 스노보드가 1990년대 유럽과 북미에서 큰 인기를 끌기 시작하면서 세부 종목이 늘어났는데, 공중에서 묘기를 부리는 빅에어도 그중 하나예요. 2001년 스노보드 월드컵 대회에 경기 종목으로 채택되었으며, 2003년에는 세계 선수권 대회에 경기 종목으로 채택되었어요.

 스노보드의 여러 종목 중 역사는 가장 짧지만 건물 10층 정도의 높이에서 도약하여 화려한 공중 곡예를 펼치는 까닭에 하프파이프와 함께 스노보드를 대표하는 종목으로 자리 잡아 가고 있지요. 올림픽에서는 2018년 평창 동계 올림픽에 처음 채택되었으며, 남녀 개인전에 각 1개씩 모두 2개의 금메달이 걸려 있어요. 체구가 작은 동양인에게 유리한 편이기 때문에 앞으로 우리나라에서 더욱 발전할 것으로 기대되고 있어요.

🎖 한국 스노보드 빅에어의 역사

 국내에 스노보드 빅에어가 소개된 것은 1997년 1월 미국 보드 제작사와 부츠 바인딩 제작사에서 기술 시범을 보인 것이 최초예요. 이후 동호인 위주로 명맥이 이어지다 2009년 12월에 서울에서 국제 스노보드 빅에어 월드컵 대회가 열리면서 본격적으로 알려지게 되었어요. 당시 광화문 광장에 높이 30m, 길이 100m의 임시 경기장이 세워져 큰 관심을 받았지요.

 이후 스노보드 하프파이프 종목 선수들이 빅에어 종목에도 참여하면서 조금씩 발전하였으며 2016년 11월 평창에서 열린 2016/17 FIS 스노보드 월드컵 빅에어 대회에서 이민식이 우리나라 선수 최초로 올림픽 출전권을 획득했어요. 스노보드 빅에어는 다른 스노보드 종목처럼 체구가 작은 우리나라 선수들에게 적합한 종목이므로 앞으로 국제 대회와 올림픽 등에서 좋은 성적을 올릴 것으로 기대되어요.

🏅 올림픽 리그 구성

　스노보드 빅에어 또는 슬로프스타일 종목에서 국제 스키 연맹 포인트 50점 이상을 기록하고 이전 국제 대회 성적 30위 이내인 나라들에게 출전권이 주어져요. 두 종목을 합쳐서 남자 40명, 여자 30명이 올림픽에 출전하게 되는데, 나라별로는 남녀 각 4명까지 출전할 수 있어요. 나이 제한이 있어서, 평창 동계 올림픽의 경우 2003년 1월 1일 이전에 태어난 선수만 출전할 수 있지요.

　스노보드 빅에어의 경기 방식에는 토너먼트, 잼, 투런 베스트, 스리런 베스트 등이 있어요. 토너먼트는 두 명이 겨루어 이긴 선수가 다음 라운드에 진출하는 방식이고, 잼은 정해진 시간 안에 계속 도전을 해서 가장 높은 점수로 순위를 매기는 방식이에요. 투런 베스트는 두 번 경기하여 높은 점수로 순위를 매기는 방식이고, 스리런 베스트는 세 번 경기 중 두 개의 높은 점수를 합산해서 순위를 매기는 거예요.

　올림픽 예선은 투런 베스트, 결승은 스리런 베스트로 진행되어요.

🏅 올림픽 스노보드 빅에어 용구

　스노보드 빅에어 경기를 위한 보드(데크)는 길이 제한은 없어요. 자신의 체중과 키에 적합한 것을 선택하는 것이 중요해요. 부츠는 발목을 비교적 자유롭게 움직일 수 있어요. 보드와 부츠를 연결해 주는 장비는 바인딩으로, 소프트 바인딩을 사용해요.

　복장은 비교적 헐렁한 것을 입고 장갑과 고글을 착용하며, 머리 보호를 위해 헬멧을 착용해야 해요. 무릎, 엉덩이, 손목 등을 보호하기 위한 보호대 착용도 가능해요.

🏅 경기 방법 및 규칙

출발대를 떠난 선수들은 64m의 경사 구간을 내려와서 도약대인 키커에서 공중으로 도약하고 공중 동작을 한 후 착지해요. 공중 동작에는 그랩, 스핀, 플립, 콕 등이 있어요. 5~6명의 심판이 100점 만점으로 채점하며, 채점 기준은 공중 동작의 난이도와 참신성, 비거리, 완성도, 착지 등이에요. 최고와 최저 점수를 뺀 나머지 심판들의 점수를 평균 내서 순위를 결정해요.

🏅 세계적인 스노보드 빅에어 스타

세계 선수권 대회 우승자 안나 가서(오스트리아, 1991. 8. 16~)

2015년 세계 선수권 대회 여자 스노보드 슬로프스타일에서 은메달을 획득하였으며, 2017년 대회에서는 빅에어에서 금메달을 획득, 세계 챔피언이 되었어요. 2017년 윈터 X게임에서는 슬로프스타일에서 우승하고, 빅에어에서는 은메달 1개, 동메달 1개를 획득했어요.

남자 스노보드 빅에어 세계 최강 루프 톤테리(핀란드, 1992. 3. 18~)

2013년 스노보드 세계 선수권 대회에서 스노보드 빅에어 부문과 슬로프스타일 부문에서 각각 우승하여 2관왕에 올랐으며, 2015년 세계 선수권 대회에서는 빅에어 부문에서 우승을, 슬로프스타일에서 준우승을 차지했어요.

월드컵 3연패 신화 스테판 김플(오스트리아, 1979. 10. 31~)

스노보드 월드컵 3연패 및 4회 우승을 이루었어요. 2005년 남미컵 대회와 2006년 유럽컵 대회에서 각각 은메달을 획득하였으며, 2009년 바르셀로나 세계 선수권 대회에서는 챔피언에 올랐어요.

설원의 묘기 대회
스노보드 슬로프스타일

- ❄ **동계 올림픽 채택 연도** : 2014년 소치 동계 올림픽(러시아)
- ❄ **동계 올림픽 금메달 개수** : 2개
- ❄ **동계 올림픽 경기 종목** : 남자 개인, 여자 개인
- ❄ **대표적인 국제 경기** : 올림픽, 세계 선수권 대회, 스노보드 월드컵, 윈터 X게임
- ❄ **세계적인 선수** : 세이지 코첸버그(미국), 스탈레 샌드벡(노르웨이), 제이미 앤더슨(미국), 엔니 루카예르비(프랑스) 등

슬로프를 빠르게 내려오는 스노보드 크로스에 다양한 묘기가 첨가되며 새롭게 등장한 종목이에요. 1990년대 중반부터 스포츠화되어 유럽, 북미에서 급속하게 성장하여 2011년부터 스노보드 세계 선수권 대회와 스노보드 월드컵에 경기 종목으로 채택되었어요. 올림픽에서는 2014년 소치 동계 올림픽에 처음으로 선보였으며 남녀 각 1개씩 2개의 금메달이 걸려 있어요. 하프파이프와 빅에어 전문 선수들도 바로 적응할 수 있어 빠르게 발전하는 중이에요. 특히 체구가 작은 동양인에게도 유리한 면이 많아 아시아 국가들도 좋은 성적을 올릴 것으로 기대되고 있어요.

🎖 스노보드 슬로프스타일의 역사

스노보드 슬로프스타일은 스노보드의 세부 종목 중에는 늦게 스포츠화된 종목이에요. 스케이트 보드와 BMX와 같은 액션 스포츠에 뿌리를 두고 있는데, 1990년대 중반 스노보드 크로스를 즐기는 이들이 슬로프를 빠르게 내려오면서 다양한 묘기를 선보이는 것에서 새로운 종목으로 발전했어요.

스노보드 세계 선수권 대회와 스노보드 월드컵에서는 2011년에 처음 경기 종목으로 채택되었으며, 올림픽에서는 2014년 소치 동계 올림픽에 처음으로 스노보드의 세부 종목으로 등장했어요.

빠른 속도로 내려가는 슬로프에 레일이나 벽, 점프대와 같은 다양한 장애물이 설치되기 때문에 매우 위험한 경기라는 논란이 있기도 해요.

그러나 빠른 스피드와 다양한 장애물을 통과하는 스릴이 넘쳐 큰 인기를 끌고 있으며, 특히 체구가 작은 동양인에게도 잘 맞는 종목이므로 앞으로 아시아에도 널리 보급될 것으로 전망되고 있어요. 올림픽에는 남녀 개인 각 1개씩 모두 2개의 금메달이 걸려 있어요.

🎖 한국 스노보드 슬로프스타일의 역사

우리나라에 스노보드가 들어온 것은 1980년대로 주로 동호인들 위주로 경기를 치러 오다가 1995년에 대한 스노보드 협회가 설립되며 각종 대회를 주관하여 스포츠의 한 종목으로 성장하였어요.

스노보드의 저변이 넓어지며 세부 종목도 점차 늘어났는데, 슬로프스타일은 최근에야 도입되었지요. 특히 2014년 소치 동계 올림픽부터 스노보드의 세부 종목이 되고, 2018년 동계 올림픽을 평창에서 개최하게 되면서 스노보드 슬로프스타일의 보급과 선수 발굴에 힘을 기울였어요. 그 결과 2016년 11월 평창에서 열린 스노보드 빅에어 테스트 이벤트에서 이민식이 한국 선수 최초로 슬로프스타일과 빅에어 부문에서 올림픽 출전권을 획득하였어요.

아직은 도입 초기로 선수도 부족하고 국제 대회에서 좋은 성적도 올리지 못하고 있으나 체구가 작은 동양권 선수들에게 유리한 종목으로 평가되므로 앞으로 국내에서 더욱 발전할 것으로 기대되고 있어요.

올림픽 리그 구성

스노보드 빅에어 또는 슬로프스타일 종목에서 국제 스키 연맹 포인트 50점 이상을 기록하고 이전 국제 대회 성적 30위 이내인 나라들에게 출전권이 주어져요. 두 종목을 합쳐서 남자 40명, 여자 30명이 올림픽에 출전하게 되는데, 나라별로는 남녀 각 4명까지 출전할 수 있어요. 나이 제한이 있어서, 평창 동계 올림픽의 경우 2003년 1월 1일 이전에 태어난 선수만 출전할 수 있지요.

예선을 거쳐 20명이 준결승에 진출하며, 준결승에서 12명이 결승에 진출하여 금메달 놓고 경기를 펼쳐요.

올림픽 스노보드 슬로프스타일 용구

스노보드 슬로프스타일 경기를 위한 보드(데크)는 길이 제한은 없어요. 자신의 체중과 키에 적합한 것을 선택하는 것이 중요해요. 부츠는 발목을 비교적 자유롭게 움직일 수 있어요. 보드와 부츠를 연결해 주는 장비는 바인딩으로, 소프트 바인딩을 사용해요.

복장은 비교적 헐렁한 것을 입고 장갑과 고글을 착용하며, 머리 보호를 위해 헬멧을 착용해야 해요. 무릎, 엉덩이, 손목 등을 보호하기 위한 보호대 착용도 가능해요.

🏅 경기 방법 및 규칙

레일과 테이블, 박스, 벽 등 다양한 기물과 점프대가 있는 코스에서 경기가 열리는데, 선수는 이 기물들 중에서 선택해서 연기를 펼쳐요. 심판은 6명으로 높이와 회전, 테크닉, 난이도 등을 100점 만점 기준으로 채점하며, 최저와 최고를 뺀 나머지 심판들의 점수의 평균으로 순위를 정해요. 참가 선수는 2번 경기를 하는데, 그중 높은 점수로 순위를 매기게 되어요.

🏅 세계적인 스노보드 슬로프스타일 스타

올림픽 초대 챔피언 세이지 코첸버그(미국, 1993. 7. 27~)

2010년과 2012년 윈터 X게임에서 스노보드 슬로프스타일 부문 은메달을 차지하였으며, 2011년에는 빅에어에서 동메달을 차지했어요. 2014년 소치 동계 올림픽에서는 스노보드 슬로프스타일 부문을 제패하여 올림픽 초대 챔피언이 되었지요.

윈터 X게임 2연패 두 번, 제이미 앤더슨(미국, 1990. 9. 13~)

2014년 소치 동계 올림픽 여자 스노보드 슬로프스타일 금메달리스트예요. 윈터 X게임에서 2007년과 2008년, 그리고 2012년과 2013년 여자 슬로프스타일을 2회 2연패하였으며, 2017년에는 듀얼 슬라럼에서 우승했어요. 이 밖에도 윈터 X게임에서는 은메달 5개, 동메달 2개를 획득했어요.

스피드와 스릴이 넘치는 스노보드 경기
스노보드 크로스

- **동계 올림픽 채택 연도** : 2006년 토리노 동계 올림픽(이탈리아)
- **동계 올림픽 금메달 개수** : 2개
- **동계 올림픽 경기 종목** : 남자 개인, 여자 개인
- **대표적인 국제 경기** : 올림픽, 세계 선수권 대회, 스노보드 월드컵, 윈터 X게임
- **세계적인 선수** : 세스 웨스콧(미국), 피에르 볼티어(프랑스), 도미니크 말타이스(캐나다), 린제이 자코벨리스(미국)

프리스타일 스키의 크로스 경기처럼 4~6명이 함께 보드를 타고 슬로프를 내려오는 스노보드의 한 종목이에요. 알파인 스노보드와 프리스타일 스노보드를 합친 듯 빠르면서도 화려한 기술을 구사해요. 역사가 짧지만 스피드와 기술을 겸비하여 스노보드 하프파이프 못지않게 인기를 끌고 있어요. 세계 선수권 대회는 1997년부터 시작되었지만 올림픽은 2006년 토리노 동계 올림픽부터 스노보드의 세부 종목으로 채택되었어요. 남자부와 여자부에 각 1개씩 모두 2개의 금메달이 걸려 있지요. 일반 스키와는 달리 체구가 작은 동양인에게도 잘 어울리는 경기예요.

🏅 스노보드 크로스의 역사

　눈 위에서 보드를 타는 스노보드의 한 종목으로 1997년 세계 스노보드 선수권 대회부터 경기가 채택되었어요. 올림픽에는 2006년 토리노 동계 올림픽부터 스노보드의 세부 종목으로 채택되었지요. 알파인 스노보드와 프리스타일 스노보드를 합쳐 놓은 듯한 경기로, 4~6명이 함께 경기를 치르기 때문에 선수들끼리 부딪치기도 하는 등 박진감이 넘쳐요. 최근 스노보드 하프파이프 못지 않은 인기를 얻고 있어요.

🏅 한국 스노보드 크로스의 역사

　스노보드가 우리나라에 도입된 것은 1980년대 후반이지만 본격적인 스포츠로 자리 잡은 것은 1995년 대한 스노보드 협회가 창립된 이후부터예요. 초기에는 평행 대회전과 하프파이프 경기만 치르다가 2006년 토리노 동계 올림픽 종목에 스노보드 크로스가 채택되자 우리나라에서도 선수 발굴과 육성에 힘쓰기 시작했어요.

　그 결과 2012년에 우진용이 첫 스노보드 크로스 남자 국가 대표로 선발되었지요. 아직은 도입 초기로 생소한 종목이지만 체구가 작은 우리나라 선수에게 알맞은 종목으로서 장차 올림픽 등 국제 대회에서 좋은 성적을 거둘 것으로 전망되어요.

🏅 올림픽 리그 구성

　국제 스키 연맹 포인트 100점 이상을 기록하고 이전 국제 대회 성적 30위 이내인 나라들에게 출전권이 주어져요. 남자 40명, 여자 30명이 올림픽에 출전하게 되는데, 나라별로는 남녀 각 4명까지 출전할 수 있어요. 나이 제한이 있어서, 평창 동계 올림픽의 경우 2003년 1월 1일 이전에 태어난 선수만 출전할 수 있지요.

예선에서 두 번의 경기를 펼쳐 기록을 합산한 점수를 통해 본선 진출자를 결정해요. 4~6명씩 한 조가 되어 경기를 치러 상위권 2~3명이 다음 라운드에 진출하는 방식으로 경기가 진행되지요.

🏅 올림픽 스노보드 크로스 용구

스노보드 크로스 경기를 위한 보드(데크)는 길이 제한은 없어요. 자신의 체중과 키에 적합한 것을 선택하는 것이 중요해요. 부츠는 발목을 비교적 자유롭게 움직일 수 있어요. 보드와 부츠를 연결해 주는 장비는 바인딩으로, 소프트 바인딩을 사용해요.

복장은 비교적 헐렁한 것을 입고 장갑과 고글을 착용하며, 머리 보호를 위해 헬멧을 착용해야 해요. 무릎, 엉덩이, 손목 등을 보호하기 위한 보호대 착용도 가능해요.

🏅 경기 방법 및 규칙

4~6명의 선수가 함께 보드를 타고 뱅크, 롤러, 점프, 스파인 등의 장애물이 있는 코스를 주파해 결승선을 통과하는 순으로 순위를 매겨요. 예선에서는 두번 경기를 하여 순위를 정해 본선 진출자를 결정해요. 이를 다시 4~6명으로 조를 구성하여 각 조마다 상위 2~3명이 다음 라운드로 올라가는 거예요. 코스가 좁으므로 서로 부딪치는 일도 발생하는데, 손으로 잡아당기거나 밀치면 실격이에요. 또 넘어뜨리는 행위도 금지예요.

🏅 세계적인 스노보드 크로스 스타

올림픽 2연패 세스 웨스콧(미국, 1976. 6. 23~)

2006년 토리노 동계 올림픽과 2010년 밴쿠버 동계 올림픽 남자 스노보드 크로스에서 우승하여 올림픽 2연패를 이루었어요. 2005년 세계 선수권 대회에서 우승하는 등 세계 선수권 대회에서 금 1개, 은 3개를, 윈터 X게임에서는 은 3개, 동 1개를 땄어요.

소치 동계 올림픽 금메달리스트 피에르 볼티어(프랑스, 1987. 6. 24~)

2014년 소치 동계 올림픽 스노보드 남자 크로스에서 금메달을 땄어요. 2017년 미국 시에라네바다에서 열린 세계 선수권 대회에서도 우승하였어요.

올림픽 메달 2개 도미니크 말타이스(캐나다, 1980. 11. 9~)

2010년 토리노 동계 올림픽 스노보드 여자 크로스에서 동메달, 2014년 소치 동계 올림픽에서는 은메달을 따며 올림픽에서 2개의 메달을 차지했어요. 세계 선수권 대회에서도 은 1개, 동 1개를 차지했지요. 윈터 X게임에서는 2012년 우승, 2015년 준우승을 했어요.

크로스의 여제 린제이 자코벨리스(미국, 1985. 8. 19~)

여자 스노보드 크로스의 최강자로 2006년 토리노 동계 올림픽에서 은메달을 땄어요. 세계 선수권 대회에서는 5회 우승하였는데, 2015년과 2017년 2연패를 이루어 냈지요. 윈터 X게임에서는 2008년부터 2011년까지 4연패를 비롯해 총 10회 우승을 차지했고, 2013년에는 슬로프스타일로 동메달을 따기도 했어요.

박진감과 스릴 만점 스포츠
스노보드 평행 대회전

❄ **동계 올림픽 채택 연도** : 1998년 나가노 동계 올림픽(일본)
❄ **동계 올림픽 금메달 개수** : 2개
❄ **동계 올림픽 경기 종목** : 남자 개인, 여자 개인
❄ **대표적인 국제 경기** : 올림픽, 세계 선수권 대회, 스노보드 월드컵, 윈터 X게임
❄ **세계적인 선수** : 필리프 쇼흐(스위스), 빅 와일드(러시아), 파트리지아 쿠머(스위스), 벤야민 칼(오스트리아) 등

　두 명의 선수가 레드와 블루 기문이 설치된 두 개의 코스에서 동시에 출발하여 기문을 통과하며 빨리 결승선을 통과하는 선수가 이기는 경기예요. 스노보드는 속도와 시간을 겨루는 알파인 계통과 연기력과 기술을 겨루는 프리스타일 계통으로 크게 나뉘는데, 평행 대회전은 알파인 계통의 대표적인 종목이에요. 1960년대 미국에서 발전해 전 세계로 보급되었으며, 특히 익스트림 스포츠의 올림픽이라고 하는 X게임에 포함되며 큰 인기를 얻었어요. 1998년 나가노 동계 올림픽부터 정식 종목이 되었고, 남녀 개인전에 각각 1개씩 모두 2개의 금메달이 걸려 있지요. 미국과 프랑스, 스위스 등 유럽 국가들이 좋은 성적을 거두고 있지만 체구가 작은 동양인에게도 유리한 면이 많아 아시아 국가들도 올림픽에서 좋은 성적을 올릴 것으로 기대되고 있어요.

🏅 스노보드 평행 대회전의 역사

스노보드는 1959년 미국 산악 지대에서 사냥을 할 때 스키 대신 널빤지를 이용한 것이 유래예요. 1960년 셔먼 포펜이 눈 위에서 탈 수 있도록 서핑보드를 개량한 스너퍼를 만들어 낸 후 유행하기 시작했어요. 그리고 제이크 버튼은 보드를 컨트롤 할 수 있게 가죽으로 끈을 만들어 보드에 댄 것을 발명하여 보드의 발전에 기여했지요. 또 1970년대 스케이트 선수였던 톰 심스가 스노보드 제작에 참여하며 다양한 스타일의 보드가 출현하여 발전의 기틀을 마련하였어요.

1976년 북아메리카 스노보드 협회가 설립되며 스노보드라는 명칭이 본격적으로 불리게 되었지만 당시 스키장에서는 스노보드가 슬로프에 깊은 골을 만들어 위험하다고 하여 사용을 금지했어요. 그러나 동호인이 많아지자 1980년대에는 결국 스키장도 스노보드에 개방하였고, 젊은이들에게 큰 인기를 얻어 저변이 더욱 넓어졌지요. 1982년에 첫 국제 대회가 열렸으며, 1998년 나가노 동계 올림픽에 평행 대회전과 하프파이프가 정식 종목으로 지정되었어요. 남녀 각 1개씩 모두 2개의 금메달이 걸려 있어요.

🏅 한국 스노보드 평행 대회전의 역사

우리나라에 스노보드가 들어온 것은 1980년대 말로 젊은 층에서 인기를 얻으며 차츰 저변을 넓혀 나갔어요. 그러나 비인기 종목으로서 동호인들 위주로 경기를 치르다 1995년 사단법인 대한 스노보드 협회가 창립되어 각종 프로 대회와 아마추어 대회를 주관하면서 스포츠의 한 종목으로 성장해 나갔지요.

2014년 소치 동계 올림픽에 신봉식이 남자 평행 대회전과 평행 회전에 출전하였고, 2014년 스노보드 세계 주니어 선수권 대회에서 이상호가 남자 평행 대회전에서 은메달을 차지하여 국제 대회 첫 메달을 따냈어요.

이상호는 2015년 스노보드 세계 주니어 선수권 대회에서는 금메달을 획득하여 한국 스노보드 사상 첫 국제 대회 우승의 신화를 창조하였으며, 2017년 삿포로 동계 아시안 게임에서도 평행 회전과 평행 대회전을 석권하며 2관왕에 올랐어요.

올림픽 리그 구성

국제 스키 연맹 포인트 100점 이상을 기록하고 이전 국제 대회 성적 30위 이내인 나라들에게 출전권이 주어져요. 남녀 각 32명이 올림픽에 출전하게 되는데, 나라별로는 남녀 각 4명까지 출전할 수 있어요. 나이 제한이 있어서, 평창 동계 올림픽의 경우 2003년 1월 1일 이전에 태어난 선수만 출전할 수 있지요.

한 선수가 레드와 블루 코스에서 한 번씩 경기한 후에, 두 기록을 합하여 예선 순위를 정해요. 상위 16위까지의 선수가 16강전을 벌이는데, 16강전부터는 두 명의 선수가 동시에 출발하는 토너먼트전이에요.

올림픽 스노보드 평행 대회전 용구

복장은 아래와 위가 분리된 옷이어야 해요. 활강 스키복 같은 형태는 허용되지 않아요. 겉으로 튀어나오지 않은 보호 장비와 패딩을 권장해요. 보호 장구나 보호대를 몸에 착용해야 하는데, 정강이 보호대를 제외하고는 끈이나 고정 장치 등을 이용해서 몸에 부착하는 것은 안 돼요.

경기 방법 및 규칙

한 선수가 레드와 블루 코스에서 한 번씩 경기한 후에, 두 기록을 합하여 예선 순위를 정해요. 상위 16위까지의 선수가 16강전을 벌이는데, 16강전부터는 두 명의 선수가 동시에 출발하는 토너먼트전이에요. 두 명의 선수가 평행하게 설치된 두 개의 기문 코스(블루와 레드)를 동시에 출발해 빨리 내려오는 선수가 승리해요. 예선과 마찬가지로 경기는 두 번 치르는데, 1차전은 동시에 출발하지만 2차전에서는 1차전에서 늦게 들어온 선수가 그 시간만큼 늦게 출발하기 때문에 결국은 2차전의 승리자가 다음 라운드로 진출하게 되지요.

★ 세계적인 스노보드 평행 대회전 스타

평행 대회전 올림픽 2연패 필리프 쇼흐(스위스, 1979. 10. 10~)

2002년 솔트레이크시티 동계 올림픽과 2006년 토리노 동계 올림픽에서 스노보드 남자 평행 대회전 금메달을 획득하며 2연패에 성공했어요. 2007년 세계 선수권 대회에서는 평행 회전과 평행 대회전에서 각각 은메달을 땄어요.

스노보드 최초의 2관왕 빅 와일드(러시아, 1986. 8. 23~)

2014년 소치 동계 올림픽에 평행 대회전과 평행 회전에서 각각 금메달을 획득하며 2관왕에 올랐어요. 미국에서 태어났지만 러시아의 스노보드 선수인 알료나 자바르지나와 결혼하고 2014년 러시아 국적을 취득하여 각종 대회에 러시아 국가 대표로 참가하고 있어요. 아내 알료나는 여자 평행 대회전에서 동메달을 땄어요.

세계 선수권 대회 4회 우승 벤야민 칼(오스트리아, 1985. 10. 16~)

2010년 밴쿠버 동계 올림픽 스노보드 남자 평행 대회전에서 은메달을, 2014년 소치 대회에서는 평행 회전에서 동메달을 땄어요. 세계 선수권 대회에서는 2011년 평행 대회전과 평행 회전에서 우승하며 2관왕에 오르는 등 모두 4번 우승을 차지하였어요.

스노보드의 꽃
스노보드 하프파이프

❄ **동계 올림픽 채택 연도** : 1998년 나가노 동계 올림픽(일본)
❄ **동계 올림픽 금메달 개수** : 2개
❄ **동계 올림픽 경기 종목** : 남자 개인, 여자 개인
❄ **대표적인 국제 경기** : 올림픽, 세계 선수권 대회, 스노보드 월드컵, 윈터 X게임
❄ **세계적인 선수** : 켈리 클라크(미국), 숀 화이트(미국) 등

　박진감과 스릴이 넘쳐 젊은 층 사이에 큰 인기를 얻고 있는 스노보드의 한 종목이에요. U자형 슬로프에서 회전과 점프 등 다양한 기술을 선보이는 경기로 1990년대에 미국에서 개발되어 전 세계로 급속하게 보급되었어요. 역사는 짧지만 박진감과 스릴은 최고인 스포츠로 특히 익스트림 스포츠의 올림픽이라고 하는 X게임에 포함되며 큰 인기를 얻었어요. 1998년 나가노 동계 올림픽에 평행 대회전과 함께 스노보드 세부 종목으로 채택되었어요. 올림픽에는 남녀 각 1개씩 2개의 금메달이 걸려 있어요.

©Alfaguarilla

🏅 스노보드 하프파이프의 역사

　1970년대 초반 미국의 젊은이들이 파도 위에서 서핑을 하듯 보드를 즐기기 위하여 수영장 풀을 이용한 것에서 유래한 스포츠예요. 1998년 나가노 동계 올림픽부터 평행 대회전 종목과 함께 스노보드의 세부 종목으로 채택되었어요.

　1975년 미국 캘리포니아주와 샌디에이고주 스케이트 보드 동호인들이 애리조나 사막에 있는 반지름 7.3m의 거대한 수도관을 스케이트 보드용으로 사용하였는데, 이때 참가한 톰 스튜어트가 자신의 집 앞에 나무로 된 하프파이프 구조물을 세웠어요. 톰은 이 청사진을 램페이지라는 회사에 팔았으며, 스케이트 보드 잡지에 특집으로 소개되어 점차 유행하게 되었지요.

　1980년대에 들어와서는 아랫부분을 편평하게 하여 선수들이 균형을 잡거나 다음 기술을 발휘할 준비를 할 수 있도록 제작되었고, 스케이트 보드뿐만 아니라 프리스타일 BMX와 인라인 스케이트 등도 경기를 치르게 되었어요. 이후 1990년대에는 겨울 스포츠용으로도 개발되어 스노보드와 프리스타일 스키의 하프파이프 경기가 치러지고 있어요.

　빠른 스피드와 화려한 개인기를 펼치는 종목으로 큰 인기를 얻으며 전 세계로 퍼졌지만 매우 위험하기 때문에 헬멧 등 안전 장비를 착용하는 것이 의무화되어 있어요. 동계 올림픽 스노보드 하프파이프 종목에는 남녀 개인 각 1개씩 2개의 금메달이 걸려 있어요.

🏅 한국 스노보드 하프파이프의 역사

　우리나라에 스노보드가 들어온 것은 1980년대 말로 젊은 층에서 인기를 얻으며 차츰 저변을 넓혀 나갔어요. 그러나 비인기 종목으로서 동호인들 위주로 경기를 치러오다 1995년 사단법인 대한 스노보드 협회가 창립되어 각종 프로 대회와 아마추어 대회를 주관하며 스포츠의 한 종목으로 성장해 나갔지요.

올림픽에는 2010년 밴쿠버 대회에 김호준이 남자 스노보드 하프파이프에 출전권을 획득하였지만 좋은 성적을 올리지는 못했어요. 그러나 권이준과 조현민이 각각 2015년과 2017년에 세계 주니어 선수권 대회 하프파이프 종목을 석권하며 한국 스노보드의 역사를 써 내려가고 있답니다.

올림픽 리그 구성

국제 스키 연맹 포인트 50점 이상을 기록하고 이전 국제 대회 성적 30위 이내인 나라들에게 출전권이 주어져요. 남자 30명, 여자 24명이 올림픽에 출전하게 되는데, 나라별로는 남녀 각 4명까지 출전할 수 있어요. 나이 제한이 있어서, 평창 동계 올림픽의 경우 2003년 1월 1일 이전에 태어난 선수만 출전할 수 있지요.

남자부는 두 그룹으로 나뉘어 예선전을 치르는데, 각 그룹 상위 3명씩 총 6명이 결승에 바로 진출해요. 그 다음 순위 6명씩 총 12명의 선수는 준결승을 치러서 6명이 결승에 진출해요. 여자부는 하나의 그룹으로 예선전을 치러 상위 6명은 결승으로 바로 진출하고, 그 다음 순위 12명의 선수들은 준결승을 거쳐 6명이 결승에 진출해요.

올림픽 스노보드 하프파이프 용구

스노보드 하프파이프 경기를 위한 보드(데크)는 길이 제한은 없어요. 자신의 체중과 키에 적합한 것을 선택하는 것이 중요해요. 부츠는 발목을 비교적 자유롭게 움직일 수 있어요. 보드와 부츠를 연결해 주는 장비는 바인딩으로, 소프트 바인딩을 사용해요.

복장은 비교적 헐렁한 것을 입고 장갑과 고글을 착용하며, 머리 보호를 위해 헬멧을 착용해야 해요. 무릎, 엉덩이, 손목 등을 보호하기 위한 보호대 착용도 가능해요.

경기 방법 및 규칙

파이프를 반으로 잘라놓은 듯한 U자 모양의 경기장에서 회전과 점프 등을 통하여 공중 묘기를 연기해요. 예선에서는 선수당 2번 경기를 펼쳐서 합계 점수가 높은 순으로 결승에 진출해요. 결승에서는 3번의 경기를 펼치는데 이 중 가장 높은 점수로 순위를 매겨요.

6명의 심판이 선수의 높이와 회전, 테크닉, 난이도 등을 100점 만점으로 채점하는데, 가장 높은 점수와 가장 낮은 점수를 뺀 4명의 점수를 평균을 내서 순위를 정해요.

세계적인 스노보드 하프파이프 스타

올림픽 메달 3개, 켈리 클라크(미국, 1983. 7. 26~)

올림픽 스노보드 선수 최초로 3개의 메달을 획득한 선수예요. 2002년 솔트레이크시티 대회에서 여자 하프파이프를 석권하였으며, 2010년 밴쿠버 대회와 2014년 소치 대회에서는 같은 종목에서 동메달을 땄어요. 윈터 X게임에서 2011년부터 2014년까지 하프파이프 부문 4연패를 비롯, 5회 우승했어요.

하프파이프의 절대 강자 숀 화이트(미국, 1986. 9. 3~)

20회 토리노 동계 올림픽 대회와 21회 밴쿠버 대회에서 남자 하프파이프 2연패를 이루어 냈어요. 슬로프스타일에서도 강세를 보여 2003년부터 2006년까지 윈터 X게임에서 4연속 금메달을 따냈지요.

설원의 마라톤
크로스컨트리 스키

- ❄ **동계 올림픽 채택 연도** : 1924년 샤모니 동계 올림픽(프랑스)
- ❄ **동계 올림픽 금메달 개수** : 12개
- ❄ **동계 올림픽 경기 종목** : 남자 개인(15km), 스키애슬론(15km+15km), 개인 스프린트, 팀 스프린트, 단체 출발(50km), 계주(4x10km) / 여자 개인(10km), 스키애슬론(7.5km+7.5km), 개인 스프린트, 팀 스프린트, 단체 출발(30km), 계주(4x5km)
- ❄ **대표적인 국제 경기** : 올림픽, 노르딕 세계 선수권 대회, FIS 크로스컨트리 월드컵 등
- ❄ **세계적인 선수** : 비에른 델리(노르웨이), 류보프 예고로바(러시아), 마리트 비에르엔(노르웨이), 마르야 리사(핀란드) 등

북유럽, 특히 노르웨이에서 발전한 노르딕 스키의 한 종류예요. 큰 경사면을 활주하는 알파인 스키와 함께 스키의 양대 산맥을 이루고 있으며, 올림픽에는 1924년 1회 샤모니 대회 때부터 정식 종목으로 채택되었어요. 평지와 완만한 지형에서 경기가 진행되는데, 설원의 마라톤으로 불릴 정도로 매우 힘든 경기라 중간에 음료나 과일, 죽 등을 마련하는 급식소를 설치해요. 초기에는 남자들만 참여하였으나 1952년 오슬로 대회부터 여자 선수들의 참가가 허용되었어요. 이후 세부 종목이 늘어나 올림픽에는 6개 세부 종목에 남녀 각 1개씩 모두 12개의 금메달이 걸려 있어요.

🎖 크로스컨트리 스키의 역사

스키의 역사는 원시 시대로까지 거슬러 올라가요. 약 6000년 전 원시인들이 원시적인 스키를 신고 사냥하는 동굴 벽화가 러시아에서 발견되었으며, 스웨덴에서는 4500여 년 전 사용된 스키가 발굴되기도 했어요. 스키는 북유럽에서 발달하였는데, 995년부터 1000년까지 재위한 노르웨이의 왕 올라브 1세는 스키의 명수였다고 하며, 1200년 무렵 시글루슨 왕은 전쟁터에 나가는 병사들에게 스키를 사용하게 하였다는 기록이 전해져요.

스키는 특히 군대에서 발전하였는데, 노르웨이에서는 1721년에 군대에 납품할 스키를 제조하는 공장이 세워졌고, 1742년에는 스키 부대도 생겼어요. 자연스럽게 스키 대회도 군인들이 시작하여 1767년 최초의 크로스컨트리 스키 대회가 열렸지요. 당시 우승자에게는 왕실에서 표창을 하여 스키는 국가적인 스포츠로 발전해 나갔어요. 이후 19세기 후반에 이르러 노르웨이를 시작으로 스웨덴, 스위스, 독일 등 북유럽 및 산악 국가에 스키 클럽이 생겨났으며, 스키를 전문적으로 가르치는 스키 학교도 설립되었어요.

이와 같이 북유럽을 중심으로 발전한 스키를 노르딕 스키라 하는데, 이는 북방을 뜻하는 '노르드'라는 단어에서 비롯된 거예요. 노르딕 스키는 평지와 구릉 지대를 달리는 크로스컨트리 스키와 스키 점프, 그리고 이 두 경기를 종합한 노르딕 복합으로 세분화되었으며, 알프스 산악 지방에서 발전한 알파인 스키와 함께 스키의 양대 산맥으로 발전하였어요.

크로스컨트리 스키는 1924년 1회 샤모니 동계 올림픽부터 정식 종목으로 채택되었어요. 남자 18km와 50km 두 종목만 치러졌지요. 이후 1952년 오슬로 대회 때부터 여자 선수들의 참가도 허용되었고, 세부 종목이 다양화되어 현재 개인전, 스키애슬론, 스프린트, 팀 스프린트, 단체 출발, 계주 등 6개 세부 종목에 남녀 각 1개씩 모두 12개의 금메달이 걸려 있어요.

한국 크로스컨트리 스키의 역사

우리나라에서도 오랜 옛날부터 스키가 사용되었지만 근대적인 스키는 1900년 이전 구한말에 들어온 것으로 추정되어요. 일제 강점기 때인 1930년 2월 전 조선 스키 선수권 대회가 열렸고, 1930년에는 조선 스키 협회가 발족되었어요. 이후 해방 후인 1946년에 대한 스키 협회가 창립되었으며, 이듬해 1회 전국 스키 선수권 대회가 개최되었지요.

올림픽에는 1960년 스쿼밸리 대회 때 크로스컨트리 스키 여자부 경기에 참가하였으며, 1990년 일본 삿포로에서 열린 미야사마 국제 스키 대회에서 박병철이 남자 주니어 15km에서 국제 대회 참가 사상 처음으로 금메달을 따냈어요. 이후 아시아권에서는 좋은 성적을 올렸지만 세계적인 대회에서는 입상하지 못했어요.

2011년 동계 아시안 게임에서 이채원이 여자 10km 프리스타일 경기에서 금메달을 획득하여 한국 크로스컨트리 스키의 역사를 새로 썼고, 2017년 2월 삿포로에서 열린 동계 아시안 게임에서는 김마그너스가 1.4km 개인 스프린트 클래식에서 금메달을, 10km 클래식에서는 은메달을 차지했어요. 특히 김마그너스는 2016년 노르웨이 릴레함메르에서 열린 동계 유스 올림픽에서도 2관왕에 올라 한국 크로스컨트리 스키의 미래를 이끌 것으로 기대되고 있어요.

올림픽 리그 구성

국제 스키 연맹에서 각종 국제 대회 성적과 참가국을 고려하여 각 종목당 나라별 출전 선수 수를 정하는데, 각 나라별로 남녀 각각 12명까지 출전할 수 있어요. 남녀 합쳐서 20명까지 출전할 수 있고, 세부 종목별로 4명까지만 출전할 수 있어요. 선수 연령 제한도 있는데, 2018년 평창 동계 올림픽의 경우 2003년 1월 1일 이전에 태어난 선수만 참가할 수 있지요. 총 310명이 출전하게 되어요.

장거리는 대부분 한 번의 경기로 순위를 정하며, 스프린트 경기는 1차 경기로 준결승 진출자를 선발하고, 이후부터는 토너먼트로 겨뤄요. 팀 스프린트 경기는 20여 개국이 참가하여 예선을 거쳐 10개 팀이 결선에 올라 메달을 다투지요.

단체 출발은 출전 선수들이 모두 함께 출발해요. ⓒpp1

🏅 올림픽 크로스컨트리 스키 용구

크로스컨트리 스키의 주법에는 프리 주법과 클래식 주법이 있어요. 스키 또한 프리 경기인지 클래식 경기인지에 따라서 다른 걸로 신어요. 프리용 스키는 길이 1.75~2m, 폭은 5cm 내외예요. 스키 폭이 넓을 때 움직임이 쉬워요. 클래식용 스키는 최대 길이가 2.3m예요. 딱딱하고 길어서 체중을 분산시켜 줘요.

폴은 강도가 높고 가벼운 것이 좋아요. 쉽고 빠르게 움직이기 위하여 아래로 갈수록 얇아져요. 바인더는 앞쪽만 고정되어 있고 뒤꿈치는 걷기 편하도록 자유롭게 떨어져요. 경기복은 가볍고 딱 맞는 것이 좋으며, 몸의 열기를 발산하기 쉬워야 해요. 헬멧 대신 모자를 쓰는 것이 유리하며, 고글을 사용할 수 있어요.

크로스컨트리용 스키는 스키가 뒤로 밀리지 않도록 스키 바닥에 왁스를 바르는 것이 중요해요. 날씨가 따뜻할 때에는 미끄러운 왁스를 스키 앞뒤에 발라 마찰을 줄이고 스피드는 높여요. 반대로 눈이 많거나 추울 때에는 스키 밑바닥 가운데에 끈끈한 왁스를 발라 접지와 견인력을 높여요.

경기 방법 및 규칙

크로스컨트리 스키에는 프리 주법과 클래식 주법이 있는데, 주법이 지정되어 있을 경우 이를 위반하면 실격 처리되어요. 클래식 주법은 평지의 완만한 경사에서 스키를 나란히 하고 팔을 사용해 전진하는 방법이에요. 폴을 지치기 전에 상체를 앞으로 내밀고 재빨리 폴을 앞으로 지쳐 나아가요. 프리 주법은 스케이팅을 하듯 양 발을 이용해 전진해요. 안쪽 에지를 이용해 박차고 나가는데, 상체의 움직임으로 추진력을 얻지요. 스케이팅 주법이라고도 해요.

©Cephas

개인 경기 : 남자 15km, 여자 10km를 주행하는 경기로 기록이 뒤진 선수부터 15~30초 간격으로 출발해요. 프리 주법으로 치르며, 완주 시간이 가장 빠른 순으로 순위가 결정되어요.

스키애슬론 : 남자 30km, 여자 15km를 주행해요. 처음 절반은 클래식 주법으로, 나머지 절반은 프리스타일 주법으로 주행해요.

스프린트 : 단거리 종목으로 남자는 1~1.8km, 여자는 0.8~1.6km를 클래식 또는 프리 주법으로 주행해요. 15초 간격으로 1명씩 출발하여 30명이 8강에 오르며, 이후부터는 토너먼트 방식으로 4강과 결승전을 치러 우승자를 가려요.

팀 스프린트 : 남자는 1~1.8km, 여자는 0.8~1.6km를 두 명의 선수가 교대로 주행해요. 프리 주법으로 주행해요.

단체 출발 : 남자 50km, 여자 30km의 장거리 종목으로 참가 선수들이 화살표 대형을 이루어 동시에 출발해요. 맨 앞 꼭지점에는 기록이 가장 좋은 선수가 위치하며, 클래식 주법을 사용해요.

계주 : 남자는 4명이 각각 10km씩을, 여자는 4명이 각각 5km씩을 주행해요. 1~2번 주자는 클래식 주법, 3~4번 주자는 프리 주법을 사용해야 해요.

🏅 세계적인 크로스컨트리 스키 스타

동계 올림픽의 전설 비에른 델리(노르웨이, 1967. 6. 19~)

1992년, 1994년, 1998년 세 차례 동계 올림픽에서 금메달 8개와 은메달 4개 등 총 12개나 되는 메달을 획득했어요. 노르딕 스키 세계 선수권 대회에서 9개의 금메달을 목에 걸었고, 월드컵에서도 6번이나 우승했지요. 1991년부터 1999년까지 선수로 뛰는 동안 29개의 메이저 대회 메달을 획득해 역대 최고의 남자 스키 선수로 불려요.

러시아의 철녀 류보프 예고로바(러시아, 1966. 5. 5~)

1992년과 1994년 대회에서 2연속 3관왕에 오른 러시아의 스키 영웅이에요. 두 대회에서 모두 9개의 메달을 획득했어요. 세계 선수권 대회에서는 3회 우승했어요. 그러나 도핑 테스트에 적발되어 선수 생활을 마감했어요.

설원의 여제 마리트 비에르옌(노르웨이, 1980. 3. 21~)

2002년부터 2014년 대회까지 참가하여 금 6개, 은 3개, 동 1개를 따내 크로스컨트리 스키 여제로 불려요. 특히 2010년 밴쿠버 대회에서 금 3, 은 1, 동 1개를 따내 대회 최다 메달 수상자에 올랐고, 2014년 소치 대회에서도 3관왕에 올랐어요.

사라예보의 영웅 마리야리사 키르베스니에미(핀란드, 1955. 9. 10~)

1984년 사라예보 대회 때 3관왕에 올라 최고의 스타로 등극했어요. 이 밖에도 동메달 1개를 획득하였으며, 이후 1988년 캘거리 대회와 1994년 릴레함메르 대회에서도 동메달 3개를 추가해 올림픽에서만 모두 7개의 메달을 획득했지요. 세계 선수권 대회에서도 3회 우승했어요.

스키의 화려한 비상
스키 점프

- ❄ **동계 올림픽 채택 연도** : 1924년 샤모니 동계 올림픽(프랑스)
- ❄ **동계 올림픽 금메달 개수** : 4개
- ❄ **동계 올림픽 경기 종목** : 남녀 개인 노멀힐, 남자 개인 라지힐, 남자 단체전
- ❄ **대표적인 국제 경기** : 올림픽, 세계 선수권 대회, 스키 점프 월드컵 등
- ❄ **세계적인 선수** : 시몬 암만(스위스), 옌스 바이스플로크(독일), 마티 뉘케넨(핀란드), 후나키 가즈요시(일본) 등

스키를 타고 35-37도의 급경사면을 시속 90km 이상의 빠른 속도로 내려오다가 100m 내외를 점프하는 종목으로 흔히 스키의 꽃으로 불려요. 북유럽에서 놀이로 즐기던 것이 발전한 스포츠로, 올림픽에는 1회 샤모니 대회 때부터 정식 종목으로 채택되었어요. 위험한 경기라서 오랫동안 남자들만의 스포츠였지만 2014년 소치 대회 때 처음 여자부 경기도 열리기 시작하였어요. 점프대 높이와 활공 거리에 따라 노멀힐과 라지힐 두 종목이 치러지며 착지 거리, 비행 자세, 착지 모습 등을 평가하여 점수를 매겨요. 올림픽에는 남녀 노멀힐, 남자 라지힐, 남자 단체전 등 모두 4개의 금메달이 걸려 있어요.

©Marcin Kadziolka

스키 점프의 역사

북유럽에서 놀이로 전래되어 오다가 19세기 초 군인들에 의하여 처음으로 경기가 치러졌어요. 1809년 노르웨이와 덴마크의 군인들이 처음 경기를 치렀는데, 9.5m를 날았다는 기록이 전해져요. 이후 노르웨이 스포츠의 아버지로 불리는 손드레 노르하임이 30m를 날았는데, 30여 년간 기록이 깨지지 않았지요.

1862년 노르웨이 오슬로에서 처음으로 공식 경기가 열렸는데, 올라프 하우간이 20m를 날아 첫 세계 신기록으로 기록되었어요. 이 대회는 이후 홀멘콜렌으로 옮겨져 치러졌고, 오늘날 홀멘콜렌은 스키 점프의 발상지로 여겨지고 있어요.

1924년 샤모니 동계 올림픽에 정식 종목으로 채택되었으며, 오랫동안 남자 경기만 진행되어 오다가 2014년 소치 대회 때부터 여자 부문도 새로 채택되었어요.

1985년 스웨덴의 얀 보클뢰브가 V자 활공 자세를 처음 선보인 후 비거리가 10m 이상 늘어나 기술이 발전하였으며, 1998년 일본 나가노에서 열린 18회 동계 올림픽에서 일본 선수들이 긴 스키를 이용하여 금메달 2개를 획득하자 스키의 길이를 선수 키의 146%를 넘지 못하게 하는 규정이 생겨났어요.

노르웨이와 핀란드, 독일, 오스트리아 등 북유럽 국가들이 강세를 보여 왔으며, 아시아 국가에서는 일본이 1998년 나가노 동계 올림픽을 치르며 급성장하여 세계 정상을 차지한 바 있어요. 올림픽에는 남자 라지힐과 노멀힐 개인전, 팀 경기, 그리고 여자부 노멀힐 개인전 등 모두 4개의 금메달이 걸려 있어요.

한국 스키 점프의 역사

우리나라에 스키가 도입된 것은 100년이 넘었지만 대중적인 스포츠로 자리 잡은 것은 근래의 일이에요. 특히 스키 점프는 1990년대 중반까지 거의 불모지였지요. 그러다가 1996년에 올림픽 은메달리스트 요헨 단네베르크를 지도자로 영입하며 국가 대표 선수들의 기량이 부쩍 발전하여 1998년 나가노 동계 올림픽 출전권을 따내면서 처음으로 국제 대회에 나갔어요.

2003년 이탈리아에서 열린 유니버시아드 대회 개인전과 단체전에서 금메달을 따내 처음으로 국제 대회에서 우승을 하였으며, 동계 아시안 게임에서도 단체전 금메달을 차지했어요. 이는 스키 점프대조차 변변한 것이 없던 열악한 환경에서 만든 기적이라고 할 수 있어요. 2009년 중국에서 열린 유니버시아드 대회에서도 금메달을 따내자 스키 점프 선수들의 이야기를 담은 영화 〈국가대표〉가 만들어졌고, 스포츠 영화로는 드물게 흥행에 성공하기도 했어요.

2009년 알펜시아 스키 점프장이 건설되어 체계적인 훈련과 국제 대회를 치를 수 있게 되었으며, 2018년 평창 동계 올림픽을 앞두고 2016~2017 시즌 스키 점프 월드컵을 개최하기도 했어요.

평창 동계 올림픽 스키 점프 경기장이에요. ⓒ코리아넷/전한

🏅 올림픽 리그 구성

  국제 스키 연맹에서 각종 국제 대회 성적을 바탕으로 각 세부 종목당 국가별 출전 선수 수를 정하는데, 한 나라에서 남녀 각 4명까지 출전할 수 있어요. 나이 제한도 있는데, 2018년 평창 동계 올림픽의 경우 2003년 1월 1일 이전에 태어난 선수만 참가할 수 있지요. 전 종목에 걸쳐 남자 65명, 여자 35명의 선수가 출전해요. 예선을 거쳐 30명이 최종전을 치러요.

🏅 올림픽 스키 점프 용구

  스키는 선수 키의 146% 이내의 길이여야 하고 폭은 10.5cm 이내예요. 재질은 나무나 유리 섬유인데 길고 넓을수록 비행에 유리해요. 바닥에는 세 줄 이상의 홈이 있는데, 착지 시 브레이크 역할을 하지요. 부츠는 몸을 앞으로 구부릴 때 발목을 잡아 줄 수 있는 소프트 부츠이고, 헬멧, 고글, 장갑 등을 착용해요.

🏅 경기 방법 및 규칙

  스키 점프는 흔히 스키의 꽃으로 불릴 정도로 멋진 장면을 연출하는 종목이에요. 스키를 타고 35~37도의 급경사면을 빠른 속도로 내려와 100m가 넘는 거리를 날아가는 모습은 어떤 스포츠에서도 볼 수 없는 스키 점프만의 매력이랍니다.

  경기는 크게 노멀힐 경기와 라지힐 경기가 있는데, 각각 K-90, K-120와 같이 표기해요. 여기에서 K는 점프를 한 뒤 착지하는 기준점을 의미해요. K-90은 90m, K-120은 120m를 뜻하지요. 노멀힐은 75~99m여야 하고, 라지힐은 100m 이상이어야 해요. 선수들이 점프하여 K라인에 착지하면 거리 점수 60점을 받으며, 이 선을 넘어서면 1m당 라지힐의 경우 1.8점의 가산점을 받고, 노멀힐의 경우는 2점을 받아요. 대신 이 선에 미치지 못하면 반대로 각각 1m당 1.8점, 2점이 깎여요.

이 거리 점수에 5명의 심판이 비행 중 자세, 균형, 착지 자세 등을 파악하여 각각 20점 만점으로 점수를 매겨요. 이 중 착지가 가장 비중이 큰데, 두 팔을 수평으로 펼친 채 두 무릎을 약간 엇갈리게 하며 착지하는 것이 좋은 점수를 받아요. 심판의 점수 중 가장 낮은 점수와 높은 점수를 제외한 3명의 점수를 합산해요. 두 번 점프를 하며, 각각 받은 점수를 합산하여 순위가 매겨져요.

©Tyler Olson

🏅 세계적인 스키 점프 스타

올림픽 더블더블 기록한 시몬 암만(스위스, 1981. 6. 25~)

2002년 토리노 대회와 2010년 밴쿠버 대회 때 노멀힐과 라지힐에서 각각 우승하여 동계 스포츠 스키 점프 사상 최초로 더블더블을 기록했어요. 2007년 세계 선수권 대회 라지힐 부문에서 우승, 노멀힐에서 준우승했어요. 2010년 스키 점프 월드컵에서는 종합 우승을 차지했어요.

스키 점프 최초의 3관왕 마티 뉘케넨(핀란드, 1963. 7. 17~)

1980년대 최고의 스키 점프 선수로 1984년 사라예보 대회 때 금메달 1개, 은메달 1개를 따냈으며, 1988년 캘거리 대회에서는 팀 경기 포함 전 종목을 석권하며 3관왕에 올랐어요. 세계 선수권 대회에서는 5개의 금메달을 따냈으며 월드컵 대회에서는 4회 종합 우승을 차지하였어요.

독일의 스키 영웅 옌스 바이스플로그(독일, 1964. 6. 21~)

1984년 사라예보 대회 때 동독 선수로 출전하여 노멀힐에서 금메달을, 라지힐에서는 은메달을 획득하였어요. 1994년 릴레함메르 대회 때에는 독일 선수로 출전해 라지힐 부문과 팀 부문에서 우승하여 올림픽에서만 모두 금메달 3개, 은메달 1개를 획득하였지요. 세계 선수권 대회에서는 2회 우승하였어요.

나가노 올림픽 영웅 후나키 가즈요시(일본, 1975. 4. 27~)

1998년 나가노 올림픽에서 라지힐 개인과 팀에서 우승하여 일본 선수 최초로 동계 올림픽 2관왕에 올랐으며 노멀힐에서는 은메달을 획득하여 대회 최고의 스타로 떠올랐어요. 1998년 월드컵 대회와 1999년 세계 선수권 대회에서 각각 우승하였어요.

최고의 스키 선수를 가리는
노르딕 복합

❄ **동계 올림픽 채택 연도** : 1924년 샤모니 동계 올림픽(프랑스)
❄ **동계 올림픽 금메달 개수** : 3개
❄ **동계 올림픽 경기 종목** : 팀 : 스키 점프 라지힐+크로스컨트리 20km(4명x5km)
 개인 : 스키 점프 노멀힐+크로스컨트리 10km, 스키 점프 라지힐+크로스컨트리 10km
❄ **대표적인 국제 경기** : 올림픽, 노르딕 세계 선수권 대회, 노르딕 복합 월드컵 등
❄ **세계적인 선수** : 요한 그뢰툼스브라텐(노르웨이), 삼파 라유넨(핀란드), 펠릭스 고트발트(오스트리아), 울리히 벨링(동독)

'설원의 마라톤' 크로스컨트리 스키와 '스키의 꽃' 스키 점프를 합친 종목으로 스피드와 정신력은 물론 점프 기술 등 스키의 다양한 능력을 펼쳐야 하므로 매우 힘겨운 종목이지요. 따라서 이 경기의 우승자를 흔히 최고의 스키 선수로 부르기도 해요. 1924년 1회 샤모니 동계 올림픽부터 정식 종목으로 채택되었어요. 그러나 우리나라에서는 2013년에야 선수가 등록되는 등 매우 생소한 종목이에요. 올림픽에는 남자 선수만 출전하는데, 개인전 2개와 단체전 1개 등 총 3개의 금메달이 걸려 있어요.

🏅 노르딕 복합의 역사

크로스컨트리 스키와 스키 점프를 함께 치르는 경기로 19세기 노르웨이에서 열린 스키 축제 때 최고의 스키 선수를 가리기 위하여 시작했다고 해요. 그러나 공식 경기는 1892년 오슬로에서 처음 열렸어요.

1924년 1회 샤모니 동계 올림픽부터 정식 종목으로 채택되었으며 워낙 힘들고 위험한 경기라 남자부 경기만 열리고 있어요. 1988년 캘거리 대회 때부터 단체전이 채택되었고, 2002년 솔트레이크시티 대회에서 스프린터 종목이 추가되었어요.

경기 방식은 대회 때마다 약간씩 차이가 있는데, 크로스컨트리 스키 구간을 7.5km 또는 15km로 하다가 2010년 밴쿠버 대회에서 10km로 통일하였고 스키 점프도 노멀힐과 라지힐로 바꾸었어요. 전통적으로 노르웨이와 핀란드, 독일 등 북유럽 국가들이 강세를 보여 왔으며, 1980년대 중반 일본도 세계 정상권에 올라 올림픽에서 단체전 금메달을 2회 따냈어요.

🏅 한국 노르딕 복합의 역사

크로스컨트리 스키는 비교적 오래 전에 도입되었으나 스키 점프는 1990년대에 들어와서야 보급되기 시작했어요. 따라서 이 두 종목을 함께 치르는 노르딕 복합은 더욱 늦어 2013년에야 국가 대표 팀이 창설되었지요. 국가 대표 팀은 2017년 현재 크로스컨트리를 주 종목으로 하던 박제언 선수 혼자예요. 박제언은 2017년 2월 평창에서 열린 FIS 노르딕 복합 월드컵에서 30위를 차지하며 월드컵 포인트를 획득, 평창 동계 올림픽 본선에 올랐어요.

같은 아시아 국가인 일본이 1972년 삿포로 동계 올림픽을 치르며 1980년대부터 세계 정상권에 오른 만큼 우리나라도 2018년 평창 동계 올림픽을 통해 노르딕 복합의 발전을 위한 초석을 다질 것으로 기대되어요.

🏅 올림픽 리그 구성

이전 국제 경기에서의 성적을 토대로 하여 55명의 선수에게 출전권이 주어져요. 남자 선수들만 출전하게 되는데, 나라별로 4명까지만 출전할 수 있어요. 스키 점프를 먼저 진행하고, 그 기록에 따라서 크로스컨트리 스키 출발 순서가 정해져요.

개인전은 스키 점프 경기에서 가장 높은 점수를 받은 선수가 가장 먼저 출발하고, 기록에 따라 1점당 4초씩 계산하여 그만큼 늦게 출발하게 되어요. 결승선을 통과하는 순서로 순위가 정해져요. 단체전은 한 팀 4명의 선수가 스키 점프를 한 뒤 기록이 가장 좋은 팀이 먼저 출발하고, 기록에 따라 1점당 1.33초씩 계산하여 그만큼 늦게 출발하게 되어요. 한 선수가 5km씩 경기를 하고 마지막 선수가 가장 먼저 결승선을 통과하는 팀이 우승이에요.

🏅 올림픽 노르딕 복합 용구

크로스컨트리용 스키는 길이 195~230cm, 너비 4.5~5cm예요. 폭을 좁히고 탄소 섬유 등 가벼운 소재를 사용하여 두께도 줄인 스키를 신어요. 뒤꿈치가 스키에 고정되어 있는 알파인 스키와 달리, 걷기 편하도록 발 앞쪽만 바인딩으로 고정되어 있어요. 스키 점프용 스키는 선수 키의 146% 이내의 길이이고 너비 10.5cm 이내예요. 길고 넓을수록 비행에 유리해요. 재질은 나무나 유리 섬유로 되어 있어요. 부츠는 발목의 안정감을 위하여 뒤쪽이 높아요.

🏅 경기 방법 및 규칙

장거리 스키도 잘 타고 점프도 잘해야 하는 종목으로 강인한 체력과 지구력은 물론 균형 감각과 담력, 기술 등 스키에 필요한 모든 역량이 집결된 종목이에요.

그래서 노르딕 복합 우승자를 최고의 스키 선수로 꼽기도 해요.

© Tyler Olson

개인 경기

스키 점프 경기를 먼저 진행하고, 그 기록에 따라서 크로스컨트리 스키 출발 순서가 정해져요. 크로스컨트리는 10km를 주행하는데, 스키 점프 경기에서 가장 높은 점수를 받은 선수가 가장 먼저 출발하고, 기록에 따라 1점당 4초씩 계산하여 그만큼 늦게 출발하게 되어요. 대개 2.5km 코스를 4회 완주하며, 스케이트를 타듯 스키를 좌우로 지치며 나아가는 프리 주법으로 경주해요. 결승선을 통과하는 순서로 순위가 정해져요.

단체 경기

예전에는 3명이 한 팀이 되어 5km씩 15km를 달렸으나 1998년 나가노 대회부터 4명이 5km씩 총 20km를 달리는 식으로 변경되었어요. 4명의 선수가 스키 점프를 한 뒤 가장 많은 점수를 얻은 팀이 크로스컨트리 스키에서 먼저 출발해요. 그리고 스키 점프 기록에 따라 1점당 1.33초씩 계산하여 그만큼 늦게 출발하게 되어요. 한 선수가 5km를 달린 뒤 터치라인으로 들어오면 다음 선수가 이어 달리고, 마지막 선수가 가장 먼저 결승선을 통과하는 팀이 우승이에요.

🏅 세계적인 노르딕 복합 스타

전설의 스키 황제 요한 그뢰툼스브라텐(노르웨이, 1899. 2. 24~1983. 1. 21)

1928년 생모리츠 대회와 1932년 레이크플래시드 대회에서 금메달을 따내 2연패를 이루었어요. 크로스컨트리 스키에서도 탁월한 성적을 남겨 1928년 생모리츠 대회 18km에서 금메달을 따냈지요. 이 밖에도 1924년 샤모니 대회에서는 크로스컨트리에서 은메달 1개, 동메달 1개를 획득했어요.

올림픽 3연패 금자탑 울리히 벨링(동독, 1952. 7. 8~)

1972년부터 1980년 대회까지 연속으로 금메달을 획득하여 노르딕 복합 선수 최초로 올림픽 3연패의 금자탑을 이루어 냈어요. 1974년 세계 선수권 대회에서 챔피언에 올랐고, 1975~1977년 홀멘콜렌 스키 페스티벌에서 우승을 차지했어요. 1976년에는 스키 선수에게 수여하는 최고의 영예인 홀멘콜렌 메달을 받았어요.

최초의 노르딕 복합 올림픽 3관왕 삼파 라유넨(핀란드, 1979. 4. 23~)

2002년 솔트레이크시티 대회에서 노르딕 복합 사상 최초로 3관왕에 올랐고, 그 전 1998년 나가노 대회에서는 은메달 2개를 따냈어요. 1999년 세계 선수권 대회에서 우승했어요.

올림픽 5회 출전 7개 메달 펠릭스 고트발트(오스트리아, 1976. 1. 13~)

1994년부터 2010년까지 올림픽에 5회 출전하여 금메달 3, 은메달 1, 동메달 3개를 따냈어요. 세계 선수권 대회에서도 3회 우승하였으며, 2003년 로니 애커만과 함께 홀멘콜렌 메달을 공동 수상했어요.

강한 체력과 정신력의 경기
바이애슬론

❄ **동계 올림픽 채택 연도** : 1960년 스쿼밸리 동계 올림픽(미국)
❄ **동계 올림픽 금메달 개수** : 11개
❄ **동계 올림픽 경기 종목** : 개인, 스프린트, 계주, 추적, 단체 출발 등 총 11개 종목
  남자 : 스프린트 10km, 개인 20km, 추적 12.5km, 단체 출발 15km, 계주 4×7.5km
  여자 : 스프린트 7.5km, 개인 15km, 추적 10km, 단체 출발 12.5km, 계주 4×6km
  혼성 : 혼성 계주(여자 2×6km + 남자 2×7.5km)
❄ **대표적인 국제 경기** : 올림픽, 세계 선수권 대회, 바이애슬론 월드컵 등
❄ **세계적인 선수** : 올레 에이나르 비에른달렌(노르웨이), 카티 빌헬름(독일), 에밀 헤글 스벤슨(노르웨이), 다르야 돔라체바(벨라루스) 등

크로스컨트리 스키와 사격을 합친 경기로 체력은 물론 강인한 정신력까지 요구되는 종목이에요. 북유럽의 군인들이 시작하여 1924년 1회 샤모니 동계 올림픽에는 '군사 정찰'이라는 이름의 정식 종목으로 채택되었어요. 1948년 이후부터 바이애슬론으로 이름이 바뀌어 일반인들의 스포츠로 자리 잡았어요. 1960년 스쿼밸리 동계 올림픽에 정식 종목으로 다시 채택되었고, 남자부 경기만 열리다가 1992년부터 여자 경기도 열려 현재 올림픽에는 모두 11개의 금메달이 걸려 있어요. 전통적으로 북유럽 국가들이 좋은 성적을 거두었어요.

©Anrephoto

🏅 바이애슬론의 역사

18세기 후반 북유럽에서 군인들이 스키와 사격 경기를 한 것이 이 종목의 유래예요. 눈이 많이 내리는 북유럽에서는 스키가 널리 성행하였어요. 특히 군사용으로도 쓰여서 스키 부대가 창설되었는데, 자연스럽게 스키를 타고 사격을 하는 대회도 열렸어요. 이후 일반인들에게까지 널리 퍼지며 스포츠의 하나로 자리를 잡았지요.

1924년 1회 샤모니 동계 올림픽 대회에 '군사 정찰'이라는 경기 종목으로 채택되어 1948년 대회까지 열렸어요. 이후 '두 가지 경기'를 뜻하는 바이애슬론으로 명칭을 바꾸었지요. 1958년에 오스트리아에서 세계 선수권 대회를 열었고, 1960년 스쿼밸리 동계 올림픽 대회에 정식 종목으로 채택되었어요.

그러나 초창기에는 남자 경기만 있었으며, 참가 선수들도 대부분 군인들이었어요. 1976년에 총을 30구경 소총에서 22구경 소총으로 바꾸며 일반인들도 쉽게 참가할 수 있게 한 뒤 더욱 널리 보급되어 1992년 알베르빌 대회 때부터 여자 경기도 채택되었어요. 한편, 근대5종과 묶어 국제 근대5종 바이애슬론 연맹이 창립되었는데 1998년에 국제 바이애슬론 연맹으로 분리되었어요. 2006년 토리노 대회 때에는 남녀 단체 출발이, 그리고 2014년 소치 대회 때에는 혼성 계주 경기가 채택되면서 오늘날에는 모두 11개의 금메달이 걸려 있어요.

🏅 한국 바이애슬론의 역사

1970년대 후반 도입되어 대한 올림픽 위원회에 대한 근대5종 바이애슬론 위원회가 구성되었으며, 1977년에 국제 근대5종 바이애슬론 연맹에 가입했어요. 1982년에는 대한 근대5종 바이애슬론 연맹이 창립되었고, 1984년 사라예보 동계 올림픽에 처음으로 선수를 파견하였지요. 이후 1998년 국제 바이애슬론 연맹이 분리되어 창립됨에 따라 우리나라에서도 대한 바이애슬론 경기 연맹이 별도로 창립되었어요.

　아직까지 우리나라에서는 비인기 종목으로 생소한 편이며, 국제 대회에서 좋은 성적도 올리지 못했어요. 그러나 2008년에는 바이애슬론 월드컵을 개최하였고, 2009년에는 세계 선수권 대회를 개최하는 등 저변 확대에 노력한 결과 2017년 2월 일본 삿포로에서 열린 동계 아시안 게임에서 김용규가 국제 대회 참가 사상 첫 동메달을 따냈지요.

　한편, 평창 동계 올림픽을 앞두고 우리나라로 귀화한 러시아 출신의 안나 프롤리나가 2016년 8월 세계 선수권 대회에서 2위를 차지하여 역대 최고의 성적을 올렸으며, 역시 귀화 선수인 에카테리나 에바쿠모바는 2017년 2월 세계 선수권 대회 여자 개인 15km에서 5위를 차지하였어요.

올림픽 리그 구성

　올림픽에 출전하기 위해서는 국제 바이애슬론 연맹 포인트 180점 이상을 획득하는 등 몇 가지 자격 조건을 갖추어야 해요. 그리고 이전 시즌 국제 대회에서의 국가별 성적 순위에 따라 출전권을 배정해요. 남녀 각각 5위 이내의 국가는 6장, 20위 이내의 국가는 5장, 22위 이내 국가에는 4장씩의 티켓이 주어지지요. 그리고 와일드 카드 5~6장이에요. 개최국은 남녀 각 1명씩 출전할 수 있어요. 이렇게 해서 남녀 각 115명의 선수가 출전하게 된답니다.

　개인 경기와 스프린트는 30초나 1분 간격으로 출발하는데, 선수들은 스키를 타고 주행하다가 사격장에서 사격을 해요. 사격의 정확도에 따라 벌점 시간이 가산되거나 벌칙으로 추가 주행을 해야 해요. 주행 시간을 기록하여 순위를 정해요.

　추적은 개인 경기와 스프린트의 경기 결과에 따라 출발 순서가 정해져요. 역시 사격의 정확도에 따라 벌칙 주행이 주어지는데, 가장 먼저 결승선에 들어온 선수가 우승이에요.

단체 출발은 약 30여 명의 선수가 동시에 출발해서 경기를 치르고 가장 먼저 결승선에 들어온 선수가 우승이에요.

🏅 올림픽 바이애슬론 용구

스키의 최소 길이는 선수의 키에서 4cm를 뺀 길이여야 해요. 최대 길이는 제한이 없어요. 폭은 4cm 이상, 무게는 750g 이상이어야 해요. 폴의 길이는 키보다 작아야 하지요. 총은 22구경의 소총으로 무게 3.5kg 이상이며 수동 장전 방식을 사용해요. 실탄 20발(탄창 4개)을 메고 경기를 해요.

경기복은 두께가 6mm를 넘지 않아야 하고 패딩은 경기복 안쪽에만 허용되어요. 부츠와 장갑, 고글 등을 착용하지요.

🏅 경기 방법 및 규칙

크로스컨트리 스키와 사격을 함께 하는 경기로 선수들은 소총을 멘 채 정해진 거리를 활주하며, 정해진 사격장에서 사격을 해요. 스키 종목 중 마라톤으로 불리는 크로스컨트리를 강한 체력으로 뛴 다음 정신력을 집중시키는 사격을 하므로 결코 쉬운 종목이 아니에요. 사격은 서서 쏘는 입사와 엎드려서 쏘는 복사 두 가지를 하는데, 표적을 명중시키지 못하면 벌점 또는 벌칙 주행이 추가되어요.

개인 경기 – 남자 20km, 여자 15km

30초 또는 1분 간격으로 한 명씩 출발을 하며, 주행 중에 4번의 사격을 해요. 복사-입사-복사-입사의 순서로 사격을 하는데, 한 번에 5발씩 쏘지요. 표적을 맞추지 못할 경우, 1발 실패마다 벌점으로 1분이 주행 시간에 추가되어요. 주행 시간을 기록하여 순위를 정해요.

스프린트 - 남자 10km, 여자 7.5km

30초 또는 1분 간격으로 한 명씩 출발을 하며, 주행 중에 2번의 사격을 해요. 복사-입사의 순서로 각각 5발씩 사격하며, 표적을 맞추지 못할 경우, 1발 실패마다 150m의 벌칙 주로가 추가로 주어져요. 벌칙 주로를 주행하는 데에는 대략 23~30초가 걸려요. 주행 시간을 기록하여 순위를 정해요.

추적 - 남자 12.5km, 여자 10km

개인 경기와 스프린트 경기 결과를 토대로 출전 선수와 출발 순서가 정해져요. 기록이 가장 좋은 선수부터 출발하며, 그 뒤로는 기록 차이만큼 늦게 출발해요. 주행 중 4번의 사격을 하며, 표적을 맞추지 못할 경우 1발 실패마다 150m의 벌칙 주로가 추가로 주어져요. 복사-복사-입사-입사의 순으로 사격하고, 각각 5발씩 쏘게 되어요. 결승점에 도착하는 순서대로 순위가 정해져요.

©Martynova Anna

단체 출발 – 남자 15km, 여자 12.5km

참가 선수들(약 30명)이 동시에 출발해요. 주행 중 4번의 사격을 하며, 표적을 맞추지 못할 경우 1발 실패마다 150m의 벌칙 주로가 추가로 주어져요. 사격 순서는 복사–복사–입사–입사이며, 결승점에 도착하는 순서대로 순위가 정해져요.

계주 – 남자 4×7.5km, 여자 4×6km

팀당 4명의 선수로 구성되며 한 선수당 남자의 경우 7.5km씩, 여자의 경우 6km씩 주행해요. 여자의 경우 초기에는 3명이 7.5km씩 주행하였고, 이후 남자 경기처럼 4명이 7.5km씩 주행하기도 했으나 2006년 토리노 대회부터 지금과 같이 바뀌었어요. 남자는 2.5km와 5km 주행 후에 사격을 하며, 여자는 2km와 4km 주행 후 사격을 해요. 예비 실탄 3발이 더 주어지는데, 그래도 표적을 맞추지 못하면 150m 벌칙 주로를 주행해야 해요. 각 팀 첫 주자는 동시에 출발하고, 이후 주자들은 교체 구역에 들어온 앞 주자와 신체로 접촉하여 계주를 해요.

혼성 계주 – 여자 2×6km + 남자 2×7.5km

남자 2명과 여자 2명이 한 팀을 이루어 경기를 하며, 여자는 6km씩, 남자는 7.5km씩 주행해요. 첫 주자는 동시에 출발하는데, 여자–여자–남자–남자의 순으로 경기를 진행해요. 경기 방식은 계주 경기와 같아요.

🏅 세계적인 바이애슬론 스타

바이애슬론의 살아 있는 전설 올레 에이나르 비에른달렌(노르웨이 1974. 1. 27~)

1998년 나가노 대회 때부터 2014년 소치 대회 때까지 올림픽에만 6회 출전하여 금메달 8개 은메달 4개, 동메달 1개를 따냈어요. 특히 2002년 솔트레이크시티 대회 때에는 4관왕에 오르며 최고의 성적을 남겼지요. 총 13개의 메달로 동계 올림픽 사상 최다 메달 수상자가 되었고, 세계 선수권 대회 19회 우승, 월드컵 95회 우승을 기록하여 바이애슬론의 살아 있는 전설로 불려요.

독일 바이애슬론의 영웅 카티 빌헬름(독일, 1976. 8. 2~)

동독 출신으로 처음에는 크로스컨트리 스키를 하였지만 독일 통일 후에는 바이애슬론으로 전향하였어요. 2002년 솔트레이크시티 대회 때 여자 스프린트와 계주에서 금메달을 획득하였으며, 2006년 토리노 대회 때에는 10km 추적에서 우승하였어요. 이 밖에도 은메달 3개, 동메달 1개를 획득, 독일 여자 바이애슬론 사상 최고의 선수에 올랐지요. 세계 선수권 대회에서도 5회 우승하였어요.

세계 최고의 바이애슬러 에밀 헤글 스벤슨(노르웨이, 1985. 7. 12~)

2010년 밴쿠버 대회와 2014년 소치 대회에서 각각 2관왕에 올랐으며, 은메달 1개를 추가하여 올림픽에서만 모두 금메달 4개와 은메달 1개를 따냈어요. 세계 선수권 대회에서는 9회 우승하였으며, 월드컵 대회에서는 2009~2010시즌에 종합 우승을 차지한 선수예요.

2014년 올림픽 3관왕 다르야 돔라체바(벨라루스, 1986. 8. 3~)

2014년 소치 동계 올림픽에서 3관왕에 오른 벨라루스의 영웅이에요. 어려서 크로스컨트리 스키를 하였으나 1999년에 바이애슬론으로 전향하여 최고의 성적을 남겼지요. 2010년 밴쿠버 대회에서는 동메달을 차지하였어요. 2016년 노르웨이의 올레 에이나르 비에른달렌과 결혼하여 지구 최강의 바이애슬론 부부가 되었답니다.

스피드를 겨루는 산악 스키
알파인 스키 스피드

❄ **동계 올림픽 채택 연도** : 1936년 가르미슈파르텐키르헨 동계 올림픽(독일)
❄ **동계 올림픽 금메달 개수** : 6개
❄ **동계 올림픽 경기 종목** : 남자 활강, 슈퍼 대회전, 복합 / 여자 활강, 슈퍼 대회전, 복합
❄ **대표적인 국제 경기** : 올림픽, 세계 선수권 대회, 스키 월드컵 등
❄ **세계적인 선수** : 키에틸 안드레 아모트(노르웨이), 야니카 코스텔리치(크로아티아) 등

알파인 스키는 북유럽의 평탄한 지형에서 발전한 노르딕 스키와 함께 근대 스키의 양대 산맥을 이루는 종목이에요. 알프스의 높은 산악 지대에서 발전한 스키라 하여 '알파인'이라 이름 붙었어요. 경사가 심한 경기장을 내려오기 좋게 뒤꿈치를 바인딩으로 스키에 고정시키지요. 급격한 경사면을 활주하므로 매우 빠르고 박진감이 넘치지만 위험한 편이에요. 크게 스피드 경기와 테크니컬 경기로 나뉘는데, 활강과 슈퍼 대회전이 스피드 경기로 분류되며 알파인 복합 경기는 스피드와 테크니컬이 합쳐져 있어요. 1936년 가르미슈파르텐키르헨 동계 올림픽부터 정식 종목으로 채택되었으며, 복합 경기를 포함한 알파인 스피드 종목에는 모두 6개의 금메달이 걸려 있어요.

©B.Stefanov

🎖 알파인 스키 스피드의 역사

알프스 산악 지대에서 발전하였다고 해서 알파인 스키라고 불러요. 본래는 경사진 곳을 내려올 때만 타는 용도가 아니라 올라갈 때에도 신었던 중요한 이동 수단이었어요. 오스트리아의 한스 슈나이더가 체계화하였고 영국의 아놀드 룬이 1913년 활강과 회전 경기의 규칙을 만들었어요. 그러나 첫 활강 경기는 규칙이 만들어지기 전인 1911년 스위스 몬타나에서 치러졌지요.

1924년 국제 스키 연맹(FIS)이 창설된 뒤 1928년 알파인 스키 첫 공식 대회가 열렸어요. 1930년에 아놀드 룬이 만든 경기 규칙이 공식화되었으며, 1931년에 1회 알파인 스키 세계 선수권 대회가 개최되었어요.

올림픽에서는 1936년 가르미슈파르텐키르헨 동계 올림픽 대회부터 정식 종목으로 채택되었어요. 회전과 활강 경기를 한 선수가 다 치르는 복합 경기로 진행되었고, 이것이 분리된 것은 1948년 생모리츠 대회 때부터예요. 1952년 오슬로 대회부터는 대회전이 추가되었어요. 1988년 캘거리 대회부터는 슈퍼 대회전과 알파인 복합 경기가 세부 종목으로 추가되었고, 2018년 평창 동계 올림픽부터는 혼성 단체전이 추가되었어요.

이들 세부 종목 중 활강과 슈퍼 대회전은 스피드 종목이고, 회전과 대회전, 혼성 단체전은 테크니컬 종목이에요. 한편, 알파인 복합은 스피드와 테크니컬을 합친 종목이에요. 혼성 단체전 말고는 각각 남녀부 경기가 열리기 때문에 올림픽 알파인 스키에 걸린 금메달은 모두 11개이며, 이 중 스피드 종목 메달은 6개예요.

🎖 한국 알파인 스키 스피드 종목의 역사

우리나라에 스키가 들어온 것은 1900년 이전이지만 1930년 2월 열린 전 조선 스키 선수권 대회가 첫 공식 스키 대회예요. 1932년 조선 스키 협회가 창립되었고, 광복 후 1946년 4월에 대한 스키 협회가 다시 창립되었어요. 1947년 12월에 1회 전국 스키 선수권 대회가 열렸지요.

1960년 스쿼밸리 동계 올림픽에 처음 참가하였으며, 2015년 캐나다에서 열린 FIS 레이스 여자 활강 경기에서 이현지가 세계적인 대회에서 처음으로 동메달을 따냈어요. 2017년 1월 미국 아스펜에서 열린 FIS 레이스에서는 김동우가 남자 활강에서 또 다시 동메달을 획득하여 앞으로의 활약이 기대되고 있어요.

올림픽 리그 구성

국제 스키 연맹에서 각종 국제 대회 성적을 고려하여 각 종목당 나라별 출전 선수 수를 정해요. 알파인 스키 종목 전체에 총 320명의 선수가 올림픽에 나가게 되어요. 그리고 알파인 스키 종목 전체에 걸쳐 나라별로 남녀 각각 14명까지와 하나의 혼성 팀이 출전할 수 있어요. 세부 종목당 4명까지 출전할 수 있지요.

활강과 슈퍼 대회전 종목은 단 한 번의 경기로 기록에 따라 순위를 정해요. 그

활강 경기 장면이에요. ⓒPHOTOMDP

리고 복합 종목은 활강을 1회전, 회전을 2회전에 실시한 후 두 기록을 합산하여 순위를 정해요.

🏅 올림픽 알파인 스키 스피드 용구

　알파인 스키 세부 종목에 따라 스키의 최소 길이가 다른데 활강은 남자 최소 218cm, 여자 최소 210cm예요. 그리고 슈퍼 대회전은 남자 최소 210cm, 여자 최소 205cm예요.

　활강과 슈퍼 대회전 종목에 사용하는 폴은 중간 아래 부분이 휘어 있어요. 이는 웅크린 자세를 취하며 내려올 때 바람의 저항을 최소화시켜 주기 위해서예요. 이에 비하여 테크니컬 경기인 회전 종목에 사용되는 폴은 직선형이에요.

　스키와 부츠는 바인더로 연결해요. 뒤꿈치는 스키에 고정되어 있어요. 경기복은 몸에 달라 붙는 수트를 착용하며, 부츠와 헬멧, 장갑, 고글 등을 착용해요.

🏅 경기 방법 및 규칙

활강

　가파른 경사면을 시속 90~140km로 빠르게 내려오는 위험한 경기예요. 모든 선수는 반드시 총 3회의 공식 연습 중 최소 1회 이상 참여해야 하지요. 코스 중간에 빨간색의 방향기와 파란색의 관문기, 그리고 노란색의 위험기가 세워지는데, 정해진 관문을 올바르게 통과해 결승점에 도착한 시간으로 순위를 정해요.

슈퍼 대회전

　활강 종목보다 코스 길이가 짧고 낮은 위치에서 시작해요. 대회전 종목에 비해서는 경기장 경사가 가팔라요. 평균 속도는 시속 88~96km에 이르지요. 코스에

35~40개의 기문이 설치되어 있고 기문 사이의 거리는 25m 이상으로 넓어요. 회전과 대회전 종목이 두 차례 경기를 치러 순위를 정하는 반면, 슈퍼 대회전 종목은 한 차례 경기로 순위를 정하지요.

알파인 복합

회전 종목과 활강 종목을 합친 경기예요. 1회전은 활강, 2회전은 회전 경기를 치른 뒤 두 기록을 합산해서 순위를 정해요.

슈퍼 대회전 경기 장면이에요. ⓒMitch Gunn

🏅 세계적인 알파인 스키 스피드 스타

알파인 스키의 전설 키에틸 안드레 아모트(노르웨이, 1971. 9. 2~)

1992년 알베르빌 대회부터 2006년 토리노 대회까지 올림픽에 5회 출전하여 금

4개, 은 2개, 동 2개 등 모두 8개의 메달을 따낸 노르웨이의 스키 영웅이에요. 특히 슈퍼 대회전에 강하여 3개의 금메달을 따냈어요. 세계 선수권 대회에서는 5회, 월드컵에서는 9회 우승하였어요.

금 4개에 빛나는 야니카 코스텔리치(크로아티아, 1982. 5. 1~)

2002년 솔트레이크시티 대회 때 3관왕에 올랐으며, 2006년 토리노 대회에서도 알파인 복합에서 금메달을 따는 등 올림픽에서만 금 4개, 은 2개를 획득하였어요. 2003년 월드컵 대회에서는 종합 우승을 차지하였으며, 여자 선수로는 사상 두 번째로 월드컵에서 알파인 스키 전 종목을 석권하는 그랜드슬램을 달성하였지요.

테크닉을 겨루는 산악 스키
알파인 스키 테크니컬

❄ **동계 올림픽 채택 연도** : 1936년 가르미슈파르텐키르헨 동계 올림픽(독일)
❄ **동계 올림픽 금메달 개수** : 5개
❄ **동계 올림픽 경기 종목** : 남자 대회전, 회전 / 여자 대회전, 회전 / 혼성 단체전
❄ **대표적인 국제 경기** : 올림픽, 세계 선수권 대회, 스키 월드컵 등
❄ **세계적인 선수** : 토니 자일러(오스트리아), 알베르토 톰바(이탈리아), 브레니 슈나이더(스위스) 등

알파인 스키는 북유럽의 평탄한 지형에서 발전한 노르딕 스키와 함께 근대 스키의 양대 산맥을 이루는 종목이에요. 알프스의 높은 산악 지대에서 발전한 스키라 하여 '알파인'이라 이름 붙었어요. 경사가 심한 경기장을 내려오기 좋게 뒤꿈치를 바인딩으로 스키에 고정시키지요. 급격한 경사면을 활주하므로 매우 빠르고 박진감이 넘치지만 위험한 편이에요. 크게 스피드 경기와 테크니컬 경기로 나뉘는데, 회전과 대회전 그리고 혼성 단체전이 테크니컬 경기에 속해요. 1936년 가르미슈파르텐키르헨 동계 올림픽부터 정식 종목으로 채택되었으며, 알파인 스키 테크니컬 종목에는 모두 5개의 금메달이 걸려 있어요.

©MAURO UJETTO

🏅 알파인 스키 테크니컬의 역사

알파인 스키는 알프스 지역에서 발달한 스키예요. 본래는 경사진 곳을 내려올 때만 타는 용도가 아니라 올라갈 때에도 신었던 중요한 이동 수단이었어요. 이것을 스포츠 경기로 체계화시킨 이는 알파인 스키의 아버지로 불리는 오스트리아의 한스 슈나이더예요. 한스는 '아를베르크'라는 스키 기술로 여러 스키 대회를 휩쓸었는데, 아를베르크는 한스의 고향 지명이었어요. 아를베르크가 알프스 산악 지대에 위치하므로 알파인으로 바꾼 것이 오늘날 알파인 스키의 유래가 되었어요.

알파인 스키는 빠르게 내려오는 것도 중요하지만 다양한 지형지물을 잘 피하는 것도 매우 중요한데, 1913년 영국의 아놀드 룬이 스피드를 겨루는 활강과 테크닉을 겨루는 회전으로 나누어 경기 규칙을 만들었어요. 이것이 공식화된 것은 1930년이며, 이듬해인 1931년에 1회 알파인 스키 세계 선수권 대회가 열렸지요.

올림픽에는 1936년 가르미슈파르텐키르헨 동계 올림픽 대회부터 정식 종목으로 채택되었어요. 당시는 활강과 회전 경기를 한 선수가 다 치르는 복합 경기로 진행되었지요. 이후 12년 만인 1948년 생모리츠 동계 올림픽 대회부터 활강과 회전을 분리하여 경기를 치렀고, 두 종목을 함께 치르는 복합 경기도 열렸어요. 1952년 오슬로 대회에서는 대회전이 추가되었고, 1988년 캘거리 대회부터는 슈퍼 대회전과 알파인 복합 경기가 세부 종목으로 추가되었지요. 또 2018년 평창 동계 올림픽부터는 혼성 단체전이 추가되었어요.

이들 세부 종목 중 활강과 슈퍼 대회전은 스피드 종목이고, 회전과 대회전, 혼성 단체전은 테크니컬 종목이에요. 한편, 알파인 복합은 스피드와 테크니컬을 합친 종목이에요. 혼성 단체전 이외에는 각각 남녀부 경기가 열리므로 올림픽 알파인 스키에 걸린 금메달은 모두 11개이며, 이 중 테크니컬 종목 메달은 5개예요.

🏅 한국 알파인 스키 테크니컬 종목의 역사

우리나라에 스키가 들어온 것은 1900년 이전이지만 1930년 2월 열린 전 조선 스키 선수권 대회가 첫 공식 스키 대회예요. 1932년 조선 스키 협회가 창립되었고, 광복 후 1946년 4월에 대한 스키 협회가 다시 창립되었어요. 1947년 12월에 1회 전국 스키 선수권 대회가 열렸지요.

올림픽에는 1960년 스쿼밸리 동계 올림픽에 처음 참가하였으며, 테크니컬 종목의 국제 대회 입상은 1986년 일본 삿포로에서 열린 1회 동계 아시안 게임에서 박재혁이 따낸 알파인 스키 남자 회전 경기 은메달이 최초예요. 이후 아시안 게임 등에는 꾸준히 입상해 왔지만 유럽, 북미 국가가 참여하는 국제 대회에서는 좋은 성적을 올리지 못했어요.

2011년 아스타나 알마티 동계 아시안 게임에서 정동현이 슈퍼 복합 경기에서 금메달을 획득하였으며, 2015~2016 시즌 FIS 극동컵에서도 정상에 올랐어요. 정동현은 2016년 11월 28일 오스트리아 투른파스에서 열린 FIS 레이스 오스트리아 대회 알파인 스키 회전 경기에서 우승하여 유럽 대회 첫 우승을 이루어 냈고, 2017년 2월 일본 삿포로 동계 아시안 게임 남자 회전에서 금메달을 획득하였어요. 또한 2017년 1월 크로아티아 자그레브에서 열린 2016~2017 알파인 스키 월드컵 대회에서 14위에 올라 역대 최고의 성적을 기록하였답니다.

🏅 올림픽 리그 구성

국제 스키 연맹에서 각종 국제 대회 성적을 고려하여 각 종목당 나라별 출전 선수 수를 정해요. 알파인 스키 종목 전체에 총 320명의 선수가 올림픽에 나가게 되어요. 그리고 알파인 스키 종목 전체에 걸쳐 나라별로 남녀 각각 14명까지와 하나의 혼성 팀이 출전할 수 있어요. 한 종목당 4명까지 출전할 수 있지요.

회전과 대회전 종목은 두 번의 경기로 순위를 정하는데, 1차전 성적 1~30위 선수들은 2차전에서는 성적 역순으로 경기를 진행하고 31위 이하 선수들은 순서대로 경기를 치러요. 1, 2차전 기록을 합산하여 최종 순위를 정하지요. 혼성 단체전은 남자 2명, 여자 2명으로 구성된 16개 나라의 혼성팀이 토너먼트로 겨뤄요.

올림픽 알파인 스키 테크니컬 용구

알파인 스키 세부 종목에 따라 스키의 최소 길이가 다른데 대회전은 남자 최소 195cm, 여자 최소 188cm예요. 그리고 회전은 남자 최소 165cm, 여자 최소 155cm이지요.

대회전 종목에 사용하는 폴은 중간 아래 부분이 휘어 있어요. 이는 웅크린 자세를 취하며 내려올 때 바람의 저항을 최소화시켜 주기 위해서예요. 이에 비하여 회전 종목에 사용되는 폴은 직선형이에요.

스키와 부츠는 바인더로 연결해요. 뒤꿈치는 스키에 고정되어 있어요. 경기복은 몸에 달라 붙는 수트를 착용하며, 부츠와 헬멧, 장갑, 고글 등을 착용해요.

경기 방법 및 규칙

회전

경기장에 기문으로 코스를 표시하고 선수들은 그 코스를 지그재그로 회전하며 내려오는 경기예요. 남자는 55~75개, 여자는 45~60개의 기문을 지나야 해요. 두 번 경기를 실시하는데, 한 차례 경기를 한 후 기문 위치를 바꿔 다시 경기를 해요. 1차전 상위 30위까지의 선수는 순위의 역순으로 2차전을 진행하고, 31위부터는 순서대로 경기를 진행해요. 두 차례의 경기 시간을 합산하여 빠른 시간 순서대로 순위를 정하지요. 평균 시속은 55km로 활강 종목에 비해 느리지만 기문이

많으므로 고난도 기술과 유연성, 순발력이 필요해요. 기문을 하나라도 빼놓고 통과하거나 두 발이 기문을 통과하지 않으면 실격된답니다.

대회전

회전 종목과 기본 경기 방법은 같지만 기문 사이의 거리가 회전 종목보다 10m 길기 때문에 활강 종목과 회전 종목의 기술을 모두 필요로 하는 종목이에요. 기문의 수는 회전 종목보다 적어서 남자 50~55개, 여자 45~50개를 통과해야 하지요. 경기 시작 2시간 전에 코스를 살펴볼 수 있지만 연습은 할 수 없어요. 회전 종목과 마찬가지 방법으로 두 차례 경기를 치러 합산 시간이 빠른 순서대로 순위를 정해요. 활주 시간은 대략 1분 30초 정도예요.

대회전 경기는 활강 종목과 회전 종목의 기술이 모두 필요해요. ©Mitch Gunn

혼성 단체전

2018년 평창 동계 올림픽에서 처음으로 채택된 경기예요. 한 팀에 남녀 각각 2

명씩 총 4명이 출전하는데, 대회전 종목의 기문이 설치된 250~300m의 평행한 코스 두 곳에서 경주를 실시해요. 그러나 기문 사이의 거리는 회전 종목보다는 길고 대회전 종목보다는 짧지요. 나라별로 토너먼트를 벌여서 순위를 가려요.

🏅 세계적인 알파인 스키 테크니컬 스타

알파인 스키 최초의 3관왕 토니 자일러(오스트리아, 1935. 11. 17~2009. 8. 24)

1956년 코르티나담페초 동계 올림픽을 빛낸 스타예요. 1956년 세계 선수권 대회에서 4관왕, 1958년에는 3관왕에 오르는 등 알파인 스키 전 종목에서 최고의 성적을 남겼고, 올림픽 참가 이듬해에 프로로 전향하였어요. 영화배우로도 활약하였지요.

스키 황제 알베르토 톰바(이탈리아, 1966. 12. 19~)

1980~1990년대를 휩쓴 이탈리아의 스키 황제예요. 1988년 캘거리 대회와 1992년 알베르빌 대회에서 대회전 종목 2관왕에 오르는 등 올림픽에서만 금 3개, 은 2개를 따냈어요. 월드컵에서는 50회 우승을 차지하는 등 큰 업적을 남겼어요.

슬로프의 여왕 브레니 슈나이더(스위스, 1964. 11. 26~)

1988년 캘거리 대회부터 1994년 릴리함메르 대회 때까지 올림픽에 3회 연속 출전하여 금 3개, 은 1개, 동 1개를 따냈어요. 캘거리 대회 때는 회전과 대회전에서 우승하여 2관왕에 올랐어요. 세계 선수권 대회에서는 3회 우승을 차지했어요.

스키로 펼치는 설원의 서커스
프리스타일 스키 모글

- ❄ **동계 올림픽 채택 연도** : 1992년 알베르빌 동계 올림픽(프랑스)
- ❄ **동계 올림픽 금메달 개수** : 2개
- ❄ **동계 올림픽 경기 종목** : 남자 개인, 여자 개인
- ❄ **대표적인 국제 경기** : 올림픽, 세계 선수권 대회, 프리스타일 스키 월드컵 등
- ❄ **세계적인 선수** : 에드가 그로스피롱(프랑스), 야네 라흐텔라(핀란드), 알렉스 빌로도(캐나다), 최재우(한국) 등

   1960년대 미국의 젊은이들이 기존의 스키보다 짜릿하면서도 박진감 넘치는 스키를 추구하면서 프리스타일 스키가 스포츠로 자리 잡았어요. 1992년 알베르빌 동계 올림픽에 정식 종목으로 채택되었지요. 모글 경기와 공중 곡예를 보여 주는 에어리얼이 먼저 성행하였으며, 스키 크로스와 하프파이프, 슬로프스타일 등으로 세부 종목이 늘어나 올림픽에는 남녀 각 5개 세부 종목에 총 10개의 금메달이 걸려 있어요. 이 중 모글 종목에는 남녀 개인전에 각각 1개씩 2개의 금메달이 걸려 있지요. 체구가 작은 동양인에게 적합한 종목이에요.

©Juanan Barros Moreno

🏅 프리스타일 스키 모글의 역사

프리스타일 스키는 슬로프를 자유롭게 활강하면서 공중 곡예를 보여 주는 예술성 있는 스키 경기로 흔히 '설원의 서커스'로 불려요. 1930년대에 알파인 스키와 크로스컨트리 스키 선수들이 훈련 도중에 자신들이 개발한 기술을 보여 준 것이 유래가 되었으며, 1960년대에 들어와 스포츠로 자리를 잡았지요.

기존 권위에 대한 도전 의식이 널리 퍼져 있던 미국의 젊은이들이 기존 스키에서는 누리기 어려운 박진감과 짜릿함을 추구하면서 자유로운 스키 기술을 개발하였고, 마침내 1966년 뉴햄프셔에서 처음으로 대회를 열었어요. 가장 먼저 모글이 발전하였으며, 이후 에어리얼 경기가 개발되었어요 이후 프리스타일 스키는 주로 프로 경기로 열렸으며, 특히 신세대들의 스포츠로 자리 잡아 갔어요.

1986년에는 프리스타일 스키 세계 선수권 대회가 열렸으며, 1988년 캘거리 동계 올림픽에서 시범 종목으로 채택되었어요. 1992년 알베르빌 대회에서 모글이 정식 종목으로 채택되었고, 1994년 릴레함메르 대회에서는 에어리얼이 추가되었지요. 2010년 밴쿠버 대회 때 스키 크로스가 추가되었고, 2014년 소치 대회 때 하프파이프와 슬로프스타일이 세부 종목으로 채택되면서 올림픽에서 프리스타일 스키에 5개 세부 종목 남녀 각 1개씩 모두 10개의 금메달이 걸려 있어요. 이 중 모글에는 남녀 개인전 각 1개씩 모두 2개의 금메달이 걸려 있어요.

🏅 한국 프리스타일 스키 모글의 역사

1990년대 후반부터 스키가 겨울 스포츠로 인기를 얻으며 프리스타일 스키도 도입되었으며, 특히 1997년 2월 무주에서 FIS 프리스타일 초청 대회를 개최한 후 동호인들이 늘어나기 시작했어요. 이후부터 우수한 선수들이 발굴되어 여러 국제 대회에 참가하면서 발전하기 시작했지요.

2013년 노르웨이 세계 선수권 대회에서 최재우가 남자 모글 부문 5위를 하였고, 2014년 소치 동계 올림픽에서는 결선에 진출하여 모글을 국내에 널리 알렸어요. 최재우는 2015년 1월 FIS 프리스타일 스키 월드컵 모글 부문에서 4위에 올라 역대 최고의 성적을 올렸으며, 2017년 삿포로 동계 아시안 게임에서 은메달을 획득했어요. 또한 2017년 8월 오스트레일리아-뉴질랜드 대륙컵 대회에서 또 다시 4위에 올랐지요.

2017년 2월 FIS 프리스타일 스키 월드컵 모글 여자부에서 서정화가 6위를 차지하는 좋은 성적을 올렸으며, 3월 2016~2017시즌 FIS 프리스타일-스노보드 세계 선수권 대회 듀얼 모글에서 서지원이 4위에 올라 역대 최고 성적을 기록했어요.

아직은 도입 초기 단계이지만 알파인 스키나 노르딕 스키에 비해 체구가 작은 동양인들에게 유리한 종목으로, 앞으로 좋은 성적이 기대되어요.

🏅 올림픽 리그 구성

국제 스키 연맹 포인트 80점 이상을 기록하고 이전 국제 대회 성적 30위 이내인 나라들에게 출전권이 주어져요. 남녀 각 30명이 올림픽에 출전하게 되는데, 나라별로는 남녀 각 4명까지 출전할 수 있어요. 그리고 프리스타일 스키 종목 전체에 걸쳐 나라별로 남녀 각 최대 16명, 합쳐서 30명까지만 출전할 수 있어요.

나이 제한이 있어서, 평창 동계 올림픽의 경우 2002년 1월 1일 이전에 태어난 선수만 출전할 수 있지요.

출전 선수들은 두차례 예선 경기를 치러 20명이 결선에 올라요. 결선 1차전에서는 12명이 가려지고, 2차전에서는 6명이 최종 결선에 올라 메달을 다투어요.

🏅 올림픽 프리스타일 스키 모글 용구

스키는 앞부분과 뒷부분의 재질이 단단하고 묘기를 위하여 끝부분이 둥글게 되어 있어요. 길이는 평균적으로 남자 180cm, 여자 175cm이지요. 소프트 부츠와 소프트 바인더를 사용하며, 헬멧, 고글, 장갑을 착용할 수 있어요.

🏅 경기 방법 및 규칙

모글은 프리스타일 스키를 주도해 온 핵심 종목으로, 힘과 유연성은 물론 판단력 등 다양한 요소가 필요한 종목이에요. 모글이란 눈이 쌓인 둔덕을 말하는 것으로, 이를 인공적으로 조성하여 경기를 치러요. 250m 길이의 코스에 3~4m 간격으로 모글을 빼곡하게 만들고 점프대를 2개 설치하지요. 선수들은 모글과 점프대를 통과하면서 턴 동작과 점프 기술을 선보여야 해요.

모글을 통과하는 턴 기술이 60%, 점프 시 공중 동작 20%, 완주 시간 20%로 채점을 해요. 채점 항목 중에서 비중이 가장 큰 턴 기술은 심판이 5명인데, 그중 최저와 최고 점수를 뺀 3명의 점수를 더해서 턴 기술 점수로 해요. 공중 동작 심판은 2명으로 두 심판의 평균 점수를 공중 동작 점수로 해요. 턴 기술 점수와 공중 동작 점수에 시간 기록 점수를 더한 것이 최종 점수예요.

두 번의 예선전을 치러 20명이 결선에 오르며, 결선 1차전에서는 12명이 가려지고, 2차전에서는 6명이 최종 결선에 올라 메달을 다투어요.

🏅 세계적인 프리스타일 스키 모글 스타

올림픽과 세계 선수권 제패 에드가 그로스피롱(프랑스, 1969. 3. 17~)

1992년 알베르빌 동계 올림픽에서 금메달을, 1994년 릴레함메르 대회에서는 동메달을 땄어요. 세계 선수권 대회에서는 1989, 1991, 1995년 세 차례 우승하였지요. 은퇴 후에는 프랑스 체육계에서 활동하며 2018년 프랑스 안시 동계 올림픽 유치 위원회 위원장을 역임하였어요.

모글 챔피언 야네 라흐텔라(핀란드, 1974. 2. 28~)

1998년 나가노 동계 올림픽 대회 남자 모글에서 동메달을 딴 후 2002년 솔트레이크시티 대회에서는 금메달을 따내 2연속 올림픽 메달을 차지했어요. 1999년 세계 선수권 대회에서는 금 1개, 은 1개를 따냈지요. 은퇴 후 일본에서 사업가이자 일본 대표팀 코치로 활약했어요.

올림픽 2연패 알렉스 빌로도(캐나다, 1987. 9. 8~)

프리스타일 스키 사상 최초로 2010년 밴쿠버 대회와 2014년 소치 대회 모글 부문 2연패를 이루었어요. 2014년 소치 대회에서 금메달을 딴 후 뇌성마비 장애를 앓고 있는 형에게 금메달의 영광을 돌려 세계인의 찬사를 받았지요. 세계 선수권 대회에서는 2009~2013년까지 듀얼 모글 부문에서 3연패의 금자탑을 이루었어요.

기술과 스피드로 펼치는 설원의 레이스
프리스타일 스키 크로스

- ❄ **동계 올림픽 채택 연도** : 2010년 밴쿠버 동계 올림픽(캐나다)
- ❄ **동계 올림픽 금메달 개수** : 2개
- ❄ **동계 올림픽 경기 종목** : 남자 개인, 여자 개인
- ❄ **대표적인 국제 경기** : 올림픽, 세계 선수권 대회, 프리스타일 스키 월드컵 등
- ❄ **세계적인 선수** : 장 프레드릭 샤퓌(프랑스), 마리엘 톰슨(캐나다), 헤다 베른첸(노르웨이) 등

　기존의 스키보다 짜릿하면서도 박진감 넘치는 프리스타일 스키의 한 종목으로 점프와 회전 등 다양한 기술과 함께 스피드도 요구되는 종목이에요. 최근에야 스포츠화되었지요. 4명이 한 조가 되어 경기를 함께 치르는데, 2명만 다음 단계로 진출하므로 서로 격렬하게 부딪치기도 하고 사고를 당하기도 해요. 2010년 밴쿠버 동계 올림픽에서 처음으로 경기가 열렸으며, 남자 개인전과 여자 개인전에 각각 1개씩 모두 2개의 금메달이 걸려 있어요

©Martin Lehmann

🎖 프리스타일 스키 크로스의 역사

　프리스타일 스키는 슬로프를 자유롭게 활강하면서 공중 곡예를 보여 주는 예술성 있는 스키 경기로 흔히 '설원의 서커스'로 불려요. 1930년대에 알파인 스키와 크로스컨트리 스키 선수들이 훈련 도중에 자신들이 개발한 기술을 보여 준 것이 유래가 되었으며, 1960년대에 들어와 스포츠로 자리를 잡았지요.

　기존 권위에 대한 도전 의식이 널리 퍼져 있던 미국의 젊은이들이 기존 스키에서는 누리기 어려운 박진감과 짜릿함을 추구하면서 자유로운 스키 기술을 개발하였고, 마침내 1966년 뉴햄프셔에서 처음으로 대회를 열었어요. 가장 먼저 모글이 발전하였으며, 이후 에어리얼 경기가 개발되었어요 이후 프리스타일 스키는 주로 프로 경기로 열렸으며, 특히 신세대들의 스포츠로 자리 잡아 갔어요.

　1986년에는 프리스타일 스키 세계 선수권 대회가 열렸으며, 1988년 캘거리 동계 올림픽에서 시범 종목으로 채택되었어요. 1992년 알베르빌 대회에서 모글이 정식 종목으로 채택되었고, 1994년 릴레함메르 대회에서는 에어리얼이 추가되었지요. 스키 크로스는 2010년 밴쿠버 대회 때 추가되었어요.

　스키 크로스는 코스가 물결처럼 펼쳐져 파도 타기를 연상시키는 웨이브 코스와 점프대 등의 장애물은 물론 평지 코스도 다양한 회전을 구사하도록 배치되어 있어요. 그래서 격렬한 레이스를 소화할 수 있는 체력과 기술이 필요한 경기예요.

🎖 한국 프리스타일 스키 크로스의 역사

　1990년대 후반부터 스키가 겨울 스포츠로 인기를 얻으며 프리스타일 스키도 도입되었으며, 특히 1997년 2월 무주에서 FIS 프리스타일 초청 대회를 개최한 후 동호인들이 늘어나기 시작했어요. 프리스타일 스키의 대표격인 모글은 1997년 무주 FIS 프리스타일 초청 대회를 개최한 후 도입되었으나 스키 크로스는 2010년 밴쿠버 동계 올림픽 때 정식 종목으로 채택된 이후에 국내에 들어왔어요.

2009년 창단된 스노보드 팀 '코불스'에 프리스타일 스키 크로스 선수들도 합류하여 국내 최초의 프리스타일 스키 크로스 팀이 되었으며, 박현 선수가 국가 대표로 활약하고 있어요. 박현은 알파인 스키 활강이 주종목으로, 2014년 이탈리아 주니어 선수권 대회에 국가 대표로 출전한 바 있지요. 프리스타일 스키 크로스는 아직은 도입 초기 단계이나 더욱 발전할 것으로 기대되고 있어요.

🏅 올림픽 리그 구성

국제 스키 연맹 포인트 80점 이상을 기록하고 이전 국제 대회 성적 30위 이내인 나라들에게 출전권이 주어져요. 남녀 각 32명이 올림픽에 출전하게 되는데, 나라별로는 남녀 각 4명까지 출전할 수 있어요. 그리고 프리스타일 스키 종목 전체에 걸쳐 나라별로 남녀 각 최대 16명, 합쳐서 30명까지만 출전할 수 있어요.

나이 제한이 있어서, 평창 동계 올림픽의 경우 2002년 1월 1일 이전에 태어난 선수만 출전할 수 있지요.

예선에서 두 번의 경기를 펼친 기록을 바탕으로 4명씩 한 조를 이루어 경기를 하며, 각 조의 2위까지 다음 단계로 진출해요. 최종전에는 4명이 메달을 놓고 경기를 치러서 메달을 가리게 되어요.

🏅 올림픽 프리스타일 스키 크로스 용구

프리스타일 스키 크로스 종목에 사용되는 스키는 앞부분과 뒷부분의 재질이 단단하고 묘기를 위하여 끝부분이 둥글게 되어 있어요. 스키의 길이는 평균적으로 남자 180cm, 여자 175cm이지요. 소프트 부츠와 소프트 바인더를 사용하며, 헬멧, 고글, 장갑을 착용할 수 있어요.

경기 방법 및 규칙

다양한 장애물이 즐비한 슬로프를 4명이 함께 출발하는 프리스타일 스키 크로스 종목은 2010년 밴쿠버 동계 올림픽 때부터 정식 종목으로 채택되었어요. 예선 성적에 따라 조와 자리가 배정되어요. 다양한 곡선 주로와 뱅크, 스파인, 롤러, 점프 등의 지형지물을 거치면서 가장 빠르게 결승점으로 들어오는 순으로 순위가 정해져요. 기술 점수는 별도로 채점하지 않아요.

프리스타일 스키 크로스 종목은 4명이 한 조가 되어 경기를 치러요. ⓒMaxim Petrichuk

세계적인 프리스타일 스키 크로스 스타

올림픽 챔피언 장 프레드릭 샤퓌(프랑스, 1989. 3. 2~)

2013년 세계 선수권 대회에서 우승하였으며, 2014년 소치 동계 올림픽 남자 프리스타일 스키 크로스에서 금메달을 차지했어요. 또한 2015년에는 세계 선수권 대회 준우승과 월드컵 우승을 차지했어요.

주니어 시절부터 두각 마리엘 톰슨(캐나다, 1992. 6. 15~)

캐나다의 프리스타일 스키 선수로 2013년 세계 주니어 선수권 대회 여자 프리스타일 스키 크로스에서 금메달을, 세계 선수권 대회에서는 은메달을 땄어요. 2014년 소치 동계 올림픽에서는 금메달을 차지하였어요.

다방면에 뛰어난 스키 선수 헤다 베른첸(노르웨이, 1976. 4. 24~)

프리스타일 스키 크로스는 물론 알파인 스키와 텔레마크 스키 등 여러 종목에서 두각을 나타낸 선수예요. 1997년 텔레마크 세계 선수권 대회 클래식 부문에서 우승했고, 2001년 알파인 스키 세계 선수권 대회에서는 여자 회전 경기에서 동메달을 차지했어요. 이후 프리스타일 종목으로 바꿔 2010년 밴쿠버 동계 올림픽 여자 프리스타일 스키 크로스에서 은메달을 땄어요.

자유로운 스키 경기
프리스타일 스키 슬로프스타일

❋ **동계 올림픽 채택 연도** : 2014년 소치 동계 올림픽(러시아)
❋ **동계 올림픽 금메달 개수** : 2개
❋ **동계 올림픽 경기 종목** : 남자 개인, 여자 개인
❋ **대표적인 국제 경기** : 올림픽, 세계 선수권 대회, 프리스타일 스키 월드컵, 윈터 X게임 등
❋ **세계적인 선수** : 톰 왈리쉬(미국), 제임스 우즈(영국), 조스 크리스텐센(미국), 다라 하웰(캐나다) 등

프리스타일 스키 종목 중에서도 가장 자유로운 스타일의 경기예요. 벽이나 레일, 점프대 등 갖가지 장애물이 설치되는데, 선수 개인이 골라서 경기를 치를 수 있어요. 2014년 소치 동계 올림픽부터 프리스타일 스키의 세부 종목으로 채택되었으며, 남녀 개인전에 각 1개씩 2개의 금메달이 걸려 있어요. 프리스타일 스키의 진면목을 담고 있는 종목이라고 할 수 있어요.

©Daniel Hurlimann

🎖 프리스타일 스키 슬로프스타일의 역사

　프리스타일 스키의 세부 종목 중 하나로 스노보드의 슬로프스타일을 스키에 적용한 경기예요. 세계 선수권 대회는 2011년부터 열리고 있으며, 올림픽에는 2014년 소치 동계 올림픽에 처음으로 프리스타일 스키의 세부 종목으로 채택되었어요. 남자부에서는 미국의 조스 크리스텐센, 여자부는 캐나다의 다라 하웰이 각각 올림픽 첫 챔피언이 되었어요.

🎖 한국 프리스타일 스키 슬로프스타일의 역사

　1990년대에 프리스타일 스키가 도입되었으나 슬로프스타일은 최근에야 도입되어 아직 널리 알려져 있지 않았어요. 그러나 2018년 평창 동계 올림픽을 앞두고 유망 선수 발굴과 육성에 힘을 기울인 결과 2017년 1월 이탈리아 세이저 알름에서 열린 프리스타일 스키 월드컵 대회에서 이미현이 여자부 슬로프스타일 7위에 오르며 사상 최고의 성적을 기록하였지요.
　다양한 장애물을 선택해서 경기를 할 수 있어 스키를 자유롭게 즐길 수 있다는 장점 때문에 앞으로 더욱 큰 발전이 기대되어요.

🎖 올림픽 리그 구성

　국제 스키 연맹 포인트 50점 이상을 기록하고 이전 국제 대회 성적 30위 이내인 나라들에게 출전권이 주어져요. 남자는 30명, 여자는 24명이 올림픽에 출전하게 되는데, 나라별로는 남녀 각 4명까지 출전할 수 있어요. 그리고 프리스타일 스키 종목 전체에 걸쳐 나라별로 남녀 각 최대 16명, 합쳐서 30명까지만 출전할 수 있어요. 나이 제한이 있어서, 평창 동계 올림픽의 경우 2002년 1월 1일 이전에 태어난 선수만 출전할 수 있지요.

　두 차례 경기를 치러 이 중 높은 점수 순으로 결선에 진출하는데, 남자는 최대 24명, 여자는 최대 12명이 결선에 진출할 수 있어요.

🏅 올림픽 프리스타일 스키 슬로프스타일 용구

　프리스타일 스키 슬로프스타일 종목에 사용되는 스키는 앞부분과 뒷부분의 재질이 단단하고 묘기를 위하여 끝부분이 둥글게 되어 있어요. 소프트 부츠와 소프트 바인더를 사용하며, 헬멧, 고글, 장갑을 착용해요.

🏅 경기 방법 및 규칙

　슬로프스타일은 스키 크로스처럼 레일과 테이블, 박스, 벽 등의 장애물과 점프대가 있는 종목이지만 선수가 장애물을 선택해서 연기를 펼치는 점이 달라요. 이렇게 선수 스스로 연기할 장애물을 선택할 수 있다는 점에서 프리스타일 스키 종

슬로프스타일은 선수가 연기할 장애물을 선택할 수 있어요. ⓒDaniel Hurlimann

목들 중 가장 자유로운 종목이라 할 수 있어요.

 선수가 연기를 펼치면 5명의 심판이 높이와 회전, 테크닉, 난이도 등을 100점 만점으로 하여 채점한 다음 평균 점수를 내지요. 두 번의 경기를 치러 둘 중 높은 점수로 순위를 결정해요. 예선을 통하여 남자는 최대 24명, 여자는 12명이 결선에 진출해요.

세계적인 프리스타일 스키 슬로프스타일 스타

세계 챔피언 톰 왈리쉬(미국, 1987. 6. 22~)

 2012년 아스펜에서 열린 윈터 X게임 남자 스키 슬로프스타일에서 우승을 차지했어요. 2013년 세계 선수권 대회에서도 챔피언에 올랐어요.

월드컵 5회 우승 제임스 우즈(영국, 1992. 1. 19~)

 프리스타일 스키 월드컵 대회에서 5회 우승하였으며, 세계 선수권 대회에서는 은 1개, 동 1개를 차지하였어요. 2017년 미국 아스펜에서 열린 윈터 X게임에서는 빅에어 부문에서 금메달을 따냈어요.

올림픽 첫 챔피언 조스 크리스텐센(미국, 1991. 12. 20~)

 2014년 소치 동계 올림픽에서 처음 채택된 슬로프스타일 남자부 정상에 올라 올림픽 첫 슬로프스타일 챔피언이 되었어요. 이밖에 2011년 뉴질랜드 윈터 X게임 금메달, 2015년 아스펜 윈터 X게임 은메달을 차지했어요.

슬로프스타일 여왕 다라 하웰(캐나다, 1994. 8. 23~)

 2013년 세계 선수권 대회 여자 슬로프스타일에서 은메달을, 2014년 소치 동계 올림픽에서는 금메달을 땄어요. 윈터 X게임에서는 4개의 동메달을 땄어요.

스키로 펼치는 공중 묘기
프리스타일 스키 에어리얼

❄ **동계 올림픽 채택 연도** : 1994년 릴레함메르 동계 올림픽(노르웨이)
❄ **동계 올림픽 금메달 개수** : 2개
❄ **동계 올림픽 경기 종목** : 남자 개인, 여자 개인
❄ **대표적인 국제 경기** : 올림픽, 세계 선수권 대회, 프리스타일 스키 월드컵 등
❄ **세계적인 선수** : 알렉세이 그리신(벨라루스), 알리사 캠플린(오스트레일리아), 리디아 라실라(오스트레일리아), 리니나(중국) 등

　스키를 타고 경사가 심한 점프대에서 도약하여 공중 회전 등의 묘기를 펼치는 프리스타일 스키 경기예요. 공중에서 곡예를 하기 때문에 흥미롭기도 하면서 위험한 종목이기도 하지요. 1994년 릴레함메르 동계 올림픽에서 처음으로 정식 종목으로 채택되었는데, 스키와 기계 체조의 도마 종목을 혼합한 듯한 경기이기 때문에 실제 기계 체조 출신 선수들이 두각을 나타내요. 올림픽에는 남녀 개인전에 각각 1개씩 모두 2개의 금메달이 걸려 있어요.

©Daniel Hurlimann

🎖 프리스타일 스키 에어리얼의 역사

프리스타일 스키는 슬로프를 자유롭게 활강하면서 공중 곡예를 보여주는 예술성 있는 스키 경기로 흔히 '설원의 서커스'로 불려요. 1930년대에 알파인 스키와 크로스컨트리 스키 선수들이 훈련 도중에 자신들이 개발한 기술을 보여 준 것이 유래가 되었으며, 1960년대에 들어와 스포츠로 자리를 잡았지요.

기존 권위에 대한 도전 의식이 널리 퍼져 있던 미국의 젊은이들이 기존 스키에서는 누리기 어려운 박진감과 짜릿함을 추구하면서 자유로운 스키 기술을 개발하였고, 마침내 1966년 뉴햄프셔에서 처음으로 대회를 열었어요. 가장 먼저 모글이 발전하였으며, 이후 에어리얼 경기가 개발되었어요 이후 프리스타일 스키는 주로 프로 경기로 열렸으며, 특히 신세대들의 스포츠로 자리 잡아 갔어요.

1986년에는 프리스타일 스키 세계 선수권 대회가 열렸으며, 1988년 캘거리 동계 올림픽에서 시범 종목으로 채택되었어요. 1992년 알베르빌 대회에서 모글이 정식 종목으로 채택되었고, 1994년 릴레함메르 대회에서는 에어리얼이 추가되었지요.

현재 올림픽 프리스타일 스키 에어리얼 종목에는 남녀 개인전에 각 1개씩 총 2개의 금메달이 걸려 있어요.

🎖 한국 프리스타일 스키 에어리얼의 역사

1990년대 후반부터 스키가 겨울 스포츠로 인기를 얻으며 프리스타일 스키도 도입되었으며, 특히 1997년 2월 무주에서 FIS 프리스타일 초청 대회를 개최한 후 동호인들이 늘어나기 시작했어요. 당시 기계 체조 국가 대표 출신 최동창이 에어리얼 종목에 출전했어요.

프리스타일 스키 종목 중 모글이나 하프파이프 등은 꾸준하게 선수가 배출되어 국제 무대에서 활약하였지만 에어리얼 부문은 아직까지 우리나라에는 생소한 종목으로 머물러 있어요. 아직 도입 초기 단계이지만 다른 프리스타일 스키 종목처럼 체구가 작은 동양인들에게 유리한 종목이기 때문에 앞으로 올림픽 등 국제 대회에서 좋은 성적을 거둘 것으로 전망되고 있어요.

올림픽 리그 구성

국제 스키 연맹 포인트 80점 이상을 기록하고 이전 국제 대회 성적 30위 이내인 나라들에게 출전권이 주어져요. 남녀 각 25명이 올림픽에 출전하게 되는데, 나라별로는 남녀 각 4명까지 출전할 수 있어요. 그리고 프리스타일 스키 종목 전체에 걸쳐 나라별로 남녀 각 최대 16명, 합쳐서 30명까지만 출전할 수 있어요. 평창 동계 올림픽의 경우 2002년 1월 1일 이전에 태어난 선수만 출전할 수 있지요.

예선에서 2번의 경기를 치러 상위 12명이 결선에 진출해요. 결선은 3차전까지 진행되는데, 1차전에서 8위까지 2차전에 오르고, 2차전에서는 4위까지 3차전에 올라 최종전을 치르고 순위를 결정지어요.

올림픽 프리스타일 스키 에어리얼 용구

스키는 앞부분과 뒷부분의 재질이 단단하고 묘기를 위하여 끝부분이 둥글게 되어 있어요. 길이는 다루기 쉽도록 다른 프리스타일 스키 종목에 비해서 짧아서 160cm 정도예요. 그리고 다른 프리스타일 스키 종목들과 달리 폴을 사용하지 않아요. 대신, 위험하기 때문에 헬멧을 반드시 착용하지요.

경기 방법 및 규칙

경사진 슬로프를 내려와 점프대에서 도약하여 공중 곡예를 펼치는 종목이에요.

'키커'라고 불리는 점프대는 싱글, 더블, 트리플 등 세 가지 종류가 있어요. 선수들은 이 중 하나를 선택해서 점프를 한 후 연기를 펼쳐요. 단, 싱글은 뒤로 1바퀴, 더블은 뒤로 2바퀴, 트리플은 뒤로 3바퀴를 회전하는 것이 기본 동작이에요. 이와 함께 옆으로 한 바퀴를 도는 풀 트위스트와 두 바퀴를 도는 더블 풀 트위스트 등의 연기를 펼쳐요. 기계 체조 중 도마 종목의 기술이 접목되기 때문에 기계 체조 출신 선수가 이 종목에 도전하는 경우가 많아요.

　2번의 예선 경기를 치러서 상위 12명이 결선에 진출해요. 결선 1차전에서 상위 8명이 2차전에 진출하고 2차전에서는 상위 4명이 최종 3차전에 올라가요. 심판은 모두 5명인데, 공중 도약과 높이, 거리 점수 20%, 스타일 및 동작의 실행과 정확도 점수 50%, 착지 점수 30%를 반영하여 10점 만점으로 채점을 해요. 이 중 가장 높은 점수와 가장 낮은 점수를 뺀 3명의 점수를 더한 후 난이도 점수를 곱하면 최종 점수가 되는 거예요.

©StockphotoVideo

🏅 세계적인 프리스타일 스키 에어리얼 스타

올림픽 금1, 동 1 알렉세이 그리신(벨라루스, 1979. 6. 18~)

2002년 솔트레이크시티 동계 올림픽 남자 에어리얼에서 동메달을 획득하였으며, 2010년 밴쿠버 대회에서는 금메달을 획득하여 챔피언에 올랐어요. 2001년 세계 선수권 대회에서는 우승했어요.

오스트레일리아의 영웅 알리사 캠플린(오스트레일리아, 1974. 12. 10~)

2002년 솔트레이크시티 대회 때 여자 에어리얼에서 금메달을 획득하였으며, 2006년 토리노 대회에서는 동메달을 따냈어요. 2003년에는 세계 선수권 대회에서 우승을 차지하여 세계 챔피언에 올랐지요. 2008년 오스트레일리아 스포츠 명예의 전당에 이름을 올렸어요.

올림픽 금1, 동 1 리디아 라실라(오스트레일리아, 1982. 1. 17~)

알리사 캠플린의 뒤를 잇는 오스트레일리아의 에어리얼 영웅이에요. 2010년 밴쿠버 올림픽 대회 여자 에어리얼에서 금메달을, 2014년 소치 대회에서는 동메달을 따냈어요.

중국의 에어리얼 스타 리니나(중국, 1983. 1. 10~)

프리스타일 스키 월드컵 3연패(2005, 2007, 2009)를 이룬 최고의 여자 에어리얼 선수예요. 그러나 올림픽에서는 금메달과 인연이 닿지 않아 2006년 토리노 동계 올림픽과 2010년 밴쿠버 동계 올림픽에서 각각 은메달에 그쳤어요.

반원통 슬로프에서 펼치는 스키 묘기

프리스타일 스키 하프파이프

* **동계 올림픽 채택 연도** : 2014년 소치 동계 올림픽(러시아)
* **동계 올림픽 금메달 개수** : 2개
* **동계 올림픽 경기 종목** : 남자 개인, 여자 개인
* **대표적인 국제 경기** : 올림픽, 세계 선수권 대회, 윈터 X게임 등
* **세계적인 선수** : 사라 버크(캐나다), 케빈 롤랑(프랑스), 데이비드 와이즈(미국), 매디 보우먼(미국)

   1970년대 미국의 젊은이들이 서핑을 하듯 스케이트 보드를 타기 위하여 개발된 하프파이프 구조물을 이용하는 프리스타일 스키의 한 종목이에요. 원통형 파이프를 반으로 자른 듯한 하프파이프 구조물을 내려오면서 회전이나 점프 등의 화려한 공중 연기를 펼쳐 큰 인기를 얻고 있어요. 그러나 매우 위험하여 헬멧 등의 안전 장비 구비가 의무화되어 있지요. 2014년 소치 동계 올림픽부터 프리스타일 스키의 세부 종목으로 채택되었고, 남녀 각 1개씩 2개의 금메달이 걸려 있어요. 체구가 작은 동양인에게 유리한 스키 종목이에요.

© Alfaguarilla

🏅 프리스타일 스키 하프파이프의 역사

하프파이프는 본래 스케이트 보드와 인라인 스케이트, BMX 등에 사용되는 대표적인 구조물로 그 위에 눈을 설치하면 스노보드와 스키도 즐길 수가 있어요. 1970년대 초반 미국의 젊은이들이 파도 위에서 서핑을 즐기듯 스케이트 보드를 타기 위하여 수영장 풀을 이용한 것이 유래예요.

1975년 미국 캘리포니아주와 샌디에이고주 스케이트 보드 동호인들이 애리조나 사막에 있는 반지름 7.3m의 거대한 수도관을 스케이트 보드용으로 사용하였는데, 이때 참가한 톰 스튜어트가 자신의 집 앞에 나무로 된 하프파이프 구조물을 세웠어요. 톰은 이 청사진을 램페이지라는 회사에 팔았으며, 스케이트 보드 잡지에 특집으로 소개되어 점차 유행하게 되었지요.

1980년대에 들어와서는 아랫부분을 편평하게 하여 선수들이 균형을 잡거나 다음 기술을 발휘할 준비를 할 수 있도록 제작되었고, 스케이트 보드뿐만 아니라 프리스타일 BMX와 인라인 스케이트 등도 경기를 치르게 되었어요. 이후 1990년대에는 겨울 스포츠용으로도 개발되어 스노보드와 프리스타일 스키의 하프파이프 경기가 치러지고 있어요.

하프파이프는 스포츠 종류에 상관없이 매우 빠르면서도 화려하여 큰 인기를 얻으며 급속하게 전 세계로 확산되었는데, 워낙 위험하여 헬멧 등 안전 장비 착용이 의무화되어 있어요. 실제로 세계적인 스키 하프파이프 선수인 캐나다의 사라 버크는 2012년 1월 연습 도중에 뇌진탕을 일으켜 사망하였어요. 크게 다쳐서 선수 생활을 마감하는 일도 적지 않고요.

스노보드의 하프파이프는 1998년 일본 나가노 동계 올림픽부터 정식 종목으로 채택되었으나 프리스타일 스키의 하프파이프는 이보다 늦은 2014년 소치 동계 올림픽부터 정식 종목으로 채택되었어요. 남녀 개인 각 1개씩 2개의 금메달이 걸려 있어요.

🏅 한국 프리스타일 스키 하프파이프의 역사

우리나라에 프리스타일 스키 하프파이프가 들어온 것은 2010년대 초예요. 스노보드 선수인 김광진이 스키 하프파이프로 전향하면서 1호 국가 대표가 되었는데, 2012년 휘닉스파크컵 FIS 프리스타일 스키 대회 남자 하프파이프에서 준우승했어요. 2014년 소치 동계 올림픽에서는 25위에 올랐어요. 그러나 여자 하프파이프의 박희진은 예선 탈락하였지요.

김광진은 2015년 스페인 그라나다 동계 유니버시아드 대회에서 은메달을 차지하며 우리나라 스키 하프파이프 사상 첫 국제 대회 메달을 따냈고, 2016년 12월 미국에서 열린 US 레볼루션 투어 1차 대회에서 금메달을 획득했어요. 또 2017년 8월 뉴질랜드 카드로나에서 열린 국제 스키 연맹 오스트레일리아-뉴질랜드 대륙컵에서 장유진이 여자 하프파이프 3위를 차지하는 등 남녀 모두 국제 대회에서 좋은 성적을 올려 앞으로의 전망을 밝게 하고 있어요.

🏅 올림픽 리그 구성

국제 스키 연맹 포인트 50점 이상을 기록하고 이전 국제 대회 성적 30위 이내인 나라들에게 출전권이 주어져요. 남자는 30명, 여자는 24명이 올림픽에 출전하게 되는데, 나라별로는 남녀 각 4명까지 출전할 수 있어요. 그리고 프리스타일 스키 종목 전체에 걸쳐 나라별로 남녀 각 최대 16명, 합쳐서 30명까지만 출전할 수 있어요. 나이 제한이 있어서, 평창 동계 올림픽의 경우 2002년 1월 1일 이전에 태어난 선수만 출전할 수 있지요.

심판은 모두 5명으로, 높이, 테크닉, 난이도, 회전 등의 요소를 100점 만점으로 채점해요. 이 점수들의 평균이 최종 점수예요. 두 번 경기를 치러서 높은 점수로 최종 순위를 결정해요.

🏅 올림픽 프리스타일 스키 하프파이프 용구

스키는 앞부분과 뒷부분의 재질이 단단하고 묘기를 위하여 끝부분이 둥글게 되어 있어요. 스키의 길이는 평균 180cm 정도예요. 소프트 부츠와 소프트 바인더를 사용하며, 위험한 경기이니만큼 헬멧은 필수예요. 폴의 사용은 자유여서, 폴을 쓰지 않고 경기를 하는 선수도 있어요.

🏅 경기 방법 및 규칙

경사가 있는 반원통형 슬로프를 지그재그로 내려오면서 점프와 회전 등 공중 연기를 보여 주는 종목이에요. 공중 도약의 높이와 회전, 테크닉, 난이도 등에 따라 5명의 심판이 100점 만점으로 점수를 매기는데, 두 번의 경기를 치러 좋은 점수로 순위를 결정해요. 여러 요소 중에서 특히 점프가 매우 중요해요.

빠른 속도와 아찔한 묘기를 선보이는 종목으로 큰 인기를 얻고 있지만 다치거나

사망하는 경우가 발생할 정도로 매우 위험하기 때문에 헬멧 등 안전 장비의 착용이 필수예요.

🏅 세계적인 프리스타일 스키 하프파이프 스타

최고에서 사라지다, 사라 버크(캐나다, 1982. 9. 3~2012. 1. 19)

2005년 세계 선수권 대회에서 여자 하프파이프 종목을 제패하였으며, 윈터 X게임에서 5회 우승을 차지하였어요. 미녀 하프파이프 스타로 스키 하프파이프가 올림픽 정식 종목으로 채택되는데 큰 역할을 하였지요. 안타깝게도 2012년 1월에 연습을 하다 머리를 다쳐 결국 사망하였어요.

윈터 X게임의 정복자 케빈 롤랑(프랑스, 1989. 8. 10~)

2009년 세계 선수권 대회에서 우승하였으며, 2011년에는 은메달을 획득하였어요. 윈터 X게임에서는 5회 우승하여 최다 우승자에 올라 있으며, 2014년 소치 동계 올림픽에서는 동메달을 획득하였어요.

하프파이프의 지배자 데이비드 와이즈(미국, 1990. 6. 30~)

2012년부터 2014년까지 윈터 X게임 남자 슈퍼파이프에서 3연패를 이루었으며, 2013년 세계 선수권 대회에서 우승을 차지하였어요. 2014년 소치 동계 올림픽에서도 금메달을 획득하였어요.

올림픽 챔피언 매디 보우먼(미국, 1994. 1. 10~)

2013년부터 2016년까지 윈터 X게임 여자 슈퍼파이프 4연패를 이루었으며, 2014년 소치 동계 올림픽에서는 여자 스키 하프파이프 금메달을 따냈어요.

1000분의 1초를 다투는 초스피드 스포츠
봅슬레이

- **동계 올림픽 채택 연도** : 1924년 샤모니 동계 올림픽(프랑스)
- **동계 올림픽 금메달 개수** : 3개
- **동계 올림픽 경기 종목** : 남자 2인승, 4인승 / 여자 2인승
- **대표적인 국제 경기** : 올림픽, 세계 선수권 대회, 봅슬레이 월드컵 등
- **세계적인 선수** : 안드레 랑게-케빈 쿠스케(독일), 볼프강 호페(동독), 베른하르트 게르메샤우젠 (독일), 원윤종-서영우(한국)

19세기 말 스위스의 썰매 경기에서 유래되었는데, 동계 스포츠 종목 중에 가장 빠른 스피드를 내는 스포츠예요. 1200~1300m의 트랙에는 14~22개 정도의 곡선 주로가 있는데, 이 곡선 주로를 얼마나 빠르게 잘 지나가느냐가 승패를 좌우해요. 중량에 제한을 두고 있으며, 선수들의 스피드와 힘, 그리고 균형 감각, 회전 기술 등이 종합적으로 필요하지요. 1924년 1회 샤모니 동계 올림픽부터 정식 종목으로 채택되었고, 시속 150km가 넘는 속력을 내므로 박진감이 넘치나 위험하여 오랫동안 여자부 경기는 열리지 않다가 2002년 솔트레이크시티 대회부터 여자 2인승이 추가되었어요. 남자 2인승과 4인승 여자 2인승 등 3개의 금메달이 걸려 있어요.

ⓒ코리아넷/전한

봅슬레이의 역사

 19세기 말 스위스에서 썰매 경주를 시작한 것이 유래가 되었어요. 봅슬레드 또는 봅슬레지로 부르기도 하는데, '봅'은 썰매를 탄 선수들이 앞뒤로 끄덕거리는 모습을 의미하며, '슬레드'는 썰매를 뜻해요. 1884년 스위스 생모리츠에서 처음으로 공식 경기가 열렸으며, 초창기에는 나무로 된 썰매가 이용되었으나 스위스에 거주하던 미국인들이 금속제 썰매를 만들어 1892년부터 경기에 사용했어요. 1902년에는 전용 트랙이 설치되었지요.

 1914년에 첫 국제 대회가 열렸고, 1923년에는 국제 봅슬레이 스켈레톤 연맹이 창설되었어요. 1924년 1회 샤모니 동계 올림픽에 정식 종목으로 채택되었지요. 초창기에는 남자 4인승 경기만 열렸으나 1932년에 2인승 경기가 추가되며 본격적인 스포츠로 자리 잡았어요. 1950년대에 들어와 스피드를 높이기 위하여 육상 선수를 영입하기도 하고 썰매의 무게를 늘리기도 하였는데, 1952년에 2인승 최대 중량은 선수와 장비 포함 390kg으로, 4인승은 630kg으로 제한했어요.

 오랫동안 남자 경기만 열리다 2002년 19회 솔트레이크시티 동계 올림픽부터 여자 2인승 경기가 추가되어 올림픽에는 금메달 3개가 걸려 있어요.

한국 봅슬레이의 역사

 우리나라에서는 비인기 종목으로 1990년대까지는 불모지에 가까웠어요. 1989년에 국제 루지 연맹에 가입하고 1992년에 대한 루지 봅슬레이 연맹을 설립하여 봅슬레이 도입을 추진하였지요. 또 1999년에는 국제 봅슬레이 연맹에 가입했어요.

 워낙 생소한 종목이라서 큰 주목은 받지 못하였으나, 2008년 1월 미국 솔트레이크시티에서 열린 2008 아메리카컵 2차 대회 4인승 경기에서 3위에 오르는 기적을 이루어 낸 후로 국내에 차츰 알려졌어요. 2010년 밴쿠버 동계 올림픽 대회에 남자

4인승과 2인승 출전권을 획득하여 처음 올림픽에 나가게 되었고, 2014년 소치 대회에는 남자 8명, 여자 2명이 전 종목에 참가했어요.

2016년 1월 캐나다 휘슬러에서 열린 월드컵 5차 대회에서 원윤종-서영우 조가 남자 2인승에서 금메달을 획득하여 세계를 놀라게 하였으며, 2016년 12월 월드컵 대회에서는 4인승에서 5위를 차지했어요. 또한 2017년 1월 미국 뉴욕에서 열린 아메리카컵 8차 대회에서 김유란-김민성 조가 여자 2인승 경기에서 통합 우승을 차지하고, 이선혜-신미란 조가 준우승을 차지하여 새로운 역사를 이루었지요.

©Daniel Hurlimann

🏅 올림픽 리그 구성

세계 랭킹으로 나라별 출전권을 할당해요. 남자 2인승과 4인승 종목에서 상위 최대 3개 국가는 세부 종목당 3팀, 이후 최대 6개 국가는 2팀 그리고 5개 국가는 1팀씩 출전권이 주어져요. 그리고 여자 2인승 종목에서는 상위 최대 2개 국가에 3

팀, 이후 최대 4개 국가에 2팀 그리고 2개 국가는 1팀씩 출전권이 주어져요. 종목당 이틀에 걸쳐 총 4회 경주를 하여 순위를 결정해요.

올림픽 봅슬레이 용구

봅슬레이 썰매 규격은 각 종목별로 달라요.
남자 2인승 : 길이 최대 2.7m, 너비 최대 0.67m, 중량(선수+장비) 최대 390kg
여자 2인승 : 길이 최대 2.7m, 너비 최대 0.67m, 중량(선수+장비) 최대 350kg
남자 4인승 : 길이 최대 3.8m, 너비 최대 0.67m, 중량(선수+장비) 최대 630kg

경기 방법 및 규칙

시속 150~160km의 속도로 썰매를 타고 달리는 스포츠예요. 무거우면 무거울수록 속력을 더 낼 수 있으므로 중량에 제한을 두어요.

©Jeff Smith-Perspectives

출발할 때는 썰매를 출발선에 두는 스탠딩 스타트와 15m 정도 뒤에 두는 플라잉 스타트가 있는데, 대개는 플라잉 스타트로 치러요. 시간 측정은 봅슬레이가 출발선을 넘어서는 순간부터 시작되지요. 출발 시에는 전원이 썰매를 밀고 나오다 먼저 조종자(파일럿)가 타고, 브레이크 담당자(브레이크맨)는 맨 나중에 출발선 가까이 갔을 때 타요.

썰매를 얼마나 빠르게 밀고 나가느냐가 매우 중요하며 이때는 썰매가 옆으로 미끄러지지 않도록 균형을 맞춰야 해요. 봅슬레이 경기가 시작된 초기에는 몸을 앞뒤로 심하게 움직여서 속도를 높였으나 썰매의 성능이 우수해진 오늘날에는 그럴 필요가 없어요. 맨 앞에서 조종하는 파일럿은 팀의 주장으로 썰매가 안전하게 질주할 수 있도록 조종하며, 맨 뒤에서 제동을 맡은 브레이크맨은 직진과 정지할 때만 브레이크를 써야 해요. 커브에서 브레이크를 쓸 경우 썰매가 뒤집혀질 우려가 크기 때문이에요.

2인승은 파일럿과 브레이크맨으로만 구성되지만 4인승은 중간에 두 명이 더 타요. 이들은 출발 시 썰매를 힘차게 밀어 속도를 올리는 역할을 하며 푸시맨이라고 해요. 경기는 하루에 2회씩 이틀간 총 4회 하여 이를 합산한 시간이 가장 빠른 순서대로 순위를 정해요. 만일 경기 중 한 명이라도 썰매에서 떨어지면 실격이에요.

🏅 세계적인 봅슬레이 스타

환상의 2인조 안드레 랑게(독일, 1973. 6. 28~)와 케빈 쿠스케(1979. 1. 4~)

2000년대 초반을 휩쓴 독일의 봅슬레이 선수들이에요. 2002년 토리노 대회부터 짝을 이루어 2010년 밴쿠버 대회 때까지 올림픽에 3회 출전했고, 4인승 경기 포함하여 금메달 4개, 은메달 1개를 획득했어요. 세계 선수권 대회에서는 8회 우승을, 월드컵 대회에서는 9회 우승을 차지하였으며, 유럽 선수권 대회에서도 8회 우승하였답니다.

올림픽 메달 6개 볼프강 호페(동독, 1957. 11. 14~)

1984년 사라예보 대회 때 동독 선수로 출전하여 2인승과 4인승에서 우승하여 2관왕에 올랐으며, 1988년 캘거리 대회에서는 은메달 2개에 머물렀어요. 1992년 알베르빌 대회부터는 독일 선수로 출전해 은메달 1개, 1994년 릴레함메르 대회에서는 동메달 1개를 따내 올림픽에서만 모두 6개의 메달을 획득하였지요.

금메달 3개에 빛나는 베른하르트 게르메샤우젠(독일, 1951. 8. 21~)

1976년 인스브루크 대회에서 2관왕에 올라 최고의 봅슬레이 선수로 등극하였으며, 1980년 레이크플래시드 대회에서는 4인승 경기에서 금메달을, 2인승 경기에서는 은메달을 각각 획득했어요.

기적을 이룬 원윤종(한국, 1985. 6. 17~)과 서영우(1991. 10. 27~)

열악한 환경에서도 국제 대회에서 좋은 성적을 거둔 우리나라 봅슬레이 1세대들이에요. 2013년 북아메리카컵 5차 대회 2인승 경기에서 우승한 이후, 7차 대회 4인승 금메달, 8~9차 대회 2인승 금메달을 획득하며 2013~2014시즌 종합 우승을 이룩했어요. 2016년에는 월드컵 5차 대회와 8차 대회에서 각각 2인승 종목에서 우승하며 세계 정상권에 올라 있어요.

엎드려서 타는 초스피드 썰매 경기

스켈레톤

❄ **동계 올림픽 채택 연도** : 1928년 생모리츠 동계 올림픽(스위스)
❄ **동계 올림픽 금메달 개수** : 2개
❄ **동계 올림픽 경기 종목** : 남자 개인, 여자 개인
❄ **대표적인 국제 경기** : 세계 선수권 대회, 봅슬레이 스켈레톤 월드컵 등
❄ **세계적인 선수** : 알렉산드르 트레티야코프(러시아), 마르틴스 두쿠르스(라트비아), 윤성빈(한국)

봅슬레이, 스켈레톤과 함께 3대 썰매 스포츠로, 머리를 앞으로 하여 엎드린 자세로 썰매를 조종하면서 빠른 속도로 약 1000m의 트랙을 평균 시속 100km의 속도로 내려오는 경기예요. 1928년 생모리츠 동계 올림픽 때 정식 종목으로 지정되었으나 위험한 종목이라서 이후 올림픽에서 제외되었고, 1948년 대회 때 잠깐 부활하였다가 다시 제외되었어요. 2002년 솔트레이크시티 동계 올림픽 때 영구 정식 종목으로 채택되었고, 여자부 경기도 추가되었지요. 올림픽에는 남자 1인승과 여자 1인승 등 두 종목에 금메달 2개가 걸려 있어요.

©Daniel Hurlimann

🎖 스켈레톤의 역사

북아메리카 인디언들이 겨울철에 사냥을 다니면서 짐을 운반하던 썰매에서 유래했어요. 1882년 스위스에 썰매 코스가 설치된 이후 스포츠로 발전하기 시작했어요. 당시 설치된 트랙은 난이도를 높이기 위하여 곡선 주로는 물론 굴곡도 설치하였지요.

이와는 별도로 1884년 생모리츠에 트랙이 만들어졌는데, 1890년 이 트랙에서 처음으로 스켈레톤이 선을 보였어요. 스켈레톤이라는 명칭은 1892년 영국의 L. P. 차일드가 썰매를 개량한 것이 사람의 골격을 닮았다고 해서 붙여진 거예요.

1905년 오스트리아의 뮈에르치슐라크에서 첫 스켈레톤 대회가 열렸으며, 이듬해 오스트리아에서 첫 선수권 대회가 개최되었어요. 이후 유럽 여러 국가에 스켈레톤이 보급되며 저변이 확대되어 1923년에는 국제 봅슬레이 스켈레톤 연맹이 조직되었어요.

1928년 생모리츠 동계 올림픽 때 정식 종목으로 채택되었으나 위험한 종목이라고 하여 이후 대회부터 중단되었고, 1948년 올림픽에 잠시 부활하였으나 역시 위험하다는 평으로 이후 대회부터 제외되었지요. 올림픽에 다시 등장한 것은 2002년 솔트레이크시티 대회로 여자 종목도 추가되었어요.

🎖 한국 스켈레톤의 역사

우리나라에 동계 스포츠 슬라이딩 종목이 들어온 것은 1980년대 후반이며, 봅슬레이에 비하여 루지나 스켈레톤은 더욱 생소하여 구별조차 쉽지 않을 정도로 불모지였어요. 1999년에 국제 봅슬레이 스켈레톤 경기 연맹에 가입하였으며, 이후 선수 발굴에 힘을 기울여 2006년 토리노 동계 올림픽에 처음으로 남자 경기에 참가하였지요.

2014년 10월 캐나다 캘거리에서 열린 월드컵 대회에서 윤성빈이 사상 최초로 동메달을 획득하며 스켈레톤의 역사를 다시 썼어요. 윤성빈은 이후 기량이 급성장하여 2015년 1월 월드컵 대회에서 은메달을 획득하고, 급기야 2016년 2월 생모리츠 월드컵 대회에서는 금메달을 획득하며 세계 정상에 올랐어요. 이는 아시아 최초의 기적 같은 일이기도 해요. 2016~2017 시즌 월드컵에도 8차례 출전하여 금메달 1개, 은메달 3개를 따내며 시즌 세계 랭킹 2위에 올랐어요.

🏅 올림픽 리그 구성

국제 봅슬레이 스켈레톤 경기 연맹에서 세계 랭킹으로 나라별 출전권을 할당해요. 남자부는 상위 최대 3개 국가에게 3장, 이후 최대 6개 국가에게 2장 그리고 5개 국가는 1장의 출전권이 주어져요. 그리고 여자부는 상위 최대 2개 국가에 3장, 이후 최대 4개 국가에 2장 그리고 2개 국가는 1장의 출전권이 주어져요. 개최국에는 남녀 각 1장의 티켓이 주어져요. 남자 30명, 여자 20명이 출전해서 4회 경기

30~40m를 달린 뒤에 썰매에 엎드려 출발해요. ⓒ코리아넷/전한

를 벌여 합산한 기록으로 순위를 정해요.

🏅 올림픽 스켈레톤 용구

스켈레톤 종목의 썰매는 길이 80~120cm, 높이 8~20cm로, 무게는 남자 43kg, 여자 35kg 이하예요. 유리 섬유 또는 강철로 되어 있어요. 앞뒤에는 범퍼가 있어서 트랙 벽에 접촉 시 충격을 줄여 줘요. 썰매 바닥에는 러너라는 강철 날이 붙어 있어요.

선수와 장비의 무게를 합쳐서 남자는 115kg, 여자는 92kg을 넘으면 안 돼요. 만약 이 최대 중량을 넘었을 경우에는 썰매 무게를 남자는 33kg, 여자는 29kg 이내로 조정하면 돼요.

경기복은 몸에 착 달라붙는 것을 입고, 턱 보호대와 차양개가 부착된 헬멧을 착용해요. 유선형으로 되어 있어요. 신발에는 7mm 정도의 스파이크가 부착되어 있고, 장갑에도 출발할 때 얼음을 긁을 수 있게 특수한 손톱 스파이크가 붙어 있어요.

🏅 경기 방법 및 규칙

썰매에 엎드린 자세로 1000m 이상의 트랙을 내려오는 경기예요. 머리를 앞에 두고 치르므로 매우 위험해 헬멧과 턱 보호대 등 안전 장비를 필수로 구비해야 해요.

출발할 때는 썰매를 잡고 직선 코스에서 30~40m를 달려 가속을 붙인 뒤에 썰매 위에 엎드려요. 방향 조종 장치나 브레이크 장치가 없으므로 어깨와 다리, 머리로 중심을 이동시키면서 조종해야 해요. 특히 커브를 돌 때는 중력의 4배나 되는 압력이 생기는데, 이때 속도를 줄이지 않으면서 활주하는 것이 중요해요.

1인당 모두 4회 경주를 하여 완주 시간을 합산해 순위를 결정해요.

🏅 세계적인 스켈레톤 스타

올림픽 금 1, 동 1 알렉산드르 트레티야코프(노르웨이, 1967. 6. 19~)

2006년 토리노 동계 올림픽 대회부터 출전하였으며, 2010년 밴쿠버 대회 때 동메달을 딴 후 2014년 소치 대회에서는 대망의 금메달을 차지했어요. 2013년 생모리츠에서 열린 세계 선수권 대회에서 우승하는 등 세계 선수권 대회에서 우승 1회, 준우승 4회, 3위 2회를 차지했어요.

무관의 제왕 마르틴스 두쿠르스(라트비아, 1984. 3. 31)

세계 선수권 대회에서는 5회, 월드컵 대회에서는 8회, 유럽 선수권 대회에서도 8회나 우승을 차지한 최고의 스켈레톤 선수예요. 그러나 올림픽 무대와는 인연이 크지 않아 2006년 토리노 대회 때는 7위에 머물렀고, 2010년 밴쿠버 대회와 2014년 소치 대회에서는 각각 은메달에 만족해야 했어요.

한국 스켈레톤의 희망 윤성빈(한국, 1994. 5. 23~)

2013년 아메리카컵 3차 대회에서 남자 경기 동메달을 차지하며 일약 스켈레톤 스타로 떠올랐어요. 이후 아메리카컵과 대륙간컵에서 연속으로 메달을 획득하였는데, 특히 2013~2014 시즌 대륙간컵 6차 대회에서는 대망의 금메달을 따냈지요. 또한 월드컵 대회에서도 참가할 때마다 메달을 획득하였으며, 2015~2016 시즌 7차 대회와 2016~2017 시즌 1차 대회에서 각각 금메달을 목에 걸었어요.

스릴과 위험함을 동반한 초스피드 스포츠
루지

- ❄ **동계 올림픽 채택 연도** : 1964년 인스브루크 동계 올림픽(오스트리아)
- ❄ **동계 올림픽 금메달 개수** : 4개
- ❄ **동계 올림픽 경기 종목** : 남자 싱글, 여자 싱글, 더블, 팀 계주
- ❄ **대표적인 국제 경기** : 세계 선수권 대회, 루지 월드컵 등
- ❄ **세계적인 선수** : 게오르그 하클(독일), 아르민 죄겔러(이탈리아), 펠릭스 로흐(독일)

봅슬레이, 스켈레톤과 함께 3대 썰매 스포츠로, 누운 자세로 썰매를 조종하면서 빠른 속도로 약 1000m의 트랙을 내려오는 경기예요. 19세기 중반 스위스에서 시작되었지요. 시속 100km가 넘는 스피드로 달리므로 스릴이 넘치지만 코너 등을 돌 때는 매우 위험하여 고도의 조종 기술이 필요해요. 1964년 인스브루크 동계 올림픽 때 정식 종목으로 지정되었으며, 2014년 소치 대회 때 팀 계주 종목이 추가되어 올림픽에는 모두 4개의 금메달이 걸려 있어요. 전통적으로 독일과 오스트리아, 이탈리아 등 알프스 주변 국가들이 강세를 보이고 있어요.

©Dainis Derics

🎖 루지의 역사

스위스, 오스트리아 등 알프스 산맥 주변의 산악 지대에서 타던 눈썰매가 스포츠화된 종목이에요. 19세기 중반 스위스에서 호텔 경영을 하던 카스파 바드루트가 겨울철 놀이 시설로 성공을 거두고 있었는데, 그 시설을 이용하던 한 영국인이 짐꾼의 썰매를 놀이에 이용한 것이 루지가 생겨난 배경으로 알려지고 있어요.

1883년 스위스 다보스에서 처음으로 국제적인 대회가 열려 스위스 선수가 우승을 차지했어요. 1913년 독일 드레스덴에 국제 썰매 스포츠 연맹이 설립되었으며, 1935년에는 국제 봅슬레이 연맹으로 편입되었어요. 1955년 노르웨이 오슬로에서 1회 세계 선수권 대회가 개최되었고, 1957년에는 국제 봅슬레이 연맹에서 국제 루지 연맹으로 독립했어요. 이후 국제적인 스포츠로 성장하여 1964년 인스브루크 동계 올림픽부터 정식 종목으로 채택되었지요.

올림픽 채택 초기부터 남녀 싱글과 더블 세 종목으로 치러지다가 2014년 소치 대회 때부터 팀 계주가 추가되어 올림픽에는 금메달 4개가 걸려 있어요. 전통적으로 독일이 가장 강하여 동독 포함해 올림픽에서 금메달 30개를 차지했고, 이탈리아가 7개, 오스트리아가 5개를 획득했어요.

🎖 한국 루지의 역사

동계 올림픽 스포츠 썰매 3총사 봅슬레이와 루지, 스켈레톤은 우리에게 잘 알려져 있지 않은 종목이에요. 그나마 봅슬레이는 영화 〈쿨러닝〉과 국내 예능 프로그램에서 소개되어 제법 알려져 있지만 스켈레톤과 루지는 구별조차 쉽지 않을 정도로 불모지에 가깝지요. 이 중 루지는 1980년대 후반 도입되어 1989년 대한 루지 봅슬레이 경기 연맹이 결성되었으며, 같은 해에 국제 루지 경기 연맹에 가입했어요. 이후 1992년에는 대한 루지 경기 연맹으로 독립했지요.

1998년 나가노 동계 올림픽에 남자 싱글 부문에 선수를 파견하였으며, 2014년 소치 대회에서 12위에 올라 가능성을 보여주었어요. 그러나 봅슬레이와 스켈레톤은 올림픽 메달 전망을 해볼 수 있으나 루지는 아직 세계 수준과는 거리가 있어요. 이는 봅슬레이와 스켈레톤이 중량에 제한이 있는 반면 루지는 없으며, 오로지 조종 기술과 감각이 뛰어나야 하기 때문이에요. 루지의 저변 확대가 우선시되어야 함은 물론이지요.

평창 동계 올림픽을 대비하기 위하여 독일 여자 루지 선수 아일린 프리슈를 특별 귀화로 영입하였으며, 역시 독일의 안드레 랑게를 국가 대표 팀 코치로 초청하여 루지 기술 보급과 저변 확대에 노력을 기울이고 있어요. 아일린 프리슈는 주니어 시절 세계 선수권 대회에서 2관왕에 올랐으나 독일 내부 경쟁에 뒤지며 은퇴한 바 있고, 안드레 랑게는 루지 선수 출신으로 봅슬레이로 전향하여 올림픽에서 금메달 4개를 따낸 독일의 스포츠 영웅이에요.

🏅 올림픽 리그 구성

국제 루지 연맹에서 이전 국제 대회 참가 횟수, 월드컵 포인트 달성 여부 등을 고려하여 각 세부 종목당 나라별 출전 선수 수를 결정하는데, 싱글(1인승)은 남자 40명, 여자 30명이 출전하고 더블(2인승)은 20팀이, 그리고 팀 계주는 12팀이 출전해요. 이 중에는 개최국에게 배정된 남녀 각 1명과 더블 1팀이 포함되어 있어요. 각 나라별로 남녀 각 3명까지 출전할 수 있고, 더블은 2팀, 팀 계주는 1팀이 출전할 수 있어요.

싱글은 이틀 동안 모두 4회 경기를 치러 합산한 기록으로 순위를 정하고, 더블은 하루에 두 번 경기를 치러 순위를 정해요. 팀 계주는 1회 경기로 순위를 결정해요.

✪ 올림픽 루지 용구

썰매인 루지의 크기는 길이 1~1.45m, 너비 51cm, 높이 20cm예요. 1인승은 중량 23kg, 2인승은 27kg 이하여야 해요. 양쪽에 활주 날인 러너가 달려 있고, 쿠펜으로 방향을 조절해요.

경기복 안에는 납으로 만든 추를 넣은 조끼를 착용해요. 납 조끼는 남자 1인승 13kg, 여자 1인승과 남자 2인승은 10kg 범위에서 착용해요. 투명한 보호막이 턱 밑까지 감싸는 헬멧을 착용하고, 출발할 때 얼음을 긁을 수 있게 특수한 손톱 스파이크가 붙어 있는 장갑을 착용해요.

✪ 경기 방법 및 규칙

썰매에 누워서 1000m 이상의 트랙을 내려오는 경기로 썰매 스포츠 중에는 가장 빠르면서도 어려운 종목이에요.

싱글(1인승) 경기와 더블(2인승), 팀 계주 등의 세부 종목이 있는데, 더블은 남

루지는 고도의 조종술이 필요해요. ⓒ코리아넷/전한

녀 구분을 하지 않지만 대부분 남자들이 출전해요. 싱글은 이틀에 걸쳐 4회, 더블은 하루에 2회 경기를 치러 기록을 합쳐서 순위를 정해요. 팀 계주는 하루에 한 번 경기를 치러요. 여자 1인승부터 시작해서 남자 1인승, 더블 순으로 경기하며, 앞 주자가 터치 패드를 치면 후발 주자가 바로 이어서 출발해요.

누운 자세로 타야 하므로 출발이 매우 중요해요. 우선 출발선 양쪽 손잡이를 잡고 앞뒤로 밀고 당기면서 탄력을 받아 출발시키며, 썰매가 앞으로 나갈 때 스파이크가 붙은 장갑을 이용해 트랙 바닥을 밀며 추진력을 높여요. 이후 일정한 속도가 되면 썰매에 등을 대고 누워서 속도를 높여요.

썰매 앞 부분에 위쪽으로 크게 휘어진 부분을 쿠펜이라 하는데, 이를 다리 사이에 끼고 조이거나 풀어서 방향을 조절할 수가 있어요. 브레이크가 없으므로 정지할 때는 쿠펜을 들면서 얼음 트랙을 발로 밟아서 속도를 줄여야 해요. 결승선이 오르막에 있는 이유는 이 때문이에요.

정지할 때는 썰매 앞쪽의 쿠펜을 들면서 얼음 트랙을 발로 밟아요. ©Daniel Hurlimann

🏅 세계적인 루지 스타

루지 최고의 스타 게오르그 하클(독일, 1966. 9. 9~)

1988년부터 2006년까지 올림픽에 6회 출전하여 금메달 3개, 은메달 2개를 획득했어요. 특히 1992년 알베르빌 대회부터 1998년 나가노 대회까지 남자 싱글 3연패의 위업을 이루어 냈어요. 세계 선수권 대회에서는 1989년부터 2005년까지 총 10회 우승하였으며, 월드컵에서는 2회 우승했지요. 2013년 국제 루지 연맹 명예의 전당에 이름을 올렸어요.

올림픽 6회 연속 메달 획득 아르민 죄겔러(이탈리아, 1974. 2. 4~)

1994년 릴레함메르 대회부터 2014년 소치 대회까지 올림픽에만 6회 출전하여 금메달 2개, 은메달 1개, 동메달 3개를 획득하여 올림픽에서 6회 연속으로 메달을 따낸 최초의 선수예요. 2002년과 2006년에는 남자 싱글 2연패를 달성하였지요. 세계 선수권 대회에서는 6회, 유럽 선수권 대회에서는 4회 우승했어요. 월드컵 대회에서는 10회 종합 우승했어요.

2010년대 루지 최강자 펠릭스 로흐(독일, 1989. 7. 24~)

2008년 세계 선수권 대회에서 개인전과 팀 계주에서 각각 우승하여 2관왕에 오르며 세계적인 선수로 떠올랐어요. 2010년 밴쿠버 대회 남자 싱글에서 우승한 후 2014년 소치 대회에서도 우승하여 2연패를 이루었으며, 소치 대회에서는 팀 계주에서도 우승 2관왕을 달성했어요. 올림픽에서만 금메달 3개를 따냈어요.

사진 출처

위키미디어 공용 :
9쪽, 14쪽, 18쪽, 22쪽, 26쪽, 31쪽, 36쪽, 41쪽, 46쪽, 51쪽, 56쪽, 61쪽, 69쪽, 73쪽, 78쪽, 86쪽, 109쪽, 161쪽, 168쪽, 194쪽, 207쪽

셔터스톡 :
표지 오른쪽(ⓒOlga Besnard), 116쪽, 135쪽, 140쪽, 142쪽, 144쪽, 148쪽, 151쪽, 154쪽, 158쪽, 164쪽, 166쪽, 172쪽, 174쪽, 178쪽, 182쪽, 186쪽, 190쪽, 197쪽, 198쪽, 201쪽, 205쪽, 210쪽, 212쪽, 216쪽, 219쪽, 221쪽, 223쪽, 225쪽, 229쪽, 231쪽, 236쪽, 239쪽, 241쪽, 243쪽, 245쪽, 248쪽, 250쪽, 253쪽, 257쪽, 258쪽, 261쪽, 264쪽, 266쪽, 270쪽

코리아넷 :
표지 왼쪽 위(ⓒ전한), 129쪽, 132쪽, 203쪽, 255쪽, 263쪽, 269쪽